MULHERES QUE AMAM DEMAIS

ROBIN NORWOOD

MULHERES QUE AMAM DEMAIS

Quando você continua a desejar
e esperar que o outro mude

Tradução de
Maria Clara de Biase

Título original
WOMEN WHO LOVE TOO MUCH

Copyright © 1985, 1997 e 2008 *by* Robin Norwood
Copyright introdução e seleção do material © *by* 1997 Robin Norwood
Reproduzido mediante acordo com Jeremy Tarcher, Inc., da Putnam Berkley Group
Todos os direitos reservados sob qualquer forma.

Projeto gráfico de miolo: Júlia Menezes

Edição brasileira publicada mediante acordo com Grandi & Associati

A autora agradece a seguir aos autores e às organizações pela autorização deles para reproduzir: "Victim of Love", de Glenn Frey, Don Henley, Don Felder e J. D. Souther, © 1976 Red Cloud Music, Cass Country Music, Fingers Music e Ice Age Music. Todos os direitos reservados. Usados com autorização. • "My Man", letra inglês de Channing Pollock. *Copyright* © 1920, 1921 (renovado 1948, 1949) *by* Frances Salabert. Usado com autorização da CBS Feist Catalog, Inc. Todos os direitos reservados. • "The Last Blues Song", de Barry Mann e Cynthia Weil. *Copyright* © 1972, 1973 Screen Gems-EMI Music Inc. Usado com autorização. Todos os direitos reservados. • "Good Hearted Woman", escrito por Waylon Jennings e Willie Nelson. *Copyright* © 1971 Hall-Clement Publications (a/c The Welk Music Group, Santa Monica, Califórnia 90401) e Willie Nelson Music Co. International Copyright Secured. Todos os direitos reservados. Usado com autorização. • *The Bleeding Heart*, de Marilyn French. *Copyright* © 1979. Reproduzido com autorização de Summit Books, uma divisão da Simon & Schuster, Inc. • "She's My Rock", de S. K. Dobbins. *Copyright* © 1972, 1975 *by* Famous Music Corporation and Ironsides Music. Todos os direitos reservados. Usados com autorização. • "Beauty and the Beast", de *Perrault's Complete Fairy Tales*. Publicado por Dodd, Mead & Company. Stanton Peele citação extraída de uma transmissão da University of Minnesota Public Radio Station KUOM, "When Love Is the Drug", transmitida em 1983.

Direitos para a língua portuguesa reservados
com exclusividade para o Brasil à
EDITORA ROCCO LTDA.
Rua Evaristo da Veiga, 65 – 11º andar
Passeio Corporate – Torre 1
20031-040 – Rio de Janeiro – RJ
Tel.: (21) 3525-2000 – Fax: (21) 3525-2001
rocco@rocco.com.br|www.rocco.com.br

Printed in Brazil/Impresso no Brasil

Preparação de originais: NATALIE ARAÚJO LIMA

CIP-BRASIL. CATALOGAÇÃO NA PUBLICAÇÃO
SINDICATO NACIONAL DOS EDITORES DE LIVROS, RJ

N779m

    Norwood, Robin
      Mulheres que amam demais : quando você continua a desejar e esperar que o outro mude / Robin Norwood ; tradução Maria Clara de Biase. - 1. ed. - Rio de Janeiro : Rocco, 2024.

      Tradução de: Women who love too much
      ISBN 978-65-5532-441-9
      ISBN 978-65-5595-292-6 (recurso eletrônico)

      1. Mulheres - Psicologia. 2. Mulheres - Saúde mental. 3. Relação homem-mulher. 4. Amor - Aspectos psicológicos. I. Biase, Maria Clara de. II. Título.

CDD: 155.633
24-92023   CDU: 159.942-055.2

Meri Gleice Rodrigues de Souza - Bibliotecária - CRB-7/6439

O texto deste livro obedece às normas do Acordo Ortográfico da Língua Portuguesa

*Este livro é dedicado aos programas Anônimos,
em gratidão pelo milagre de recuperação que oferecem.*

Agradecimentos

Laura Golden-Bellotti

Relendo minhas palavras, um quarto de século depois, sinto novamente sua mão me guiando página a página. Seus instintos editoriais aguçados e seu cordial incentivo a uma autora novata aumentaram imensuravelmente minha confiança e credibilidade. Você poliu este livro para fazê-lo brilhar.
Obrigada, Laura.

Piper Norwood

À minha querida filha, melhor amiga e agora também assistente de pesquisa, a mais profunda gratidão de sua mãe, uma analfabeta digital (que *gosta* de ser assim), por trazer a parte de recursos para o século XXI. Eu não poderia ter feito isso sem você.
Meu amor e agradecimento, Piper.

Serafina Clarke e Brie Burkeman

Com impecável profissionalismo, total atenção aos detalhes, bom humor, encorajamento e amizade, vocês representaram a mim e ao meu trabalho e ao mesmo tempo desataram o nó górdio, fio a fio. Sou grata por estar em tão boas mãos.
Muito obrigada.

Todos na Pocket Books

A todos vocês que nesses muitos anos fizeram
o melhor por mim e este livro, minha mais profunda
gratidão. São uma ótima equipe e sou feliz por
tê-los fazendo tudo que fazem em meu benefício.
Obrigada a todos.

Minhas leitoras

Muitas de vocês me escreveram dizendo como usaram
este livro para mudar seu modo de viver.
Suas cartas sobre recuperação foram uma grande dádiva.
Vocês enriqueceram imensamente minha existência.
Tudo isso tem a ver com vocês.
Obrigada.

Sumário

Prefácio 11
Introdução 17
1 Amor não correspondido 19
2 Sexo bom em relacionamentos ruins 45
3 Se eu sofrer por você, você me amará? 66
4 A necessidade de ser necessária 84
5 Vamos dançar? 101
6 Homens que escolhem mulheres que amam demais ... 125
7 A Bela e a Fera 158
8 Quando um vício alimenta outro 203
9 Morrer por amor 218
10 O caminho para a recuperação 242
11 Recuperação e intimidade: Acabando com a distância ... 285
Apêndices
   Como começar seu próprio grupo de apoio 301
   Fontes de ajuda 308
   Leitura sugerida 314
   Afirmações 317

Prefácio

Quando amar significa sofrer, estamos amando demais. Quando a maioria de nossas conversas com amigas íntimas é sobre o *outro* e os problemas, os pensamentos, os sentimentos *dele* – e quase todas as nossas frases são sobre o outro, estamos amando demais.

Quando discutimos o mau humor, a irritação, a indiferença ou as críticas dele como problemas causados por uma infância infeliz e tentamos nos tornar suas terapeutas, estamos amando demais.

Quando lemos um livro de autoajuda e sublinhamos todas as passagens que achamos que ajudariam *ele*, estamos amando demais.

Quando não gostamos de muitas das características básicas, dos valores e comportamentos dele, mas os suportamos achando que se apenas formos atraentes e amorosas o suficiente ele desejará mudar por nós, estamos amando demais.

Quando nosso relacionamento compromete nosso bem-estar emocional e talvez até mesmo nossa saúde e segurança física, estamos definitivamente amando demais.

Apesar de toda a dor e insatisfação, amar demais é uma experiência tão comum para tantas mulheres que quase acreditamos que é como os relacionamentos íntimos deveriam ser.

A maioria de nós amou demais pelo menos uma vez e esse tem sido um tema recorrente na vida de muitas mulheres. Algumas se tornaram tão obcecadas por seus relacionamentos que mal conseguem agir.

Neste livro examinaremos a fundo os motivos pelos quais tantas mulheres em busca de alguém que as ame parecem, em vez disso, inevitavelmente encontrar parceiros doentios e não amorosos. E examinaremos por que, quando sabemos que um relacionamento não está suprindo nossas necessidades, ainda temos tanta dificuldade em rompê-lo. Veremos que amar se torna amar demais quando o outro é inadequado, indiferente ou indisponível e, contudo, não conseguimos abrir mão dele – na verdade, o desejamos e precisamos dele ainda mais. Passaremos a entender como nosso desejo de amar, nossa ânsia por amor e nosso amor em si se tornam um *vício*.

Vício é uma palavra assustadora. Evoca imagens de usuários de heroína inserindo agulhas nos braços e levando uma vida obviamente autodestrutiva. Não gostamos dessa palavra e não queremos aplicar esse conceito ao modo como nos relacionamos com as pessoas. Mas muitas, muitas de nós, têm sido "viciadas em relacionamentos" e, como ocorre com qualquer outro vício, precisamos admitir a gravidade de nosso problema para podermos começar a nos recuperar dele.

Se você já se viu obcecada por alguém, pode ter suspeitado de que a raiz dessa obsessão não era o amor, mas o medo. As mulheres que amam obsessivamente são cheias de medo – da solidão, do desprezo, do desvalor, da indiferença, do abandono ou da destruição. Damos nosso amor na esperança desesperada de que a pessoa por quem somos obcecadas afaste nossos medos. Em vez disso, nossos medos – e nossa obsessão – aumentam até que dar amor para recebê-lo em troca se torna uma força impulsora em nossa vida. E como nossa estratégia não funciona, amamos ainda mais. Amamos demais.

Reconheci pela primeira vez o fenômeno de "amar demais" como uma síndrome específica de pensamentos, sentimentos e comportamentos após vários anos de aconselhamento para viciados em álcool e drogas. Tendo conduzido centenas de entrevistas com viciados e suas famílias, fiz uma descoberta surpreendente.

Às vezes os pacientes quimicamente dependentes que entrevistei haviam crescido em famílias problemáticas, às vezes não; mas suas parceiras quase sempre vinham de famílias muito problemáticas em que tinham experimentado estresse e sofrimento maiores do que o normal. Lutando para lidar com seus companheiros viciados, essas parceiras (conhecidas na área de tratamento do alcoolismo como "coalcoólatras") estavam inconscientemente recriando e revivendo aspectos significativos de suas infâncias.

Foi principalmente com as esposas e namoradas de pacientes viciados que comecei a conhecer a natureza de amar demais. Suas histórias pessoais revelavam o quanto necessitavam da superioridade e do sofrimento que experimentavam em seu papel de "salvadoras", e me ajudaram a entender a profundidade de seu vício no objeto da paixão, que, por sua vez, era viciado em uma substância. Estava claro que ambos precisavam igualmente de ajuda e, na verdade, estavam literalmente morrendo devido a seus vícios, ele devido aos efeitos do abuso químico e ela aos efeitos do estresse extremo.

Essas mulheres coalcoólatras tornaram claro para mim o incrível poder e a influência de suas experiências na infância em seus padrões adultos de relacionamento. Elas tinham algo a dizer para todas nós que amamos demais sobre por que desenvolvemos nossa predileção por relacionamentos problemáticos, como perpetuamos nossos problemas e, o que é ainda mais importante, como podemos mudar e ficar bem.

Não pretendo insinuar que as mulheres são as únicas que amam demais. Alguns homens praticam essa obsessão pelos relacionamentos com tanto fervor quanto qualquer mulher, e seus sentimentos e comportamentos provêm dos mesmos tipos de dinâmicas e experiências da infância. Contudo, a maioria dos homens que sofreu na infância não desenvolve um vício em relacionamentos. Devido a uma interação de fatores culturais e biológicos, geralmente eles tentam se proteger e evitar seu sofrimento por meio de buscas que são mais externas do que internas, mais impessoais do que pessoais.

Tendem a se tornar obcecados por trabalho, esportes ou hobbies enquanto, devido às forças culturais e biológicas que atuam nelas, as mulheres tendem a se tornar obcecadas por um relacionamento – talvez com um homem distante que sofreu esses danos.

Espero que este livro ajude todas as pessoas que amam demais, mas é escrito principalmente para as mulheres, porque amar demais é principalmente um fenômeno feminino. Seu objetivo é muito específico: ajudar mulheres com padrões autodestrutivos de relacionamento a reconhecer esse fato, entender as origens desses padrões e obter ferramentas para mudar de vida.

Se você for uma mulher que ama demais, acho justo preveni-la de que este não será um livro fácil de ler. Na verdade, se a definição se encaixar e, contudo, você conseguir lê-lo sem se sentir mexida ou afetada, ou caso se sinta entediada ou zangada, incapaz de se concentrar no material apresentado aqui, ou apenas conseguir pensar no quanto ele ajudaria outra pessoa, sugiro que tente ler o livro em um momento posterior. Todas nós precisamos negar o que é doloroso ou ameaçador demais para ser aceito. A negação é um meio natural de autoproteção, operando automática e espontaneamente. Talvez em uma leitura posterior você seja capaz de enfrentar suas próprias experiências e seus sentimentos mais profundos.

Leia devagar, permitindo-se se relacionar intelectual e emocionalmente com essas mulheres e suas histórias. Os casos apresentados neste livro podem lhe parecer extremos. Eu lhe garanto que o oposto é verdadeiro. As personalidades, características e histórias com as quais me deparei entre centenas de mulheres que conheci pessoal e profissionalmente que se encaixam na categoria de amar demais não são de forma alguma exageradas aqui. As histórias reais são muito mais complicadas e sofridas. Se os problemas delas parecerem muito mais sérios e aflitivos do que os seus, permita-me dizer que sua reação inicial é típica da maioria das minhas clientes. Todas acreditam que seus problemas "não são tão sérios", mesmo quando se referem com compaixão à situação de outras mulheres que, em sua opinião, têm problemas "reais".

É uma das ironias da vida as mulheres conseguirem reagir com tanta solidariedade e compreensão diante do sofrimento de outras e ao mesmo tempo permanecerem tão cegas ao (e pelo) seu próprio sofrimento. Sei disso muito bem, tendo sido uma mulher que amou demais durante a maior parte da minha vida até o dano em minha saúde física e emocional ser tão grave que fui forçada a examinar seriamente meu padrão de relacionamento. Passei os últimos anos me esforçando muito para mudar esse padrão. Esses foram os anos mais gratificantes da minha vida.

Espero que este livro não só ajude as mulheres que amam demais a se conscientizarem da realidade de sua condição, como também as incentive a começarem a mudar, redirecionando sua atenção amorosa de sua obsessão por alguém para sua própria recuperação e vida.

Aqui cabe um segundo aviso. Há neste livro, como em tantos livros de "autoajuda", uma lista de passos para a mudança. Se você decidir que realmente deseja dá-los, isso exigirá – como toda mudança terapêutica exige – anos de trabalho e nada menos do que seu total compromisso. Não há atalhos para fora do padrão de amar demais ao qual você está presa. Esse é um padrão aprendido cedo e bem praticado, e desistir dele será assustador, ameaçador e constantemente desafiador. Este aviso não visa desencorajá-la. Afinal de contas, é quase certo que você enfrentará uma luta nos anos à frente se não mudar seu padrão de relacionamento. Nesse caso, sua luta não será por crescimento, mas apenas por sobrevivência. A opção é sua. Se você escolher iniciar o processo de recuperação, mudará de uma mulher que ama tanto outra pessoa que dói para uma mulher que se ama o suficiente para fazer a dor parar.

Introdução

Quase um quarto de século atrás, mulheres começaram a buscar alívio para seu sofrimento nos relacionamentos e no amor no livro que você tem nas mãos. Primeiro nos Estados Unidos e depois em todo o mundo e em 25 idiomas, o livro ajudou mulheres na China, França, Finlândia, Irlanda, Arábia Saudita, Sérvia, no Brasil e em Israel – milhões de mulheres de diferentes meios culturais, socioeconômicos, educativos e geracionais cujas vidas estão ligadas pela necessidade de ajuda para não amar demais.

Felizmente as atitudes mudaram de modo radical desde que *Mulheres que amam demais* surgiu pela primeira vez. Não mais considerado o estado natural e normal das coisas, amar demais é agora amplamente reconhecido como uma condição perigosa e debilitante. Mas esse reconhecimento não tem sido suficiente para impedir os sentimentos e comportamentos que definem essa obsessão.

Trudi, que você encontrará no capítulo dois e novamente no 11, não mais pareceria, se vestiria ou até mesmo comeria como nos meados da década de 1980, quando este livro foi publicado pela primeira vez – e certamente não passaria seu verão em casa esperando pelo telefonema ou o chamado que nunca vem. A Trudi de hoje poderia até mesmo ser capaz de reconhecer que talvez tenha um problema com amar demais ao checar repetidamente seu celular na esperança de uma mensagem do *outro*, e depois lhe enviar e-mails ou torpedos com mais mensagens desesperadas.

Detalhes superficiais no comportamento podem ter mudado um pouco, mas a obsessão básica está mais forte do que nunca.

Por que, se agora damos francamente um nome ao nosso problema, não conseguimos superá-lo? A personalidade danificada que está na raiz de amar demais não tem a força necessária para se curar mais do que temos para nos erguer por esforço próprio. Precisamos de ajuda para mudar o que está tão profundamente enraizado em nossa personalidade e é aí que entra este livro. Para quem *quer* mudar, ele dá essa ajuda.

A nova edição de *Mulheres que amam demais*, agora com um apêndice de Fontes de ajuda atualizado e uma lista maior de Leitura sugerida, valida e celebra o resultado comprovado, assim como a relevância contínua, a urgência e a eficácia de uma mensagem que tem funcionado ao longo do tempo em todo o mundo. Este livro, com suas histórias específicas de vício em relacionamentos e diretrizes para a recuperação, permitiu a mulheres em todos os lugares mudar de vida. Use-o para ajudá-la a mudar a sua.

I
Amor não correspondido

Victim of love,
I see a broken heart.
You've got your story to tell.

Victim of love,
It's such on easy part
And you know how to play it so well.

... I think you know what I mean.
You're walking the wire
Of pain and desire,
Looking for love in between.*

– "Victim of Love"

Era primeira sessão de Jill e ela parecia hesitante. Graciosa e pequena, com os cachos louros emaranhados, ela estava sentada rigidamente na beira da cadeira diante de mim. Tudo em Jill parecia redondo: o formato de seu rosto, seu corpo levemente rechonchudo e particularmente seus olhos azuis, que observaram os diplomas e certificados emoldurados na parede de meu consultório. Ela fez algumas perguntas sobre minha pós-graduação e licenciatura de aconselhamento e depois mencionou, com óbvio orgulho, que fazia faculdade de direito.

---

* Vítima do amor,/vejo um coração partido./Você tem sua história para contar.
Vítima do amor,/Esse é um papel tão fácil/que você sabe representar muito bem.
... Acho que sabe o que quero dizer./Você está andando na corda bamba/da dor e do desejo,/ Procurando o amor no meio. (N. do P. O.)

Houve um breve silêncio. Jill baixou os olhos para suas mãos unidas.

– Acho que é melhor começar a dizer por que estou aqui. – Ela falou rapidamente, usando o ímpeto de suas palavras para reunir coragem. – Estou fazendo isto, quero dizer, indo a uma terapeuta, porque estou realmente infeliz. São os homens, é claro. Quero dizer, eu e os homens. Sempre faço algo para afastá-los. Tudo começa bem. Eles realmente me perseguem e tudo o mais, e depois que passam a me conhecer... – ela ficou visivelmente tensa com a constatação dolorosa que faria – tudo degringola.

Então Jill ergueu para mim seus olhos brilhantes com lágrimas contidas e continuou mais devagar.

– Quero saber o que estou fazendo de errado, o que tenho de mudar em mim, porque mudarei. Farei o que for preciso. Realmente sou muito esforçada. – Ela começou a falar mais rápido de novo. – Não é que eu não tenha boa vontade. Só *não sei* por que isso fica acontecendo comigo. Tenho medo de me envolver de novo. Quero dizer, sempre tudo é apenas sofrimento. Realmente estou começando a ficar com medo dos homens.

Balançando a cabeça e seus cachos, ela explicou com veemência:
– Não quero que isso aconteça, porque estou muito só. Na faculdade de direito tenho muitas responsabilidades, e além disso trabalho para me sustentar. Essas necessidades poderiam me manter ocupada o tempo todo. De fato, isso foi quase tudo que fiz no ano passado: trabalhar, ir para a faculdade, estudar e dormir. Mas senti falta de um homem em minha vida.

Rapidamente, ela continuou:
– Então conheci Randy, quando estava visitando amigos em San Diego, dois meses atrás. Ele é um advogado e nós nos conhecemos uma noite quando meus amigos me levaram para dançar. Nós nos demos bem logo de cara. Tínhamos muito sobre o que conversar, só que acho que fui eu quem falou mais. Mas ele pareceu *gostar* disso. E foi ótimo estar com um homem que também se interessava pelas coisas que eram importantes para mim.

Ela franziu as sobrancelhas.

— Ele realmente parecia atraído por mim. Sabe como é, perguntando se eu era casada. Sou divorciada há dois anos. Perguntando se eu vivia só. Esse tipo de coisa.

Pude imaginar como a ânsia de Jill deve ter se revelado quando conversou alegremente com Randy com o som nas alturas naquela primeira noite. E a ânsia com que ela o acolheu quando ele estendeu uma viagem de negócios algumas centenas de quilômetros a mais até Los Angeles para visitá-la. Depois do jantar Jill o convidou para dormir em seu apartamento para que pudesse adiar para o dia seguinte a longa viagem de volta, pois teria que dirigir muito. Randy aceitou seu convite e a relação amorosa deles começou naquela noite.

— Foi ótimo. Randy me deixou cozinhar para ele e realmente gostou de ser cuidado. Passei sua camisa antes de ele vesti-la naquela manhã. Adoro cuidar de um homem. Nós nos demos maravilhosamente bem. — Ela sorriu saudosamente. Mas enquanto continuava sua história ficou claro que Jill se tornara quase imediatamente obcecada por Randy.

Quando Randy voltou para seu apartamento em San Diego, o telefone estava tocando. Jill o informou entusiasmadamente de que havia ficado preocupada com a longa viagem dele e aliviada em saber que chegara bem. Quando Jill achou que ele parecia um pouco confuso com seu telefonema, desculpou-se por incomodá-lo e desligou, mas começou a sentir um crescente desconforto alimentado pela consciência de que novamente se preocupava muito mais com o homem do que ele com ela.

— Um dia Randy me disse para não pressioná-lo ou ele simplesmente desapareceria. Fiquei muito assustada. Tudo dependia de mim. Eu devia amá-lo e ao mesmo tempo deixá-lo em paz. Não conseguia fazer isso, e então fiquei cada vez mais apavorada. Quanto mais pânico sentia, mais o perseguia.

Logo Jill estava ligando para Randy quase todas as noites. A combinação deles era se revezarem nos telefonemas, mas frequentemente, quando era a vez de Randy ligar, a noite avançava e Jill ficava impaciente demais para esperar. Como ela não conseguiria dormir de qualquer maneira, ligava para ele. Essas conversas eram tão vagas quanto longas.

– Randy dizia que havia se esquecido de ligar e eu dizia: como pôde se esquecer? Afinal de contas, eu nunca me esqueço. Então começávamos a conversar sobre o motivo e parecia que ele estava com medo de se aproximar de mim, e eu queria ajudá-lo a superar isso. Randy ficava dizendo que não sabia o que queria na vida e eu tentava ajudá-lo a descobrir quais eram os problemas dele.

Assim, Jill assumiu o papel de "psicanalista" de Randy, tentando ajudá-lo a estar mais presente emocionalmente para ela.

O fato de Randy não querê-la era algo que Jill não podia aceitar. Já havia concluído que ele precisava dela.

Por duas vezes Jill voou para San Diego para passar o fim de semana com Randy; na segunda visita, ele passou o domingo ignorando-a, vendo televisão e bebendo cerveja. Aquele foi um dos piores dias de que ela podia se lembrar.

– Ele bebia muito? – perguntei a Jill. Ela pareceu surpresa.

– Não. Bem, na verdade, não sei. Realmente nunca pensei sobre isso. É claro que ele estava bebendo na noite em que o conheci, mas isso é natural. Afinal de contas, estávamos em um bar. Às vezes, quando falávamos pelo telefone, eu ouvia gelo batendo em um copo e brincava com ele sobre isso. Sabe como é, sobre beber sozinho e todas essas coisas. De fato, sempre que estava com Randy ele bebia, mas simplesmente presumi que gostava de beber. Isso é normal, não é?

Ela parou, pensativa.

– Sabe, às vezes ele falava pelo telefone de um modo estranho, especialmente para um advogado. Realmente vago e impreciso; distraído, inconsistente. Mas nunca achei que fosse porque estava bebendo. Não sei como eu explicava isso para mim mesma. Acho que não me permitia pensar a esse respeito.

Jill me olhou tristemente.

– Talvez Randy *realmente* bebesse demais, mas devia ser porque eu o aborrecia. Acho que eu não era interessante o suficiente e ele de fato não queria estar comigo. – Ela continuou, ansiosamente. – Meu marido nunca quis ficar perto de mim. Isso era óbvio! – Seus olhos lacrimejaram enquanto ela se esforçava para prosseguir. – Meu pai também não... O que há comigo? Por que todos se sentem assim em relação a mim? O que estou fazendo de errado?

No momento em que Jill se tornava consciente de um problema com alguém importante para ela, se dispunha não só a tentar resolvê-lo como também a assumir a responsabilidade por tê-lo criado. Se Randy, seu marido e seu pai não a haviam amado, devia ser devido a algo que ela fizera ou deixara de fazer.

As atitudes, os sentimentos, o comportamento e as experiências de vida de Jill eram típicos de uma mulher para quem amar significa sofrer. Ela exibia muitas das características que as mulheres que amam demais têm em comum. Independentemente dos detalhes específicos de suas histórias e lutas, tenham elas suportado um relacionamento longo e difícil ou se envolvido em uma série de relacionamentos infelizes, elas têm um perfil comum. Amar demais não significa amar pessoas demais, se apaixonar vezes demais ou ter um amor genuíno profundo demais por outra pessoa. Na verdade, significa ser obcecada por alguém e chamar essa obsessão de amor, permitindo-lhe controlar suas emoções e grande parte de seus comportamentos, percebendo que isso influi negativamente em sua saúde e seu bem-estar e ainda assim se vendo incapaz de desistir. Significa medir o grau do amor pela profundidade do tormento.

Quando você ler este livro, pode ser que se identifique com Jill ou outra das mulheres com cujas histórias se deparará, e se pergunte se também é uma mulher que ama demais. Talvez, embora seus problemas com relacionamentos sejam parecidos com os delas, tenha dificuldade em se associar com os "rótulos" que se aplicam ao passado de algumas dessas mulheres. Todas nós temos reações emocionais fortes a palavras como *alcoolismo, incesto, violência* e *vício*, e às vezes não conseguimos ver nossa vida realisticamente porque temos muito medo de que esses rótulos se apliquem a nós ou àqueles que amamos. Infelizmente, nossa incapacidade de usar as palavras quando elas se aplicam com frequência nos impede de obter a ajuda apropriada. Por outro lado, esses rótulos temidos podem não se aplicar à sua vida. Sua infância pode ter envolvido problemas de uma natureza mais sutil. Talvez seu pai, embora tivesse fornecido um lar seguro financeiramente, odiasse as mulheres e não confiasse nelas, e a incapacidade dele de amar a tivesse impedido de amar a si mesma. Ou a atitude de sua mãe em relação a você tivesse sido invejosa e competitiva em particular, embora a exibisse e elogiasse em público, fazendo você precisar se sair bem para obter a aprovação dela e, contudo, temer a hostilidade que seu sucesso gerava.

Não podemos abordar neste único livro a miríade de modos pelos quais as famílias podem ser doentias – isso exigiria vários volumes de uma natureza um pouco diferente. Contudo, é importante entender que todas as famílias doentias têm em comum a incapacidade de discutir problemas *básicos*. Podem haver outros problemas que *são* discutidos, frequentemente *ad nauseam*, mas não costumam abranger os segredos fundamentais que tornam a família disfuncional. É o grau de segredo – a incapacidade de falar sobre os problemas –, em vez de sua gravidade, que define o quanto uma família se torna disfuncional e seus membros são prejudicados.

A família disfuncional é aquela em que os membros têm papéis rígidos e a comunicação é severamente restrita às afirmações que se encaixam nesses papéis. Seus membros não têm liberdade para expressar toda uma gama de experiências, desejos, necessidades e sentimentos, e devem se limitar a representar esse papel que se ajusta aos papéis representados pelos outros membros. Os papéis existem em todas as famílias, mas as circunstâncias mudam, e seus membros também devem mudar e se adaptar para a família permanecer saudável. Assim, o papel de mãe apropriado para uma criança de um ano será extremamente inadequado para uma de 13 anos, e o papel de mãe deve mudar para se ajustar à realidade. Nas famílias disfuncionais, os principais aspectos da realidade são negados e os papéis permanecem rígidos.

Quando ninguém pode discutir o que afeta cada membro da família individualmente, assim como a família como um todo – na verdade, quando essa discussão é proibida implicitamente (muda-se de assunto) ou explicitamente ("Não vamos falar sobre essas coisas!") –, aprendemos a não acreditar em nossas próprias percepções ou em nossos sentimentos. Como nossa família nega nossa realidade, também começamos a negá-la. E isso prejudica muito o desenvolvimento de nossas ferramentas básicas para viver e lidar com pessoas e situações. É essa deficiência básica que opera nas mulheres que amam demais. Nós nos tornamos incapazes de discernir quando alguém ou algo não é bom para nós. Não rejeitamos as situações e pessoas que os outros evitariam naturalmente como perigosas, desconfortáveis ou prejudiciais, porque não temos como avaliá-las de um modo realista ou autoprotetor. Não confiamos em nossos sentimentos, não os usamos para nos guiar. Em vez disso, somos atraídas pelos próprios perigos, dramas, desafios e enredos que outras pessoas, com passados mais saudáveis e equilibrados, evitariam naturalmente. E devido a essa atração sofremos ainda mais danos, porque grande parte daquilo pelo que nos sentimos atraídas é uma réplica do que vivemos enquanto crescíamos. Nós nos magoamos de novo.

Ninguém se torna essa mulher, uma mulher que ama demais, por acaso. Crescer como uma mulher nessa sociedade e família pode produzir alguns padrões previsíveis. As características a seguir são típicas das mulheres que amam demais, mulheres como Jill, e talvez como você.

1. Tipicamente, você vem de um lar disfuncional em que suas necessidades emocionais não foram supridas.

2. Tendo você mesma recebido poucos cuidados reais, tenta satisfazer indiretamente essa necessidade não suprida se tornando uma cuidadora, especialmente de pessoas que parecem de algum modo carentes.

3. Como você nunca conseguiu transformar seu pai ou sua mãe na pessoa cuidadora, afetuosa e amorosa que desejava, reage profundamente ao tipo familiar de pessoa emocionalmente indisponível que pode novamente tentar mudar por meio de seu amor.

4. Com pavor do abandono, você fará tudo para impedir que um relacionamento termine.

5. Quase nada é incômodo demais, toma tempo demais ou é caro demais se "ajuda" a pessoa com quem você está envolvida.

6. Acostumada com a falta de amor nos relacionamentos pessoais, você está disposta a esperar, ter esperança e tentar agradar mais.

7. Você está disposta a assumir muito mais de 50% da responsabilidade e da culpa em qualquer relacionamento.

8. Sua autoestima é criticamente baixa, e no fundo você não acredita que merece ser feliz. Em vez disso, acredita que deve conquistar o direito de aproveitar a vida.

9. Você tem uma necessidade desesperada de controlar seus relacionamentos, tendo experimentado pouca segurança

na infância. Mascara seus esforços para controlar pessoas e situações como "ser útil".

10. Em um relacionamento, você está muito mais conectada com seu sonho de como isso poderia ser do que com a realidade de sua situação.

11. Você é viciada em relacionamentos e em dor emocional.

12. Você pode ser predisposta emocionalmente, e com frequência bioquimicamente, a se tornar viciada em drogas, álcool e/ou certos alimentos, particularmente doces.

13. Ao ser atraída por pessoas com problemas que precisam ser resolvidos, ou enredada em situações caóticas, incertas e emocionalmente dolorosas, você evita responsabilizar-se por si mesma.

14. Você pode tender a episódios de depressão, que tenta evitar com a excitação provocada por um relacionamento instável.

15. Você não se sente atraída por pessoas gentis, estáveis, confiáveis e interessadas em você. Acha essas pessoas "boas" entediantes.

Jill apresentava todas essas características em maior ou menor grau. Foi tanto por ela personificar muitos desses atributos quanto por tudo o mais que me contou sobre Randy que suspeitei que ele pudesse ter um problema com bebida. As mulheres com esse tipo de constituição emocional são, por um ou outro motivo, constantemente atraídas por pretendentes emocionalmente indisponíveis.

Desde o início, Jill estava disposta a assumir mais responsabilidades do que Randy por iniciar e manter o relacionamento. Como tantas mulheres que amam demais, ela era obviamente uma pessoa muito responsável, uma grande realizadora em muitas áreas de sua vida, mas que apesar disso tinha pouca autoestima. A realização de seus objetivos acadêmicos e profissionais não podia contrabalançar o fracasso em seus relacionamentos amorosos. Cada telefonema que Randy se esquecia de dar era um grande golpe em sua autoimagem frágil que ela se esforçava heroicamente para suportar tentando obter sinais de atenção dele. Sua disposição de assumir toda a culpa por um relacionamento fracassado era típica, como o era sua incapacidade de avaliar realisticamente a situação e cuidar de si mesma saindo de cena quando a falta de reciprocidade se tornava óbvia.

As mulheres que amam demais têm pouca consideração por sua integridade pessoal em um relacionamento amoroso. Dedicam suas energias a mudar o comportamento ou os sentimentos da outra pessoa em relação a elas por meio de manipulações desesperadas, como os caros telefonemas interurbanos e voos de Jill para San Diego (seu orçamento era extremamente limitado). Suas "sessões de terapia" de longa distância com ele eram muito mais uma tentativa de transformá-lo no homem que ela precisava que fosse do que de ajudá-lo a descobrir quem ele era. Na verdade, Randy não queria ajuda para descobrir quem era. Se estivesse interessado nessa jornada de autodescoberta, teria realizado a maior parte do trabalho sozinho, em vez de ficar sentado passivamente enquanto Jill tentava forçá-lo a se analisar. Ela fez esses esforços porque sua única alternativa era reconhecê-lo e aceitá-lo como era – um homem negligente com os sentimentos dela e com o relacionamento.

Vamos voltar à sessão de Jill para entender melhor o que a trouxe a meu consultório naquele dia.

Ela agora estava falando sobre seu pai.

– Ele era um homem muito teimoso. Jurei que algum dia eu venceria uma discussão com ele. – Jill refletiu por um momento.

– Mas nunca venci. Provavelmente foi por isso que fui estudar direito. Simplesmente adoro a ideia de discutir um caso e *vencer*!
– Ela deu um grande sorriso ao pensar naquilo e depois ficou séria de novo.

– Sabe o que fiz uma vez? Fiz meu pai me dizer que me amava, e me dar um abraço. – Jill tentava contar isso como uma alegre piada de seus anos de adolescência, mas não funcionava assim. A sombra de uma jovem magoada se revelava. – Isso nunca teria acontecido se eu não o tivesse forçado. Mas ele de fato me amava. Só não conseguia demonstrar. Nunca foi capaz de dizer isso de novo. Estou realmente feliz por tê-lo forçado, caso contrário nunca o ouviria dizer. Eu esperava por isso há anos. Estava com 18 quando disse ao meu pai "Você vai me dizer que me ama", e não arredei pé até ele dizer. Então lhe pedi um abraço e realmente tive de abraçá-lo primeiro. Meu pai apenas me apertou de volta e deu uns tapinhas no meu ombro, mas tudo bem. Eu realmente precisava disso. – As lágrimas agora haviam voltado, desta vez escorrendo por suas bochechas redondas. – Por que foi tão difícil para ele fazer isso? Parece uma coisa tão *básica*, conseguir dizer à sua filha que você a ama!

Novamente ela estudou suas mãos juntas.

– Eu me esforçava muito. Era por isso que discutia e brigava tanto com ele. Achava que, se algum dia vencesse, ele teria de se orgulhar de mim. Teria de admitir que eu era boa. Queria sua aprovação, o que acho que significa seu amor, mais do que tudo no mundo...

Ao conversarmos mais, ficou claro que a família de Jill atribuía a rejeição de seu pai ao fato de ele ter querido um filho e em vez disso tido uma filha. Essa explicação superficial de sua frieza em relação à filha era muito mais fácil de ser aceita por todos, inclusive Jill, do que a verdade sobre ele. Mas após um tempo considerável na terapia, Jill reconheceu que seu pai não tivera laços emocionais com *ninguém*, que ele era verdadeiramente incapaz de expressar afeto, amor ou aprovação para qualquer um em sua esfera pessoal. Sempre houvera "motivos" para sua contenção emocional, como brigas, diferenças de opinião ou fatos irreversíveis como Jill ser uma garota. Todos os membros da família preferiram aceitar esses motivos como legítimos a examinar a qualidade sempre distante de seus relacionamentos com ele.

De fato, Jill achava mais fácil se culpar do que aceitar a incapacidade básica de amar por parte do pai. Enquanto a culpa fosse dela, sempre haveria a esperança de algum dia ela conseguir mudar o suficiente para produzir uma mudança nele.

Quando ocorre um evento emocionalmente doloroso e dizemos para nós mesmas que a culpa é nossa, na verdade estamos dizendo que não temos controle sobre ele: se mudarmos, a dor parará. Essa dinâmica está por trás de grande parte da culpa a que as mulheres que amam demais se atribuem. Culpando-nos, nos apegamos à esperança de que conseguiremos descobrir o que estamos fazendo de errado a fim de corrigir-nos – desse modo controlando a situação e interrompendo a dor.

Esse padrão em Jill ficou claro na próxima sessão, quando ela descreveu seu casamento. Irresistivelmente atraída por uma pessoa com quem poderia recriar o clima de privação emocional de seus anos de crescimento com seu pai, seu casamento era uma oportunidade de tentar novamente conquistar o amor contido.

Enquanto Jill contava como conhecera seu marido, pensei em uma máxima que ouvira de um colega terapeuta: pessoas com fome fazem más compras. Desesperadamente faminta por amor e aprovação, e familiarizada com a rejeição embora nunca a identificando como tal, Jill estava destinada a encontrar Paul.

Ela me contou:

– Nós nos conhecemos em um bar. Eu havia lavado minhas roupas em uma lavanderia automática e entrei na porta ao lado por alguns minutos, naquele lugar pequeno e sujo. Paul estava jogando bilhar e me perguntou se eu queria jogar. Respondi "é claro", e foi assim que isso começou. Ele me convidou para sair.

Eu disse que não, não saía com homens que conhecia em bares. Ele me seguiu de volta para a lavanderia e continuou a conversar comigo. Finalmente lhe dei o número do meu telefone e saímos na noite seguinte. Agora, você não vai acreditar nisso, mas acabamos morando juntos duas semanas depois. Ele não tinha onde morar e eu precisava sair de meu apartamento, então encontramos um lugar juntos. E nada era assim tão maravilhoso, nem o sexo, nem o companheirismo e nem nada. Mas após um ano minha mãe estava ficando nervosa com o que eu estava fazendo, por isso nos casamos. – Jill estava balançando seus cachos de novo.

Apesar desse início casual, logo ela se tornou obcecada. Como Jill crescera tentando consertar tudo que estava errado, levou naturalmente esse padrão de pensamento e comportamento para seu casamento.

– Eu me esforcei muito. Quero dizer, realmente o amava e estava determinada a fazê-lo retribuir meu amor. Seria a esposa perfeita. Cozinhava e limpava como louca, e também tentava estudar. Durante grande parte do tempo ele não trabalhou. Ficava à toa ou desaparecia durante dias. Isso era um inferno, a espera e as dúvidas. Mas aprendi a não perguntar onde tinha estado porque... – Ela hesitou, mudando de lugar em sua cadeira. – É difícil admitir isso. Eu estava certa de que poderia fazer tudo funcionar se me esforçasse muito, mas às vezes ficava zangada depois que ele desaparecia, e então ele me batia. Nunca contei isso a ninguém. Sempre tive muita vergonha. Simplesmente nunca me vi assim, sabe? Como alguém que se permite apanhar.

O casamento de Jill terminou quando seu marido encontrou outra mulher em uma de suas longas ausências de casa. Apesar do tormento que o casamento se tornara, Jill ficou arrasada quando Paul foi embora.

– Eu sabia que quem quer que fosse a mulher, ela era tudo o que eu não era. Realmente podia ver por que Paul havia me deixado. Senti-me como se não tivesse nada para oferecer a ele ou a qualquer um. Não o culpei por me deixar. Quero dizer, afinal de contas nem eu conseguia me suportar.

Grande parte do meu trabalho com Jill foi ajudá-la a entender o processo de doença em que estivera imersa durante tanto tempo, seu vício em relacionamentos infelizes com homens emocionalmente indisponíveis. O aspecto viciante do comportamento de Jill em seus relacionamentos equivale ao uso viciante de uma droga. No começo de cada um de seus relacionamentos havia um "êxtase" inicial, uma sensação de euforia e excitação enquanto ela acreditava que finalmente suas necessidades mais profundas de amor, atenção e segurança emocional seriam supridas. Acreditando nisso, Jill se tornava cada vez mais dependente do homem e do relacionamento para se sentir bem. Então, como um viciado que precisa usar mais droga quando ela produz menos efeito, era levada a insistir mais no relacionamento, à medida que ia lhe dando menos satisfação. Tentando conservar o que um dia parecera tão maravilhoso e promissor, Jill seguia servilmente seu homem, precisando de mais contato, mais tranquilização, mais amor enquanto recebia cada vez menos. Quanto pior a situação se tornava, mais difícil era desistir devido à força de sua necessidade. Ela não conseguia ir embora.

Jill estava com 29 anos quando foi me ver pela primeira vez. Seu pai morrera há sete, mas ainda era o homem mais importante em sua vida. De certo modo era o *único* homem em sua vida, porque em todos os relacionamentos com outros homens por quem se sentia atraída ela estava realmente se relacionando com o pai, ainda tentando conquistar o amor desse homem que não podia, devido aos seus próprios problemas, dá-lo.

Quando nossas experiências da infância são muito dolorosas, com frequência somos inconscientemente levadas a recriar situações parecidas durante toda a nossa vida, em uma tentativa de ganhar domínio sobre elas.

Se, por exemplo, como Jill, amamos e precisamos de um pai que não correspondeu a nós, frequentemente na vida adulta nos envolvemos com uma pessoa parecida, ou uma série de pessoas, em uma tentativa de "vencer" a velha luta para sermos amadas. Jill personificou essa dinâmica quando se viu atraída por um homem inadequado após o outro.

Há uma velha piada sobre um homem míope que perde suas chaves tarde da noite e está procurando por elas sob a luz de um poste de rua. Outra pessoa surge e se oferece para ajudá-lo, mas lhe pergunta: "Tem certeza de que foi aqui que as perdeu?" Ele responde: "Não, mas é aqui que a luz está."

Jill, como o homem na história, procurava o que faltava em sua vida não onde havia alguma esperança de encontrá-lo, mas onde, porque era uma mulher que amava demais, era mais fácil procurar.

Ao longo do livro exploraremos o que é amar demais, por que o fazemos, onde aprendemos isso e como transformar nosso modo de amar em um modo mais saudável de nos relacionarmos. Examinaremos novamente as características das mulheres que amam demais, desta vez uma a uma.

1. **Tipicamente, você vem de um lar disfuncional em que suas necessidades emocionais não foram supridas.**

Talvez o melhor modo de entender essa característica seja começar pela segunda metade dela: "... em que suas necessidades emocionais não foram supridas." "Necessidades emocionais" não se referem apenas à sua necessidade de amor e afeição. Embora esse aspecto seja importante, ainda mais crítico é o fato de que suas percepções e seus sentimentos foram amplamente ignorados ou negados, em vez de aceitos e validados. Um exemplo: os pais estão brigando. A criança sente medo. Pergunta à mãe: "Por que você está com raiva do papai?" A mãe responde: "Não estou com raiva", embora pareça raivosa e perturbada. Agora a criança se sente confusa, com mais medo, e diz: "Ouvi você gritando." A mãe responde irritadamente: "Eu já lhe disse que não estou com raiva, mas vou ficar se você continuar com isso!" Agora a criança sente medo, confusão, raiva e culpa. Sua mãe sugeriu que suas percepções são erradas; então, se isso é verdade, de onde estão vindo esses sentimentos de medo? A criança deve agora escolher entre saber que está certa e que sua mãe mentiu deliberadamente ou pensar que está errada no que ouve, vê e sente. Ela frequentemente se conformará com a confusão, ignorando suas percepções para não ter de experimentar o desconforto de tê-las invalidadas. Isso reduz a capacidade da criança de confiar em si mesma e em suas percepções, tanto na infância quanto mais tarde, na vida adulta, especialmente nos relacionamentos íntimos.

As necessidades de afeição também podem ser negadas ou insuficientemente supridas. Quando os pais brigam entre si, ou enfrentam outros tipos de conflitos, pode sobrar pouco tempo para dar atenção à criança. Isso a deixa faminta por amor e sem saber como acreditar nele ou aceitá-lo, pois sente que não o merece.

Agora examinaremos a primeira parte dessa característica, o fato de vir de um lar disfuncional. Lares disfuncionais são aqueles onde ocorrem uma ou mais das situações a seguir:

- abuso de álcool e/ou outras drogas (prescritas ou ilícitas)
- comportamento compulsivo, como comer, trabalhar, limpar, jogar, gastar, fazer dieta e se exercitar compulsivamente; esses são comportamentos viciantes, assim como processos doentios progressivos; entre muitos outros efeitos nocivos, realmente interrompem e impedem o contato honesto e íntimo em uma família
- violência física contra cônjuge e/ou filhos
- comportamento sexual inadequado por parte de um dos pais em relação à criança, variando de sedução a incesto
- discussões e tensão constantes

- longos períodos de tempo em que os pais se recusam a falar um com o outro

- pais com atitudes ou valores conflitantes, ou que exibem comportamentos contraditórios e competem pela lealdade dos filhos

- pais competitivos um com o outro ou com os filhos

- um dos pais não consegue se relacionar com os outros membros da família e efetivamente os evita, ao mesmo tempo culpando-os por essa evitação

- extrema rigidez em relação a dinheiro, religião, trabalho, uso do tempo, manifestações de afeição, sexo, televisão, serviço doméstico, esportes, política e assim por diante; obsessão por qualquer uma dessas coisas pode impedir contato e intimidade, porque a ênfase não está em se relacionar, mas em seguir as regras

Se um dos pais exibe alguns desses tipos de comportamentos e obsessões, isso é danoso para a criança. Se ambos os pais realizam essas práticas doentias, os resultados podem ser ainda mais prejudiciais. Frequentemente os pais apresentam tipos de patologias complementares. Por exemplo, um alcoólatra e uma pessoa com compulsão alimentar frequentemente se casarão, e então um lutará para controlar o vício do outro. Muitas vezes os pais também se equilibram de modos doentios; quando a mãe superprotetora e sufocante é casada com o pai zangado e rejeitador, na verdade um parceiro é autorizado pelo comportamento e pelas atitudes do outro a continuar a se relacionar com os filhos de um modo destrutivo.

As famílias disfuncionais se apresentam em muitos estilos e formas variadas, mas todas têm um efeito nas crianças que crescem nelas: essas crianças são, de certa forma, prejudicadas em sua capacidade de sentir e se relacionar.

2. Tendo você mesma recebido poucos cuidados reais, tenta satisfazer indiretamente essa necessidade não suprida se tornando uma cuidadora, especialmente de pessoas que parecem de algum modo carentes.

Pense em como as crianças, especialmente as garotinhas, se comportam quando não obtêm o amor e a atenção que desejam e de que precisam. Enquanto um garotinho pode ficar zangado e apresentar um comportamento destrutivo e de briga, com frequência uma garotinha volta sua atenção para a boneca favorita. Embalando-a e acalentando-a, e em algum nível se identificando com ela, essa garotinha faz um esforço indireto para receber o cuidado de que precisa. Na idade adulta, as mulheres que amam demais fazem a mesma coisa, talvez apenas um pouco mais sutilmente. Em geral, nós nos tornamos cuidadoras na maioria das áreas de nossa vida, se não em todas. As mulheres de lares disfuncionais (e especialmente, como observei, de lares de alcoólatras) estão muito presentes nas profissões voltadas para a ajuda, trabalhando como enfermeiras, conselheiras, terapeutas e assistentes sociais. Somos atraídas pelos necessitados, nos identificando compassivamente com seu sofrimento e tentando diminuí-lo para aliviar o nosso. Faz sentido nos sentirmos mais fortemente atraídas por pessoas que parecem carentes, se entendemos que nosso próprio desejo de sermos amadas e ajudadas está na origem dessa atração.

Não precisam ser pobres ou doentes para nos atrair. Talvez o outro seja incapaz de se relacionar bem com as pessoas de sua vida e demonstrar afeto, mostrando-se frio, teimoso, egoísta, mal-humorado ou melancólico. Talvez seja um pouco selvagem, irresponsável, incapaz de assumir um compromisso ou de ser fiel. Ou talvez nos diga que nunca conseguiu amar ninguém. Dependendo de nosso passado, reagiremos a diferentes tipos de carência. Mas reagiremos, com a convicção de que essa pessoa precisa de nossa ajuda, compaixão e sabedoria para melhorar de vida.

3. Como você nunca conseguiu transformar seu(s) pai(s) na(s) pessoa(s) cuidadora(s), afetuosa(s) e amorosa(s) que desejava, reage profundamente ao tipo familiar de pessoa emocionalmente indisponível que pode novamente tentar mudar por meio de seu amor.

Talvez sua luta tenha sido com um de seus pais, talvez com ambos. Mas independentemente do que estava errado, faltando ou do que era doloroso no passado, é isso o que você está tentando produzir no presente.

Agora começa a ficar claro que algo muito doentio e autodestrutivo está acontecendo. Seria bom se todas nós levássemos nossa solidariedade, compaixão e compreensão para relacionamentos com pessoas saudáveis com quem tivéssemos alguma esperança de ver nossas necessidades supridas. Mas não nos sentimos atraídas por pessoas saudáveis que podem nos dar o que precisamos. Nós as achamos entediantes. Sentimo-nos atraídas por homens ou mulheres que reproduzem a luta que enfrentamos com nossos pais, quando tentávamos ser suficientemente boas, amorosas, valiosas, úteis e inteligentes para conquistar o amor, a atenção e a aprovação daqueles que não podiam nos dar o que precisávamos devido a seus próprios problemas e preocupações. Agora operamos como se amor, atenção e aprovação não contassem a menos que conseguíssemos extraí-los de alguém também incapaz de dá-los prontamente para nós, devido a seus próprios problemas e suas preocupações.

4. Com pavor do abandono, você fará tudo para impedir que um relacionamento termine.

Abandono é uma palavra muito forte. Implica em sermos deixadas, possivelmente para morrer, porque podemos não conseguir sobreviver sozinhas. Há abandono literal e abandono emocional. Todas as mulheres que amam demais experimentaram no mínimo abandono emocional profundo, com todo o pavor e vazio que isso envolve. Como adultas, sermos deixadas por uma pessoa que representa de tantos modos as pessoas que primeiro nos abandonaram é algo que traz de volta todo o pavor que havíamos sentido. É claro que faremos tudo para não nos sentirmos assim novamente. O que leva à próxima característica.

5. **Quase nada é incômodo demais, toma tempo demais ou é caro demais se "ajuda" a pessoa com quem você está envolvida.**

A teoria por trás de toda essa ajuda é que, se isso funcionar, a pessoa se tornará tudo que você deseja e precisa que ela seja, o que significa que você vencerá aquela luta para conquistar o que quis tanto e por tanto tempo.

Assim, embora frequentemente sejamos frugais e até mesmo desinteressadas por nós mesmas, não medimos esforços para ajudá-la. Alguns de nossos esforços incluem:

- comprar-lhe roupas para melhorar a autoimagem dela
- encontrar um terapeuta para ela e implorar-lhe para que vá
- financiar hobbies caros para ajudá-la a usar melhor o tempo dela
- realizar deslocamentos geográficos inconvenientes porque "ela não está feliz aqui"
- dar-lhe metade dos bens, ou todos, para ela não se sentir inferior a nós
- fornecer-lhe um lugar para viver para que ela possa se sentir segura
- permitir-lhe abusar de nós emocionalmente porque "ela nunca pôde exprimir seus sentimentos antes"
- encontrar um emprego para ela

Essa é apenas uma lista parcial dos modos como tentamos ajudar. Raramente questionamos a conveniência de nossos atos em relação aos interesses da pessoa. Na verdade, gastamos muito tempo e energia tentando pensar em novas abordagens que poderiam dar mais certo do que as que já tentamos.

6. Acostumada com a falta de amor nos relacionamentos pessoais, você está disposta a esperar, ter esperança e tentar agradar mais.

Se outra pessoa com um tipo diferente de história se visse em nossa situação, poderia dizer: "Isso é horrível. Não vou mais continuar a fazê-lo." Mas nós presumimos que se isso não está funcionando e não estamos felizes é porque de algum modo ainda não fizemos o bastante. Vemos cada nuance do comportamento da pessoa a qual nos relacionamos como talvez um sinal de que finalmente está mudando. Vivemos na esperança de que amanhã será diferente. Na verdade, esperar que ela mude é mais confortável do que mudarmos a nós mesmas e nossa vida.

7. Você está disposta a assumir muito mais de 50% da responsabilidade e da culpa em qualquer relacionamento.

Frequentemente aquelas de nós que vêm de lares disfuncionais tiveram pais irresponsáveis, infantis e fracos. Nós crescemos rápido e nos tornamos pseudoadultas muito antes de estarmos preparadas para os fardos que os papéis carregavam. Mas também ficamos satisfeitas com o poder que nos era conferido por nossas famílias e pelos outros. Agora, como adultas, acreditamos que cabe a nós fazer os relacionamentos darem certo, e frequentemente nos associamos a parceiros ou parceiras irresponsáveis e acusadores que contribuem para nossa sensação de que tudo realmente é responsabilidade nossa. Somos especialistas em carregar o fardo.

8. Sua autoestima é criticamente baixa, e no fundo você não acredita que merece ser feliz. Em vez disso, acredita que deve conquistar o direito de aproveitar a vida.

Se nossos pais não nos acham dignas de amor e atenção, como podemos acreditar que realmente somos pessoas agradáveis e boas? Poucas mulheres que amam demais têm uma convicção íntima de que merecem amar e ser amadas simplesmente porque existem. Em vez disso, nós acreditamos que temos falhas terríveis e devemos realizar bons atos para compensá-las. Vivemos com a culpa de ter essas falhas e com o medo de elas serem descobertas. Tentamos muito parecer boas, porque não acreditamos que somos.

9. Você tem uma necessidade desesperada de controlar seus relacionamentos, tendo experimentado pouca segurança na infância. Mascara seus esforços para controlar pessoas e situações como "ser útil".

Vivendo em um dos tipos mais caóticos de famílias disfuncionais, como a com problemas de alcoolismo, violenta ou incestuosa, uma criança inevitavelmente terá pânico da perda de controle da família. As pessoas de quem depende não estão lá para ela porque são doentes demais para protegê-la. Na verdade, essa família frequentemente é uma fonte de ameaça e dano em vez de a fonte de segurança e proteção de que ela precisa. Como essa experiência é muito opressiva e devastadora, aquelas de nós que sofreram com ela tentam, por assim dizer, virar a mesa. Sendo fortes e úteis nós nos protegemos do pânico que surge ao estarmos à mercê dos outros. Precisamos estar com aqueles a quem podemos ajudar para que nos sintamos seguras e no controle.

10. Em um relacionamento, você está muito mais conectada com seu sonho de como isso poderia ser do que com a realidade de sua situação.

Quando amamos demais, vivemos em um mundo de fantasia em que a pessoa com quem estamos tão infelizes ou insatisfeitas é transformada em alguém que, temos certeza, ela pode se tornar e *se tornará* com nossa ajuda. Como sabemos quase nada sobre ser feliz em um relacionamento e somos tão pouco experientes em ter alguém que supra nossas necessidades emocionais, esse mundo de sonho é o mais perto que ousamos chegar daquilo que queremos.

Se já tivéssemos pretendentes que fossem tudo aquilo que queríamos, para que precisariam de nós? E todo esse talento (e compulsão) para ajudar não teria nenhum lugar para operar. Grande parte de nossa identidade ficaria sem trabalho. Por isso escolhemos alguém que não é o que queremos – e continuamos a sonhar.

11. Você é viciada em relacionamentos e em dor emocional.

Nas palavras de Stanton Peele, autor de *Love and Addiction*, "experiência viciante é aquela que absorve a consciência da pessoa e, como ocorre com os analgésicos, alivia a sensação de ansiedade e dor. Talvez não haja nada tão bom para absorver nossa consciência como certo tipo de relacionamento amoroso. O relacionamento viciante é caracterizado por um desejo da presença tranquilizadora de outra pessoa... O segundo critério é que reduz a capacidade de uma pessoa de prestar atenção a outros aspectos de sua vida e lidar com eles".

Usamos nossa obsessão pelas pessoas que amamos para evitar a dor, o vazio, o medo e a raiva. Usamos nossos relacionamentos como drogas, para evitar experimentar o que sentiríamos se ficássemos quietas em nosso canto. Quanto mais dolorosas forem nossas interações com uma pessoa, maior a distração que ela nos oferece. Um relacionamento realmente terrível tem a mesma função de uma droga muito forte. Sem alguém em quem nos concentrar, entramos em um estado de abstinência, frequentemente com muitos dos sintomas físicos e emocionais da abstinência de drogas: náusea, suor, calafrios, tremores, inquietação, pensamento obsessivo, depressão, insônia, pânico e ataques de ansiedade. Tentando aliviar esses sintomas, voltamos para nosso último relacionamento ou procuramos desesperadamente outro.

12. Você pode ser predisposta emocionalmente, e com frequência bioquimicamente, a se tornar viciada em drogas, álcool e/ou certos alimentos, particularmente doces.

Isso se aplica principalmente às muitas mulheres que amam demais que são filhas de viciados em drogas. Todas as mulheres que amam demais carregam a bagagem emocional de experiências que poderiam levá-las ao abuso de substâncias alteradoras da consciência para fugir de seus sentimentos. Mas filhos de pais viciados também tendem a ter uma predisposição genética a desenvolver seus próprios vícios.

O fato de o açúcar refinado ter uma estrutura molecular quase idêntica à do álcool etílico pode ser o motivo de tantas filhas de alcoólatras se viciarem em doces e os consumirem compulsivamente. O açúcar refinado não é um alimento, mas uma droga. Não tem nenhum valor nutritivo, só calorias vazias. Pode alterar muito a química cerebral e é uma substância altamente viciante para muitas pessoas.

13. Ao ser atraída por pessoas com problemas que precisam ser resolvidos, ou enredada em situações caóticas, incertas e emo-

cionalmente dolorosas, você evita responsabilizar-se por si mesma.

Embora sejamos ótimas em intuir o que outra pessoa sente, ou em descobrir o que ela precisa ou deveria fazer, não estamos em contato com nossos sentimentos e somos incapazes de tomar decisões sábias sobre aspectos importantes de nossa vida. Com frequência realmente não sabemos quem somos, e nos envolvermos em problemas dramáticos nos impede de parar para descobrir.

Nada disso significa que não nos emocionamos. Podemos chorar, gritar e nos lamentar. Mas não somos capazes de usar nossas emoções como guia ao fazermos escolhas necessárias e importantes na vida.

14. Você pode tender a episódios de depressão, que tenta evitar com a excitação provocada por um relacionamento instável.

Um exemplo: uma das minhas clientes, que tinha histórico de depressão e era casada com um alcoólatra, equiparava viver com ele a sofrer um acidente de carro todos os dias. Os terríveis altos e baixos, as surpresas e manobras, a imprevisibilidade e instabilidade do relacionamento produziam um choque cumulativo, constante e diário em seu sistema. Se você já se feriu gravemente em um acidente de carro, pode ter experimentado um "alto" bem definido no dia seguinte ou alguns dias depois. Isso ocorreu porque seu corpo passou por um choque extremo e a adrenalina de repente ficou disponível em doses incomumente altas. Se você luta contra a depressão, procurará inconscientemente situações que a mantenham muito ansiosa, como o acidente de carro (ou o casamento com um alcoólatra), para não se sentir deprimida.

Depressão, alcoolismo e transtornos alimentares estão intimamente relacionados e parecem estar geneticamente ligados. Por exemplo, a maioria das pessoas anoréxicas com quem trabalhei tinha os *dois* pais alcoólatras, e muitas de minhas clientes com problemas de depressão tinham pelo menos um dos pais alcoólatra. Se você veio de uma família com problemas de alcoolismo, tem dois motivos para ficar deprimida: seu passado e suas heranças genéticas. Ironicamente, a excitação de um relacionamento com alguém com essa doença a atrai muito.

15. **Você não se sente atraída por pessoas gentis, estáveis, confiáveis e interessadas em você. Acha essas pessoas "boas" entediantes.**

Achamos a pessoa instável excitante, a não confiável desafiadora a imprevisível romântica, a imatura charmosa e a mal-humorada misteriosa. A pessoa zangada precisa de nossa compreensão. A infeliz de nosso conforto. A inadequada de nosso incentivo, e a fria de nosso calor humano. Mas não podemos "consertar" alguém que é bom da maneira como é, e se ele for gentil e atencioso conosco não poderemos sofrer. Infelizmente, se não podemos amar demais alguém em geral não podemos amá-lo de forma alguma.

✧ ✦ ✧

Nos capítulos a seguir cada uma das mulheres que você conhecerá tem, como Jill, uma história para contar sobre amar demais. Seus relatos podem ajudá-la a entender melhor os padrões de sua própria vida. Então você também será capaz de usar as ferramentas apresentadas no final do livro para transformar esses padrões em uma nova configuração de autorrealização, amor e alegria. Isso é o que desejo para você.

2

Sexo bom em relacionamentos ruins

Oh, my man, I love him so – he'll never know
All my life is just despair – but I don't care
When he takes me in his arms the world is bright*
— "My Man"

A jovem mulher à minha frente estava desesperada. Seu belo rosto ainda tinha marcas amarelas e verdes dos ferimentos terríveis sofridos um mês atrás, quando atirara seu carro deliberadamente de um penhasco.

Ela me disse, devagar e sofridamente:

— Saiu no jornal tudo sobre o acidente, com fotos do carro pendurado lá... mas ele nunca entrou em contato comigo. — Seu tom de voz se elevou um pouco, revelando apenas uma leve indicação de raiva saudável antes de ela voltar à sua desolação.

Então Trudi, que por pouco não morrera de amor, fez a pergunta que era para ela a principal, e tornava o abandono de seu amante inexplicável e quase insuportável:

— Como o sexo podia ser tão bom, fazer a gente se sentir tão bem e nos unir tanto se realmente não existia nada entre nós? Por que dava tão certo se nada mais dava? — Quando ela começou a chorar, pareceu uma criança pequena muito magoada. — Pensei que me dedicando a ele o faria me amar. Dei-lhe tudo, tudo o que tinha para dar. — Ela se curvou para frente, segurando seu estômago e balançando. — Ah, dói tanto saber que fiz tudo isso para nada.

---

* Ah, meu homem, amo-o tanto – ele nunca saberá/Toda a minha vida é apenas desespero – mas não me importo/Quando ele me toma nos braços o mundo se ilumina. (N. do P. O.)

Trudi continuou curvada, soluçando por um longo tempo, perdida no espaço vazio onde seu mito de amor vivera.

Quando ela conseguiu falar de novo, continuou a se lamentar.

– Tudo o que me interessava era fazer Jim feliz e mantê-lo comigo. Não lhe pedia nada, exceto para passar algum tempo comigo.

Depois de Trudi chorar de novo por algum tempo, lembrei-me do que ela me contara sobre sua família e lhe perguntei gentilmente:

– Não era isso que sua mãe também queria de seu pai? Basicamente apenas que ele passasse algum tempo com ela?

Subitamente Trudi se aprumou.

– Ah, meu Deus! Você está certa. Estou parecendo minha mãe. A pessoa com quem *menos* queria parecer, a que vivia tentando o suicídio para conseguir o que queria. Ah, meu Deus! – repetiu ela. Depois olhou para mim com o rosto molhado de lágrimas e disse baixinho: – Isso é realmente horrível.

Ela fez uma pausa e eu falei.

– Muitas vezes nós nos vemos fazendo as mesmas coisas que nossos pais do mesmo sexo que nós faziam, tendo as atitudes que prometemos a nós mesmas nunca, nunca ter. Isso é porque aprendemos com suas atitudes, e até mesmo seus sentimentos, o que é ser um homem ou uma mulher.

– Mas eu não tentei me matar para ter Jim de volta – protestou Trudi. – Só não conseguia suportar como me sentia péssima, sem valor e indesejada. – Outra pausa. – Talvez também fosse assim que minha mãe se sentisse. Acho que é assim que você acaba se sentindo quando tenta manter perto quem tem coisas mais importantes para fazer.

Trudi havia tentado, e a isca usada fora o sexo.

Em uma sessão posterior, quando a dor já não era tão recente, o tema do sexo surgiu de novo.

– Sempre fui muito receptiva sexualmente – disse ela com um misto de orgulho e culpa. – Tanto que na escola secundária tive medo de ser ninfomaníaca. Só pensava na próxima vez em que meu namorado e eu ficaríamos juntos e faríamos amor. Estava sempre tentando arranjar um lugar para ficarmos a sós. Dizem que são os homens que sempre querem sexo. Sei que eu queria mais do que ele. Pelo menos, me esforçava muito mais do que ele para que isso acontecesse.

Trudi tinha 16 anos quando ela e seu primeiro namorado firme na escola secundária "foram até o fim", conforme disse. Ele era um jogador de futebol que levava muito a sério seu treinamento. Parecia acreditar que sexo demais diminuiria seu desempenho no campo. Enquanto ele dava desculpas para não ficar fora de casa até tarde antes de um jogo, Trudi contra-atacava arranjando trabalho como babá durante as tardes, quando o seduzia no sofá da sala de estar enquanto o bebê dormia no quarto ao lado. Contudo, os esforços mais criativos de Trudi para transformar a paixão dele por esportes em uma paixão por ela foram em vão e esse jovem, contemplado com uma bolsa de estudos como atleta, partiu para uma universidade distante.

Após um período chorando todas as noites e repreendendo-se por não ter conseguido persuadi-lo a preferi-la às suas ambições atléticas, Trudi estava pronta para tentar de novo.

Eram as férias de verão entre a escola secundária e a universidade e Trudi ainda morava com os pais, em um lar cujas bases estavam desmoronando. Após anos ameaçando fazer isso, a mãe de Trudi finalmente iniciou o processo de divórcio, contratando um advogado conhecido por sua disposição de jogar sujo. O casamento de seus pais fora o mais tempestuoso possível, contrapondo a compulsão por trabalho de seu pai aos esforços ardentes, às vezes violentos e ocasionalmente autodestrutivos de sua mãe para obrigá-lo a passar mais tempo com ela e suas duas filhas, Trudi e sua irmã mais velha, Beth. Ele ficava tão raramente em casa, e por tão pouco tempo, que sua esposa se referia ironicamente a esses momentos como "paradas infernais".

– Eram mesmo um inferno – lembrou Trudi. – Suas visitas sempre se transformavam em brigas longas e horríveis, com minha mãe gritando e o acusando de não amar nenhuma de nós, e ele insistindo em dizer que trabalhava muito e por tanto tempo por nossa causa. As vezes em que meu pai realmente ficava em casa sempre pareciam terminar com eles gritando um com o outro. Geralmente ele ia embora, batendo a porta e berrando: "Não admira que eu nunca queira vir para casa!" Mas às vezes, se minha mãe chorava demais, o ameaçava de novo com divórcio ou tomava um monte de pílulas e ia parar no hospital, ele mudava por um tempo, voltava para casa cedo e ficava mais conosco. Então minha mãe começava a fazer refeições maravilhosas, acho que para recompensá-lo por voltar para casa e para a família. – Trudi franziu as sobrancelhas. – Depois de três ou quatro noites, ele se atrasava de novo e o telefone tocava. "Ah, entendo. *É mesmo?*", dizia minha mãe friamente. Logo ela começava a gritar obscenidades e depois batia o telefone. E lá ficávamos Beth e eu, todas bem-vestidas porque papai viria jantar. Provavelmente tendo preparado uma mesa especialmente bonita com velas e flores, como mamãe sempre nos dizia para fazer quando ele era esperado em casa. E lá ficava mamãe enfurecida na cozinha, gritando, batendo panelas e xingando papai de nomes horríveis. Então ela se acalmava, se tornava fria de novo e vinha nos dizer que comeríamos sozinhas, sem ele. E isso era ainda pior do que os gritos. Ela nos servia e se sentava, sem olhar para nós. E Beth e eu ficávamos muito nervosas e quietas. Não ousávamos falar e não ousávamos não comer. Ficávamos ali na mesa tentando melhorar as coisas para mamãe, mas não havia realmente nada que pudéssemos fazer por ela. Depois dessas refeições, geralmente no meio da noite, eu tinha náuseas terríveis e vômitos. – Trudi balançou sua cabeça estoicamente. – Isso definitivamente não leva a uma digestão saudável.

– Ou a aprender padrões de relacionamento saudáveis – acrescentei, porque foi nesse clima que Trudi descobriu como sabia pouco sobre lidar com as pessoas que amava. – Como você se sentia quando isso acontecia? – perguntei-lhe.

Trudi pensou por um momento e fez um sinal afirmativo com a cabeça ao responder, enfatizando a exatidão de sua resposta.

– No meio disso eu ficava assustada, mas me sentia principalmente só. Ninguém olhava na minha direção ou queria saber o que eu estava sentindo ou fazendo. Minha irmã era tão tímida que nunca conversávamos muito. Ela se escondia em seu quarto quando não estava tendo aulas de música. Na maior parte do tempo tocava flauta, acho que para evitar as brigas e ter uma desculpa para ficar fora do caminho de todo mundo. Também aprendi a não criar problemas. Ficava quieta, fingia não notar o que meus pais estavam fazendo um com o outro e guardava tudo que pensava para mim mesma. Às vezes parecia que só assim meu pai me notava. Ele dizia "Deixe-me ver seu boletim", e falávamos um pouco sobre isso. Meu pai admirava qualquer tipo de conquista, por isso eu tentava me sair bem para ele.

Trudi esfregou sua sobrancelha e continuou, pensativamente.

– Também há outro sentimento. Tristeza. Acho que me sentia triste o tempo todo, mas nunca disse a ninguém. Se alguém me perguntasse "Como você se sente por dentro?", eu responderia que estava bem, totalmente bem. Mesmo se respondesse que me sentia triste, nunca poderia explicar por quê. Como justificar esse sentimento? Eu não sofria. Nada de importante faltava em minha vida. Quero dizer, nunca faltou comida, nunca passamos necessidade. – Trudi ainda era incapaz de reconhecer totalmente a profundidade de seu isolamento emocional nessa família. Ela sofrera de escassez de cuidados e atenção causada por um pai praticamente inacessível e uma mãe consumida por sua raiva e frustração com ele. Isso deixara Trudi e sua irmã famintas emocionalmente.

O ideal era que, enquanto crescia, Trudi pudesse partilhar quem era com seus pais em troca de amor e afeição, mas eles eram incapazes de receber esse presente; estavam envolvidos demais em sua batalha de desejos. Por isso, ao ficar mais velha, Trudi se dirigiu com seu presente de amor (simbolizado pelo sexo) para outro lugar. Mas ela se ofereceu para pessoas igualmente relutantes ou indisponíveis. Afinal de contas, o que mais sabia fazer? Nada mais parecia "correto" ou conseguia se encaixar na falta de amor e atenção à qual já estava acostumada.

Enquanto isso, o conflito entre seus pais crescia na nova arena da corte de divórcio. No meio da confusão a irmã de Trudi fugiu com o professor de música. Seus pais pararam a batalha apenas tempo suficiente para registrar o fato de que a filha mais velha fugira do estado com um homem com o dobro da idade dela e que mal podia se sustentar. Trudi também procurava amor, saindo freneticamente com homens e indo para cama com quase todos eles. No fundo, achava que os problemas em casa eram culpa de sua mãe, que ela afastara seu pai com aborrecimentos e ameaças. Trudi jurou que nunca seria uma mulher raivosa e exigente como sua mãe. Em vez disso, conquistaria seu homem com amor, compreensão e se doando por inteiro. Já havia tentado uma vez, com o jogador de futebol, ser irresistivelmente dedicada e amorosa, mas sua abordagem não funcionara. Trudi concluiu que o erro não estava na abordagem ou na má escolha de seu alvo, mas que não se dedicara o suficiente. Então continuou a tentar se dedicar, mas nenhum dos jovens que namorou ficou com ela.

O outono começou e logo Trudi conheceu um homem casado, Jim, em uma de suas aulas na universidade local. Ele era um policial que estudava teoria de aplicação da lei para se tornar apto a uma promoção. Tinha 30 anos, dois filhos e uma esposa grávida. Tomando café em uma tarde, ele contou a Trudi que se casara jovem e era pouco feliz no relacionamento. De um modo paternal, preveniu-a contra cair na mesma armadilha de se casar cedo e se prender a responsabilidades. Trudi se sentiu lisonjeada por Jim lhe confiar algo tão particular quanto seu desencanto com a vida de casado. Ele parecia gentil e de algum modo vulnerável, um pouco solitário e incompreendido. Jim lhe disse que conversar com ela tinha significado muito para ele – na verdade, nunca falara com ninguém como ela antes – e lhe perguntou se concordaria em se encontrar com ele de novo. Trudi rapidamente concordou, porque embora a conversa deles naquele dia tivesse sido bastante unilateral, com Jim falando mais do que ela, ainda era mais comunicação do que Trudi já experimentara com sua família. Aquele bate-papo lhe deu a amostra da atenção pela qual ansiava. Dois dias depois eles conversaram de novo, desta vez caminhando nas colinas acima do campus, e Jim a beijou no fim do passeio. Em uma semana, estavam se encontrando no apartamento de um policial em serviço em três das cinco tardes que Trudi passava na universidade, e sua vida começou a girar em torno do tempo que roubavam juntos. Trudi se recusou a ver como seu envolvimento com Jim a estava afetando. Ela matava aulas e, pela primeira vez, começou a se sair mal nas provas. Mentia para seus amigos sobre suas atividades e depois os evitava totalmente para não ter de continuar a mentir. Abandonou quase toda sua vida social, importando-se apenas em estar com Jim quando podia e pensando nele quando não podia. Queria estar disponível para ele em caso de haver uma hora a mais para ficarem juntos.

Em troca, Jim lhe dava muita atenção e a adulava quando estavam juntos. Conseguia dizer exatamente o que ela precisava ouvir – o quanto era maravilhosa, especial e adorável e o tornou mais feliz do que jamais fora. Suas palavras a levaram a tentar emocioná-lo e encantá-lo ainda mais. Primeiro Trudi comprou lindas lingeries para vestir só para ele, depois perfumes e óleos, que Jim lhe disse para não usar porque sua esposa poderia notar o cheiro e querer saber o que estava acontecendo. Sem desanimar, Trudi leu livros sobre sexo e experimentou tudo o que aprendeu com Jim. O êxtase dele a estimulava. Não havia maior afrodisíaco para ela do que ser capaz de excitar aquele homem. Respondia intensamente à atração *dele* por *ela*. Expressava menos sua própria sexualidade do que seu sentimento de ser valorizada pela receptividade sexual dele. Interpretava o tempo que Jim roubava de sua outra vida para estar com ela como a confirmação de seu valor pela qual ansiava. Quando não estava com ele, pensava em novos modos de encantá-lo. Seus amigos finalmente desistiram de lhe pedir para se juntar a eles e sua vida passou a se resumir a uma única obsessão: tornar Jim mais feliz do que ele jamais fora. Trudi sentia a emoção da vitória em cada encontro, uma vitória sobre o desencantamento de Jim com a vida e a incapacidade dele de experimentar amor e satisfação amorosa e sexual. Trudi ficava feliz em fazê-lo feliz. Finalmente, seu amor estava exercendo sua magia na vida de alguém. Era o que sempre desejara. Ela não era como sua mãe, que afastava uma pessoa com exigências. Em vez disso, estava criando um vínculo apenas com amor e altruísmo. Trudi se orgulhava de pedir muito pouco a Jim.

– Eu ficava muito só quando não estava com Jim, e era grande parte do tempo. Só o via durante duas horas em três dias da semana, e ele nunca entrava em contato comigo nesse meio-tempo. Jim tinha aulas na segunda, na quarta e na sexta-feira e nós nos encontrávamos depois. Nosso tempo juntos era quase todo passado fazendo amor. Quando finalmente estávamos sós corríamos um para o outro. Aquilo era tão intenso e excitante que às vezes era difícil acreditarmos que o sexo pudesse ser tão emocionante para outras pessoas no mundo. E depois, é claro, sempre tínhamos de dizer adeus. Todas as outras horas na semana, quando eu não estava com ele, eram vazias. Eu passava a maior parte do tempo em que ficávamos separados me preparando para vê-lo de novo. Lavava meus cabelos com um xampu especial, fazia as unhas e apenas me deixava levar, pensando nele. Não me permitia pensar muito na esposa, na família de Jim. Acreditava que ele fora preso a um casamento antes de ter idade suficiente para realmente saber o que queria, e o fato de não ter nenhuma intenção de sair de casa e fugir de suas obrigações me fazia admirá-lo ainda mais.

Trudi bem poderia ter acrescentado: "E me fazia ficar ainda mais confortável com ele." Ela não era capaz de manter um relacionamento íntimo, de modo que o impedimento que o casamento e a família de Jim representavam era na verdade bem-vindo, como fora a relutância do jogador de futebol em ficar com ela. Nós só ficamos confortáveis nos relacionando de modos familiares, e Jim fornecia tanto a distância quanto a falta de compromisso que Trudi já conhecia tão bem do relacionamento de seus pais com ela.

O segundo semestre da universidade estava quase terminando, o verão estava chegando e Trudi perguntou a Jim o que aconteceria quando eles entrassem de férias e não tivessem mais uma desculpa conveniente para se encontrar. Ele franziu as sobrancelhas e respondeu vagamente:

– Não sei ao certo. Pensarei em alguma coisa.

As sobrancelhas franzidas foram o suficiente para preocupá-la. O que os unia era a felicidade que ela podia lhe dar. Se Jim não ficasse feliz, tudo poderia acabar. Ela não deveria fazê-lo franzir as sobrancelhas.

O semestre terminou e ele não pensara em nada.

– Vou telefonar para você – disse ele.

Trudi esperou. Um amigo do seu pai lhe ofereceu um emprego em seu resort durante o verão. Vários de seus amigos também trabalhavam lá e insistiram para que se juntasse a eles. Garantiram-lhe que seria divertido trabalhar no lago durante todo o verão. Ela recusou a oferta, temendo perder o telefonema de Jim. Embora raramente tivesse saído de casa durante três semanas, o telefonema nunca veio.

Em uma tarde quente no meio de julho Trudi estava no centro da cidade, fazendo compras distraidamente. Saiu de uma loja com ar-condicionado piscando à luz do sol, e lá estava Jim – bronzeado, sorrindo e de mãos dadas com uma mulher que só podia ser sua esposa. Havia duas crianças pequenas com eles, um menino e uma menina e, em um suporte azul no peito de Jim, um bebê. Os olhos de Trudi procuraram os de Jim. Ele olhou para ela brevemente e depois desviou seu olhar, passando por ela com sua família, sua esposa e sua vida.

De algum modo Trudi conseguiu chegar ao seu carro, embora a dor em seu peito quase a impedisse de respirar. Ficou sentada no estacionamento quente até depois de o sol se pôr, soluçando e tentando tomar fôlego. Então, devagar e com a visão turva, dirigiu até a universidade e subiu as colinas, onde ela e Jim tinham dado o primeiro passeio e o primeiro beijo. Dirigiu até um penhasco e seguiu reto onde deveria virar.

Foi um milagre Trudi ter sobrevivido ao acidente quase ilesa. Também foi uma grande decepção para ela. Deitada na cama do hospital, jurou tentar se matar de novo, assim que a deixassem sair. Foi transferida para a ala psiquiátrica, tomou medicamentos entorpecentes e fez a entrevista obrigatória com o psiquiatra. Seus pais foram vê-la em turnos diferentes, escolhidos cuidadosamente pela equipe de enfermagem. Em suas visitas, o pai fazia severos discursos sobre o muito pelo qual ela tinha de viver, enquanto Trudi contava silenciosamente o número de vezes que ele olhava para o relógio. Geralmente seu pai terminava com um impotente:

– Agora você sabe que sua mãe e eu a amamos, querida. Prometa que não fará isso de novo.

Trudi prometia obedientemente, forçando um pequeno sorriso, fria na solidão de mentir para seu pai sobre algo tão importante. Essas visitas eram seguidas pelas de sua mãe, que andava pelo quarto perguntando insistentemente:

– Como você pôde fazer isso consigo mesma? Como pôde fazer isso conosco? Por que não me contou que algo estava errado? Afinal de contas, qual é o problema? Está aborrecida com seu pai e comigo? – Então sua mãe se instalava em uma das cadeiras fornecidas para os visitantes e fazia uma descrição detalhada do andamento do divórcio, o que deveria ser tranquilizador. Geralmente Trudi passava mal do estômago à noite, depois dessas visitas.

Em sua última noite no hospital, uma enfermeira se sentou calma e gentilmente com Trudi e a sondou com algumas perguntas. Toda a história veio à tona. Finalmente a enfermeira disse:

– Sei que você está pensando em fazer isso de novo. Por que não faria? Nada é diferente esta noite do que era uma semana atrás. Mas antes, de tentar, quero que veja uma pessoa. – A enfermeira, uma antiga cliente minha, a encaminhou para mim.

Então Trudi e eu começamos nosso trabalho, o trabalho de curar sua necessidade de dar mais amor do que recebia, doar sem parar de um lugar em seu interior já vazio. Nos dois anos seguintes, houve mais alguns homens em sua vida que lhe permitiram examinar como usava o sexo nos relacionamentos. Um foi um professor da universidade onde ela estava agora matriculada. Ele era um *workaholic* do calibre de seu pai, e no início Trudi fez um grande esforço para desviá-lo do trabalho em direção a seus braços amorosos. Contudo, desta vez sentiu intensamente a frustração de sua luta para mudá-lo, e desistiu após cinco meses. A princípio o desafio fora estimulante e a cada vez que ela "ganhava" a atenção dele, à noite, sentia-se valorizada, mas também cada vez mais dependente emocionalmente enquanto ele, em troca, lhe dava cada vez menos. Durante uma sessão, Trudi contou:

– Na noite passada estive com David e chorei, dizendo-lhe o quanto ele era importante para mim. Ele começou a me dar sua resposta usual sobre como eu teria de entender que ele tinha compromissos importantes com o trabalho. Bem, eu simplesmente parei de ouvi-lo. Já ouvira tudo isso antes. De repente ficou muito claro para mim que eu já representara essa cena, com meu namorado jogador de futebol. Estava me atirando para David do mesmo modo como me atirara para ele.

Ela sorriu tristemente.

– Você não tem ideia de até que ponto cheguei para ganhar a atenção dos homens. Eu ficava tirando minhas roupas, soprando nas orelhas deles e tentando todos os truques de sedução que conhecia. Ainda estou tentando obter a atenção de alguém que não está muito interessado em mim. Acho que a maior emoção que sinto ao fazer amor com David é conseguir excitá-lo o suficiente para distraí-lo do que estaria fazendo. Odeio admitir isso, mas tem sido muito excitante apenas ser capaz de fazer David, Jim ou qualquer um prestar *atenção* em mim. Acho que o sexo me trazia muito alívio basicamente porque eu me sentia tão mal em cada relacionamento. Por alguns momentos, parece derrubar todas as barreiras e nos unir. E desejo muito essa união. Mas realmente não estou disposta a ficar me atirando para David. Isso é muito degradante.

Ainda assim, David não foi de forma alguma o último dos homens impossíveis de Trudi. Seu próximo namorado foi um jovem corretor da bolsa de valores que era um triatleta dedicado. Ela competia tanto quanto ele, mas por atenção, tentando afastá-lo de seu rigoroso programa de treinamento com a promessa constante de seu corpo desejoso. Durante grande parte do tempo em que faziam amor, ele estava cansado ou desinteressado demais para conseguir ou manter uma ereção.

Um dia, em meu consultório, ela estava descrevendo sua mais recente tentativa fracassada de fazer amor e subitamente começou a rir.

– Quando penso nisso, é demais! Ninguém já se esforçou mais do que eu para fazer amor com alguém que não queria. – Mais risos. Então ela disse, firmemente: – Tenho que parar de fazer isso. Vou parar de olhar. Parece que sempre me sinto atraída por homens que não têm nada a me oferecer, e nem mesmo querem o que tenho para lhes oferecer.

Essa foi uma virada importante para Trudi. No processo de terapia, ela se tornara mais capaz de se amar e agora podia avaliar um relacionamento como insatisfatório, em vez de concluir que não merecia ser amada e deveria se esforçar mais e mais. O forte impulso de usar sua sexualidade para estabelecer um relacionamento com um parceiro relutante ou impossível diminuiu muito, e quando parou de fazer terapia, após dois anos, saía casualmente com vários homens jovens e não dormia com nenhum deles.

– É tão diferente estar com alguém e realmente atenta a perceber se gosto dele, se estou me divertindo ou se o considero uma boa pessoa! Nunca havia pensado nessas coisas. Sempre me esforçava muito para tornar meu namorado parecido comigo, me certificar de que se divertiria em minha companhia e me acharia agradável. Sabe, depois de um encontro eu nunca pensava em se queria ver o cara de novo. Ficava ocupada demais me perguntado se ele gostara de mim o suficiente para me telefonar e convidar para um novo encontro. Eu fazia tudo ao contrário!

Quando Trudi decidiu parar a terapia, não fazia mais as coisas ao contrário. Era capaz de ver facilmente quando um relacionamento era impossível, e mesmo se uma chama de atração entre ela e um homem relutante brilhava, se extinguia rapidamente em sua fria avaliação do sujeito, da situação e das possibilidades. Ela não estava mais no mercado para dor e rejeição. Queria alguém que pudesse ser realmente um parceiro, ou preferia não ter ninguém. Nenhum meio-termo lhe servia. Mas Trudi continuava a não saber nada sobre viver com os opostos da dor e rejeição: conforto e compromisso. Nunca conhecera o grau de intimidade que provém de estar no tipo de relacionamento que agora exigia. Embora tivesse ansiado por verdadeira intimidade com um parceiro, nunca teve de funcionar nesse clima. Não por acaso se sentira atraída por homens que a rejeitavam; Trudi tinha baixa tolerância à verdadeira intimidade. Não houvera nenhuma em sua família enquanto ela crescia, só batalhas e tratados, cada tratado marcando mais ou menos o início da próxima batalha. Houvera dor e tensão, e ocasionalmente algum alívio da dor e tensão, mas nunca reais compartilhamento e amor, ou uma verdadeira intimidade. Como reação às manipulações de sua mãe, a fórmula de Trudi para amar fora se dar sem pedir nada em troca. Quando a terapia a ajudou a sair da armadilha de seu martírio autoimposto, ela soube claramente o que não fazer, o que era um grande progresso. Mas apenas meio caminho andado.

A próxima tarefa de Trudi era aprender a simplesmente estar na companhia de homens que considerava bons, mesmo se os achasse um pouco entediantes. Tédio é a sensação que as mulheres que amam demais frequentemente experimentam quando se veem com um homem "bom": não há tocar de sinos, fogos explodindo e estrelas caindo do céu. Na ausência de excitação elas sentem impaciência, irritação e estranheza, um estado de desconforto geral rotulado como *tédio*. Trudi não sabia como se comportar na presença de um homem gentil, atencioso e realmente interessado nela; como todas as mulheres que amam demais, sua capacidade de se relacionar era desenvolvida para um desafio, não para apenas apreciar a companhia de um homem. Se ela não tivesse de manobrar e manipular para manter um relacionamento, achava difícil se relacionar, sentir-se confortável e à vontade. Como estava acostumada com excitação e dor, luta e vitória ou derrota, um relacionamento sem esses poderosos componentes parecia calmo demais para ser importante, e também perturbador. Ironicamente, haveria mais desconforto na presença de homens constantes, fiéis, alegres e estáveis do que jamais houvera com homens indiferentes, indisponíveis ou desinteressados.

A mulher que ama demais está *acostumada* com traços e comportamentos negativos, e se sentirá mais confortável com eles do que com seus opostos, a menos e até que se esforce muito para mudar isso em si mesma. Se Trudi não conseguisse aprender a se relacionar confortavelmente com um homem que considerasse seus interesses tão importantes quanto os dele, não teria nenhuma esperança de algum dia ter um relacionamento gratificante.

Antes da recuperação, a mulher que ama demais geralmente exibe as características a seguir com respeito a como se sente e se relaciona sexualmente:

- Pergunta-se "O quanto essa pessoa me ama (ou precisa de mim)?" em vez de "O quanto eu gosto dela?".

- A maioria de suas interações sexuais são motivadas por "Como posso fazer o outro me amar mais (ou precisar mais de mim)?".

- Seu impulso de se entregar sexualmente para pessoas que considera carentes pode resultar no comportamento que ela mesma rotula como promíscuo, mas que visa principalmente à gratificação do outro, não a dela.

- O sexo é uma das ferramentas que ela usa para manipular ou mudar o outro.

- Ela frequentemente acha muito excitantes as lutas por poder de manipulação mútua. Comporta-se sedutoramente para conseguir o que quer e se sente ótima quando isso dá certo e mal quando não dá. Não conseguir o que quer geralmente a faz se esforçar ainda mais.

- Ela confunde ansiedade, medo e dor com amor e excitação sexual. Chama a sensação de ter um nó no estômago de "amor".

- Ela se excita com a excitação do outro. Não sabe como se sentir bem. Na verdade, é ameaçada por seus próprios sentimentos.

- Na ausência do desafio de um relacionamento insatisfatório, ela fica inquieta. Não sente atração sexual por uma pessoa com quem não luta. Em vez disso, a rotula como "entediante".

- Frequentemente se associa a alguém menos experiente sexualmente, para se sentir no controle.

- Anseia por intimidade física, mas como teme ser envolvida e/ou subjugada por suas próprias necessidades de cuidados, só se sente confortável com a distância emocional criada e mantida pelo estresse no relacionamento. Fica receosa quando alguém se dispõe a estar presente para ela emocional e sexualmente. Foge ou o afasta.

A pergunta pungente de Trudi no início de nosso trabalho juntas, "Como o sexo podia ser tão bom, fazer a gente se sentir tão bem e nos unir tanto se realmente não existia nada entre nós?", merece ser examinada, porque as mulheres que amam demais frequentemente enfrentam o dilema de sexo bom em relacionamentos infelizes ou sem esperança. Muitas foram ensinadas que sexo "bom" significa amor "verdadeiro" e o sexo só pode ser satisfatório e gratificante se o relacionamento como um todo for certo para elas. Nada pode estar mais longe de ser a verdade para as mulheres que amam demais. Devido à dinâmica que opera em todos os níveis de suas interações com o outro, inclusive no nível sexual, um relacionamento ruim pode contribuir para o sexo ser excitante, apaixonado e irresistível.

Podemos ser muito pressionadas a explicar à família e aos amigos como alguém que não é particularmente admirável ou até mesmo agradável consegue despertar em nós uma expectativa e um desejo intensos nunca antes produzidos pelo que sentimos por alguém melhor ou mais apresentável. É difícil dizer que ficamos encantadas com o sonho de despertar todos aqueles atributos positivos – amor, carinho, atenção, integridade e nobreza – que temos certeza de que estão latentes em nosso namorado, esperando para florescer no calor de nosso amor. As mulheres que amam demais com frequência dizem para si mesmas que a pessoa com quem estão envolvidas nunca foi realmente amada, nem pelos pais e nem pelas esposas ou namoradas anteriores. Nós vemos o outro como prejudicado e prontamente assumimos a tarefa de compensar tudo que faltou em sua vida muito antes de o conhecermos. De certo modo, o cenário é uma versão, com os papéis dos sexos invertidos, da história de Branca de Neve, que dormia sob um feitiço, esperando pela libertação que vem com seu primeiro e verdadeiro beijo de amor. Queremos quebrar o feitiço, libertar o outro do que consideramos sua prisão. Interpretamos sua indisponibilidade emocional, raiva, depressão, crueldade, indiferença, violência, desonestidade ou dependência como sinais de que não foi suficientemente amado. Combatemos suas falhas, seus fracassos e até mesmo sua patologia com nosso amor. Estamos determinadas a salvá-lo com o poder do nosso amor.

O sexo é um dos principais modos pelos quais tentamos salvar o outro. Cada encontro sexual carrega nosso esforço para mudá-lo. Com cada beijo e toque tentamos lhe comunicar o quanto ele é valioso, admirado e apreciado. Temos certeza de que quando ele se convencer do nosso amor será transformado em seu verdadeiro eu, despertado para personificar tudo que queremos e precisamos que seja.

De certa forma, o sexo nessas circunstâncias é bom porque precisamos que seja; despendemos muita energia fazendo-o dar certo, ser maravilhoso. Qualquer resposta que provocamos nos incentiva a nos esforçar mais, ser mais amorosas, mais *convincentes*. E também há outros fatores operando. Por exemplo, embora o sexo gratificante não pareça muito provável em um relacionamento infeliz, é importante lembrar que o clímax sexual é uma descarga de tensão física e emocional. Enquanto uma mulher pode evitar o envolvimento sexual com parceiros(as) quando há conflito e tensão entre eles, outra em circunstâncias similares pode considerar o sexo um modo altamente eficaz de aliviar grande parte dessa tensão, pelo menos temporariamente. Para cada mulher em um relacionamento infeliz ou com alguém com quem não combina, o ato sexual pode ser um aspecto gratificante, um modo de se relacionar com ele que dá certo.

Na verdade, o grau de alívio sexual que ela experimenta pode estar diretamente relacionado com o grau de desconforto que sente com o outro. É fácil entender isso. Muitos casais, tendo ou não um relacionamento saudável, experimentam sexo bom após uma briga. Depois de um conflito, dois elementos contribuem para o ato sexual especialmente intenso e arrebatador: um é o já mencionado alívio da tensão e o outro envolve um tremendo investimento, após uma briga, em fazer o sexo "funcionar", para consolidar o vínculo ameaçado do casal. O fato de o casal ter uma experiência sexual particularmente agradável e gratificante nessas circunstâncias pode parecer validar o relacionamento como um todo. "Veja como somos íntimos e amorosos, e que um pode fazer o outro se sentir bem. Realmente *devemos* ficar juntos" pode ser o sentimento gerado.

O ato sexual, quando é muito gratificante fisicamente, tem o poder de criar uma percepção de vínculos profundos entre duas pessoas. Especialmente para as mulheres que amam demais, a intensidade do conflito com parceiros(as) pode contribuir para a intensidade da experiência sexual e, portanto, do vínculo com ele. E o oposto também é verdadeiro. Quando estamos envolvidas com alguém que não representa um grande desafio, a dimensão sexual também pode carecer de fogo e paixão. Como não estamos em um estado de excitação quase constante, e o sexo não é usado para provar nada, achamos um relacionamento mais fácil e relaxado um pouco insípido. Em comparação com os estilos tempestuosos de relacionamento que conhecemos, esse tipo mais brando de experiência só parece confirmar para nós que a tensão, a luta, a dor de cabeça e o drama realmente equivalem ao "verdadeiro amor". O que nos leva a uma discussão do que é o verdadeiro amor. Eu diria que o amor é muito difícil de definir porque tentamos, em nossa cultura, combinar dois aspectos muito opostos e até mesmo mutuamente excludentes em uma definição. Assim, quanto mais falamos sobre o amor, mais nos contradizemos, e quando vemos um aspecto do amor se opondo ao outro desistimos, confusas e frustradas, e concluímos que o amor é muito pessoal, misterioso e enigmático para ser definido de uma maneira exata.

Os gregos foram mais espertos. Usaram palavras diferentes, *eros* e *ágape*, para distinguir esses dois modos muito diferentes de experimentar o que chamamos de "amor". Eros, é claro, se refere ao amor apaixonado, enquanto ágape descreve o relacionamento estável e comprometido, *livre de paixão*, que existe entre dois indivíduos que gostam muito um do outro.

O contraste de eros e ágape nos permite entender nosso dilema quando procuramos simultaneamente esses dois tipos de amor em um relacionamento. Também nos ajuda a entender por que tanto eros quanto ágape têm seus defensores, aqueles que afirmam que um ou outro é o único modo real de experimentar o amor, pois de fato cada qual tem sua beleza, sua verdade e seu valor muito especiais. E em cada tipo de amor também falta algo precioso que somente o outro tem a oferecer. Vamos examinar como os defensores de cada um descreveriam estar apaixonado.

Eros: o verdadeiro amor é um desejo total, absoluto e desesperado pela pessoa amada, vista como diferente, misteriosa e esquiva. A profundidade do amor é medida pela intensidade da obsessão pela pessoa. Há pouco tempo ou atenção para outros interesses ou ocupações, porque muita energia é dedicada a se lembrar de encontros passados ou imaginar encontros futuros. Frequentemente grandes obstáculos devem ser superados e, portanto, há um elemento de sofrimento no verdadeiro amor. Outra indicação da profundidade do amor é a disposição de suportar dor e adversidade em prol do relacionamento. Associado ao verdadeiro amor há sentimentos de excitação, arrebatamento, drama, ansiedade, tensão, mistério e anseio.

Ágape: o verdadeiro amor é uma parceria com a qual duas pessoas afetuosas estão profundamente comprometidas. Essas pessoas partilham muitos valores básicos, interesses e objetivos, e toleram bondosamente suas diferenças individuais. A profundidade do amor é medida pela confiança e pelo respeito mútuo. O relacionamento permite a cada uma delas ser mais expressiva, criativa e produtiva no mundo. Há muita alegria e experiências partilhadas no passado e no presente, assim como as antecipadas. Uma pessoa vê a outra como sua amiga mais querida e valorizada. Associados ao verdadeiro amor há sentimentos de serenidade, segurança, devoção, compreensão, companheirismo, apoio mútuo e conforto.

O amor apaixonado, eros, é o que a mulher que ama demais costuma sentir pela pessoa impossível. Na verdade, é por ela ser impossível que há tanta paixão. Para a paixão existir, precisa haver uma luta contínua, obstáculos a superar, uma ânsia por mais do que está disponível. Paixão significa literalmente *sofrimento* e, muitas vezes, quanto maior o sofrimento maior a paixão. A intensidade emocionante de um caso de amor apaixonado não pode ser alcançada pelo conforto mais suave de um relacionamento estável e compromissado. Por isso, se a mulher finalmente obtiver o que tanto deseja do objeto de sua paixão o sofrimento parará e a paixão logo poderá se extinguir. Então talvez a mulher diga para si mesma que deixou de amar, porque a dor ao mesmo tempo doce e amarga acabou.

A sociedade em que vivemos e a mídia onipresente que cerca e satura nossa consciência confunde constantemente os dois tipos de amor. Prometem-nos de milhares de modos que um relacionamento apaixonado (eros) nos trará contentamento e realização (ágape). De fato, a implicação é que com paixão suficiente um vínculo duradouro será criado. Todos os relacionamentos fracassados baseados inicialmente em enorme paixão atestam que essa premissa é falsa. Frustração, sofrimento e ânsia *não* contribuem para um relacionamento estável, duradouro e atencioso, embora certamente sejam fatores que contribuem muito para um relacionamento apaixonado.

Interesses, valores e objetivos comuns, e uma capacidade de intimidade profunda e constante são requisitos se o encantamento erótico inicial finalmente se transforma em uma devoção compromissada, atenciosa e duradoura. Contudo, frequentemente ocorre o seguinte: em um relacionamento apaixonado, repleto, como deve ser, de excitação, sofrimento e a frustração de um novo amor, há o sentimento de que algo muito importante está faltando. O que se deseja é compromisso, um meio de estabilizar essa experiência emocional caótica e ter uma sensação de proteção e segurança. Se os obstáculos à união forem superados e um compromisso genuíno for criado, os dois poderão acabar olhando um para o outro e se perguntando para onde foi a paixão. Eles se sentem seguros, afetuosos e gentis, mas também um pouco enganados, porque não ardem mais de desejo um pelo outro.

O preço que pagamos pela paixão é o medo, e o próprio sofrimento e o medo que alimentaram o amor apaixonado também podem destruí-lo. O preço que pagamos pelo compromisso estável é o tédio, e a própria proteção e segurança que consolidam esse compromisso também podem torná-lo rígido e sem vida.

Se for para haver excitação e desafio constantes no relacionamento após o compromisso, devem se basear não em frustração ou ânsia, mas em uma exploração cada vez mais profunda do que D. H. Lawrence chama de "os mistérios prazerosos" entre duas pessoas comprometidas uma com a outra. Como sugere Lawrence, isso talvez seja feito melhor um(a) parceiro(a), porque a confiança e a honestidade de ágape devem se combinar com a coragem e a vulnerabilidade da paixão para criar a verdadeira intimidade. Certa vez ouvi um alcoólatra em recuperação falar sobre isso de um modo muito simples e bonito. Ele disse:

– Quando eu bebia, ia para a cama com um monte de mulheres, e basicamente tinha a mesma experiência muitas vezes. Desde que me tornei sóbrio só fui para a cama com minha esposa, mas cada vez que estamos juntos é uma nova experiência.

A emoção e a excitação que não provêm de excitar e ser excitado, mas de conhecer e ser conhecido, é muito rara. A maioria de nós, em relacionamentos estáveis e comprometidos, se contenta com previsibilidade, conforto e companheirismo porque teme explorar os mistérios que possuímos juntos, a exposição de nossos eus mais profundos. Contudo, em nosso medo do desconhecido, dentro de nós e entre nós, ignoramos e evitamos a própria dádiva que nosso compromisso deixa ao nosso alcance: a verdadeira intimidade.

Para as mulheres que amam demais, a verdadeira intimidade com o outro só pode vir após a recuperação. Mais tarde encontraremos Trudi de novo, enquanto ela enfrenta esse desafio de recuperação que espera por todas nós.

3

Se eu sofrer por você, você me amará?

*Baby, baby, please don't go.
I think I'm getting high on feeling low.**
– "The Last Blues Song"

Precisei me inclinar sobre várias telas amontoadas para ler o verso emoldurado pendurado no meio da parede da sala de estar do apartamento desarrumado. Na paisagem antiga desbotada pelo tempo, estava impresso o poema:

Minha mãe querida
*Mãe, mãe querida
Quando penso em você
Quero ser tudo que é bom,
E verdadeiro.
Tudo que é valioso
Nobre ou grandioso
Veio de você, mãe,
De suas mãos orientadoras.*

Lisa, uma artista com renda muito modesta cujo apartamento também servia como ateliê, apontou para o poema e deu um leve sorriso.

– É demais, não é? Tão fora de moda!

Mas suas próximas palavras revelaram um sentimento mais profundo.

---

* Querido, querido, por favor não vá./Acho que estou me viciando em me sentir deprimida. (N. do P. O.)

— Peguei essa tela prestes a ser jogada fora por uma amiga que estava de mudança. Ela a havia comprado em um bazar de caridade como uma brincadeira. Mas acho que há alguma verdade nisso, não acha? — Então ela riu de novo e disse tristemente: — Amar minha mãe me causou muitos problemas com os homens.

Lisa fez uma pausa e refletiu. Alta, com grandes olhos verdes e cabelos escuros lisos e compridos, era bonita. Fez sinal para que eu me sentasse em um colchão coberto com uma manta em um canto relativamente vazio e me ofereceu chá. Enquanto a água fervia, ficou em silêncio por alguns momentos.

Lisa havia chegado até mim por meio de um amigo comum que me contara sua história. Como ela crescera com alcoolismo na família, era coalcoólatra. A palavra *coalcoólatra* se refere simplesmente a uma pessoa que desenvolveu um padrão doentio de relacionamento com os outros, e isso é o resultado do envolvimento intenso com alguém alcoólatra. Independentemente de o alcoólatra ser um dos pais, o cônjuge, um filho ou amigo, o relacionamento costuma causar certos sentimentos e comportamentos no coalcoólatra: autoestima baixa, necessidade de ser necessário, forte necessidade de mudar e controlar os outros e disposição para sofrer. De fato, todas as características das mulheres que amam demais geralmente estão presentes nas filhas e esposas de alcoólatras e outros viciados.

Eu já sabia que os efeitos de uma infância passada tentando cuidar (e proteger) da mãe alcoólatra tinham influenciado muito o modo de Lisa se relacionar com os homens. Esperei pacientemente e logo ela começou a fornecer alguns detalhes.

Era a filha do meio, entre a irmã mais velha que foi o motivo do casamento apressado dos pais, e um irmão mais novo que foi outra surpresa, nascido oito anos após Lisa, enquanto sua mãe ainda bebia. Lisa era o produto de sua única gravidez planejada.

— Sempre achei minha mãe perfeita, talvez porque precisasse muito que fosse. Eu a transformei na mãe que queria e depois disse para mim mesma que seria exatamente como ela. Em que fantasia eu vivia! – Lisa fez um movimento com a cabeça e continuou. – Nasci quando ela e meu pai estavam mais apaixonados, por isso era a favorita da minha mãe. Embora ela dissesse que nos amava igualmente, eu sabia que era muito especial. Nós sempre passamos o máximo de tempo possível juntas. Quando eu era muito nova, acho que minha mãe realmente cuidou de mim, mas depois de algum tempo trocamos de papéis e comecei a cuidar dela.

"Meu pai era horrível durante a maior parte do tempo. Ele a tratava com grosseria e perdia todo nosso dinheiro no jogo. Ganhava bem como engenheiro, mas nunca tínhamos nada e estávamos sempre mudando de casa.

"Sabe, esse pequeno poema descreve muito mais como eu queria que aquilo fosse do que como realmente era. Finalmente estou começando a perceber isso. Durante toda a minha vida quis que minha mãe fosse a pessoa que o poema descreve, mas na maior parte do tempo ela não conseguia nem chegar perto de ser minha mãe ideal, pois estava bêbada. Desde muito cedo, comecei a dedicar a ela todo o meu amor, minha devoção e energia, esperando receber de volta aquilo de que eu precisava, o que estava dando."

Lisa parou e seus olhos se entristeceram por um momento.

– Estou aprendendo tudo isso na terapia, e às vezes dói muito ver como aquilo realmente era, bem diferente de como sempre pensei que poderia torná-lo. Minha mãe e eu éramos bem próximas, mas muito cedo, tão cedo que nem consigo me lembrar de quando isso aconteceu, comecei a agir como se eu fosse a mãe e ela fosse a filha. Preocupava-me com ela e tentava protegê-la do meu pai. Fazia pequenas coisas para alegrá-la. Tentava muito torná-la feliz porque ela era tudo que eu tinha. Sabia que minha mãe se importava comigo porque frequentemente me dizia para me sentar ao seu lado e ficávamos assim durante muito tempo, aconchegadas e sem realmente conversar, apenas agarradas uma à outra. Agora, quando olho para trás, vejo que sempre temi por ela, sempre esperei que algo horrível acontecesse, algo que eu só conseguiria impedir se fosse cuidadosa o suficiente. Esse é um modo difícil de viver quando você está crescendo, mas nunca conheci outro. E teve seu preço. Na adolescência tive graves episódios de depressão.

Lisa riu baixinho.

– O que me assustava mais na depressão era não poder cuidar muito bem da minha mãe. Veja bem, eu era muito conscienciosa... e tinha muito medo de deixá-la, mesmo que por pouco tempo. O único modo de deixá-la seria me agarrando a outra pessoa.

Ela trouxe o chá em uma bandeja de laca vermelha e preta e a colocou no chão diante de nós.

– Quando eu estava com 19 anos, tive a oportunidade de ir para o México com duas amigas. Era a primeira vez que deixava minha mãe. Pretendíamos ficar no México por três semanas, e na segunda semana conheci um mexicano lindo que falava inglês perfeitamente e era muito galante e atencioso comigo. Na terceira semana de minhas férias ele me pedia em casamento todos os dias. Dizia que estava apaixonado e, agora que me encontrara, não suportava a ideia de ficar sem mim. Bem, provavelmente esse foi o argumento perfeito para usar comigo. Ou seja, ele dizia que *precisava* de mim e tudo em mim reagia a ser necessária. Além disso, acho que eu de certo modo sabia que precisava me libertar da minha mãe. Tudo era muito triste, melancólico e sinistro lá em casa. E esse homem me prometia uma vida maravilhosa. Sua família era rica. Ele teve uma boa educação. Nunca o vi trabalhando em algo, mas achava que ele tinha tanto dinheiro que não precisava trabalhar. O fato de ter todo aquele dinheiro e ainda precisar de mim para ser feliz fazia com que eu me sentisse extremamente importante e valiosa.

"Telefonei para minha mãe e o descrevi em termos apaixonados. Ela disse: 'Acredito que você tomará a decisão certa.' Bem, ela não devia ter acreditado. Decidi me casar com ele, o que foi definitivamente um erro.

"Veja bem, eu não tinha a menor ideia de como me sentia em relação a nada. Não sabia se o amava ou se ele era o que eu queria.

Só sabia que finalmente um homem dizia que *me amava*. Tinha namorado pouquíssimo e não sabia quase nada sobre os homens. Ocupara-me demais cuidando das coisas em casa. Estava muito vazia por dentro e o que essa pessoa me oferecia parecia muito. E ele disse que *me amava*. Eu dava amor há muito tempo e agora parecia ser a minha vez de recebê-lo. E no momento certo. Eu sabia que estava quase totalmente esgotada, que não me restara nada para dar.

"Bem, nós nos casamos rápido, sem que os pais dele soubessem. Agora isso parece loucura, mas na época parecia mostrar que ele me amava tanto que estava disposto a desafiar seus pais para ficar comigo. Pensei que casando comigo ele estava se rebelando apenas o suficiente para deixar seus pais zangados, mas não para o rejeitarem. Hoje vejo isso de um modo diferente. Afinal de contas, ele tinha segredos sobre sua identidade sexual e seu comportamento, e ter uma esposa o fazia parecer mais 'normal'. Acho que foi isso que quis dizer quando falou que precisava de mim. E, é claro, eu era a escolha perfeita porque, como uma norte-americana, em sua cultura sempre seria errada, suspeita. Qualquer outra mulher, especialmente de sua classe social, vendo o que eu vi mais cedo ou mais tarde teria contado a alguém. E isso se espalharia por toda a cidade. Mas para quem eu contaria? Quem falava comigo? E quem acreditaria em mim?

"Acho que nada disso foi mais deliberado ou calculado por ele do que meu motivo para me casar. Nós simplesmente combinávamos e no início achamos que isso era amor.

"Seja como for, adivinhe o que aconteceu depois da cerimônia? Tivemos de ir morar com aquelas pessoas que não foram informadas de nosso casamento! Ah, isso foi horrível. Elas me odiavam e eu tinha a sensação de que já estavam zangadas com ele há algum tempo. Eu não conseguia falar nenhuma palavra em espanhol. Toda a família dele sabia falar inglês, mas *não falava*. Fui totalmente excluída e isolada, e desde o início tive muito medo. Ele me deixava muito sozinha à noite, e eu apenas ficava em nosso quarto.

Finalmente aprendi a ir dormir viesse ele para casa ou não. Já sabia como sofrer. Aprendera isso em casa. De algum modo, achava que esse era o preço a se pagar para estar com alguém que amava, e que isso era normal.

"Frequentemente ele voltava para casa bêbado e amoroso, o que era realmente terrível. Dava para sentir o cheiro de outras mulheres nele.

"Uma noite eu já estava dormindo há muito tempo e um barulho me acordou. Era meu marido, bêbado, admirando-se na frente do espelho, com minha camisola. Perguntei-lhe o que estava fazendo e ele respondeu: 'Você não acha que estou bonito?' Ele fez uma pequena careta e vi que estava usando batom.

"Finalmente, algo aconteceu. Eu sabia que tinha de sair dali. Até então me sentira infeliz, mas certa de que a culpa era minha, que de alguma maneira poderia ser mais amorosa, fazer com que ele quisesse ficar comigo e seus pais me aceitassem ou até mesmo gostassem de mim. Estava disposta a me esforçar mais, como fizera com minha mãe. Mas aquilo era diferente. Era uma loucura.

"Eu não tinha dinheiro e não havia como consegui-lo. Então, no dia seguinte, disse-lhe que contaria aos seus pais o que ele fizera se não me levasse para San Diego. Menti e falei que já telefonara para minha mãe e que ela estava me esperando, e que se ele me levasse para lá eu nunca o incomodaria de novo. Não sei onde arranjei coragem para isso porque realmente achava que ele poderia me matar ou algo do gênero, mas deu certo. Ele ficou com muito medo de seus pais saberem. Levou-me de carro até a fronteira sem dizer uma só palavra, pagou minha passagem para San Diego e me deu uns 15 dólares. Então acabei em San Diego, na casa de uma amiga, onde fiquei até arranjar um emprego. Depois dividi um quarto com três garotas e comecei a ter um estilo de vida bastante desregrado.

"A essa altura eu não tinha absolutamente nenhum amor por mim mesma. Estava totalmente entorpecida. Mas ainda tinha essa enorme compaixão que me causou muitos problemas. Dormi com muitos homens nos três ou quatro anos seguintes, porque sentia pena deles. Felizmente as coisas nunca saíram do controle. A maioria dos homens com quem me envolvi tinham problemas com drogas ou álcool. Conheci-os em festas ou, ocasionalmente, bares, e novamente eles pareciam precisar que eu os compreendesse e ajudasse, o que era como um ímã para mim."

A atração de Lisa por homens desse tipo fazia muito sentido em termos de sua história com a mãe. A coisa mais perto de ser amada que Lisa havia experimentado era ser necessária, por isso, quando um homem parecia precisar dela, na verdade estava lhe oferecendo amor. Ele não tinha de ser gentil, dedicado ou atencioso. O fato de ser carente bastava para despertar em Lisa os velhos sentimentos familiares e produzir nela a reação de cuidar e se dedicar.

Sua história continuou.

— Minha vida, assim como a de minha mãe, estava uma confusão. Seria difícil dizer quem de nós estava mais doente. Eu tinha 24 anos quando minha mãe se tornou sóbria. Ela fez isso do modo mais difícil. Sozinha, em sua sala de estar, telefonou para os Alcoólicos Anônimos (AA) e pediu ajuda. Eles enviaram duas pessoas para conversar com ela e a levaram para uma reunião naquela tarde. Desde então ela nunca mais bebeu.

Lisa sorriu brandamente ao se lembrar da coragem da mãe.

— Aquilo deve ter sido realmente insuportável, porque ela era uma mulher orgulhosa demais para telefonar, a menos que estivesse desesperada. Graças a Deus eu não estava lá para ver. Provavelmente teria me esforçado tanto para fazê-la se sentir melhor que ela nunca teria conseguido uma verdadeira ajuda.

"Minha mãe começou a beber muito quando eu tinha uns nove anos. Eu voltava para casa da escola e ela estava deitada no sofá, apagada, com uma garrafa perto. Minha irmã mais velha ficava zangada comigo e me dizia que eu não enxergava a realidade porque nunca admitia o quanto aquilo era ruim, mas eu amava demais minha mãe para me permitir notar que ela estava fazendo algo errado.

"Minha mãe e eu éramos muito próximas. Então, quando as coisas começaram a se deteriorar entre ela e meu pai, quis compensá-la. Sua felicidade era a coisa mais importante do mundo para mim. Sentia que tinha de compensá-la por tudo que meu pai fazia e que a magoava, e a única coisa que eu sabia fazer era ser boa. Então, era boa de todos os modos que sabia ser. Perguntava-lhe se precisava de ajuda em alguma coisa. Cozinhava e limpava a casa sem que me pedisse. Tentava não precisar de nada para mim mesma.

"Mas nada adiantava. Agora percebo que eu estava lidando com duas forças incrivelmente poderosas: a deterioração do casamento dos meus pais e o alcoolismo avançado de minha mãe. Não tinha a menor chance de consertar as coisas, mas isso não me impedia de tentar, e de me culpar quando fracassava.

"A infelicidade da minha mãe me magoava muito. E eu sabia que ainda havia áreas em que eu poderia melhorar. Meu dever de casa, por exemplo. Eu não estava me saindo bem porque, é claro, estava sob muita pressão em casa, tentando cuidar do meu irmão, preparando refeições e finalmente arranjando um emprego para ajudar nas finanças. Na escola, só tinha energia para um trabalho brilhante por ano. Planejava-o cuidadosamente para mostrar aos professores que eu não era estúpida. No resto do tempo eu não tinha muito êxito. Eles diziam que eu realmente não me esforçava. Ah! Não sabiam o quanto eu me esforçava para manter tudo nos eixos em casa. Mas os boletins não eram bons, e então meu pai gritava e minha mãe chorava. Eu me culpava por não ser perfeita. E me esforçava cada vez mais."

Em um lar extremamente disfuncional como esse, em que há dificuldades aparentemente insuperáveis, a família se concentrará em outros problemas mais simples com alguma esperança de solucioná-los. Por isso, o dever de casa e as notas de Lisa se tornaram alvo da atenção de todos, inclusive dela mesma. A família precisava acreditar que esse problema, se resolvido, traria harmonia.

A pressão sobre Lisa era intensa. Ela não só tentava resolver os problemas dos pais e assumir as responsabilidades da mãe como também se identificava como a *causa* dessa infelicidade. Devido às proporções monumentais de sua tarefa, nunca teve sucesso, apesar de seus esforços heroicos. Naturalmente, sua autoestima foi terrivelmente prejudicada.

– Uma vez telefonei para minha melhor amiga e lhe disse: "Por favor, me deixe conversar com você. Pode ler um livro, se quiser. Não tem de me ouvir. Só preciso de alguém do outro lado da linha." Eu acreditava que sequer merecia que alguém ouvisse meus problemas! Mas ela ouviu, é claro. Seu pai era um alcoólatra em recuperação que frequentava o AA. Ela foi para o Alateen e acho que me proporcionou o benefício desse programa simplesmente pelo modo como me ouviu. Era muito difícil admitir que algo estava errado, a menos que fosse culpa do meu pai. Eu realmente o odiava.

Lisa e eu bebericamos nosso chá em silêncio por alguns momentos enquanto ela enfrentava lembranças amargas. Quando conseguiu continuar, disse simplesmente:

– Meu pai nos deixou quando eu tinha 16 anos. Minha irmã já se fora. Ela era três anos mais velha do que eu e, assim que fez 18 anos, arranjou um emprego em tempo integral e saiu de casa. Com isso só restaram minha mãe, meu irmão e eu. Acho que eu estava começando a desabar sob minha pressão autoimposta para manter minha mãe segura e feliz e cuidar do meu irmão. Então fui para o México e me casei, vim para casa e me divorciei e depois andei com um monte de homens durante anos.

"Uns cinco meses depois de minha mãe ir para o AA, conheci Gary. No primeiro dia que passamos juntos, ele estava doidão. Andamos de carro com minha amiga, que o conhecia, enquanto ele fumava um baseado. Nós gostamos um do outro e passamos essa informação separadamente através da minha amiga, por isso ele logo me telefonou e veio me visitar. Só de brincadeira eu o fiz posar para desenhá-lo, e lembro que fui tomada por sentimentos por ele. Aquela era a sensação mais forte que já tivera em relação a um homem.

"Ele estava doidão de novo, e sentado ali falando devagar, como as pessoas fazem sob o efeito da maconha, e tive de parar de desenhar porque minhas mãos começaram a tremer tanto que não conseguia fazer nada. Ergui o bloco de desenho em um ângulo inclinado, apoiando-o em meus joelhos para ganhar estabilidade e Gary não ver minhas mãos tremendo.

"Hoje sei que eu estava reagindo ao fato de que ele falava como minha mãe quando ela bebia o dia inteiro. Com as mesmas longas pausas e palavras cuidadosamente escolhidas e proferidas com uma ênfase um pouco exagerada. Todo o carinho e amor que sentia por minha mãe estavam combinados com uma atração física por aquele homem bonito. Na época eu não tinha a menor ideia do motivo pelo qual reagia assim e então, é claro, chamei aquilo de amor."

Não por coincidência a atração de Lisa por Gary e seu envolvimento com ele começaram logo após sua mãe parar de beber. O laço entre as duas mulheres nunca fora desfeito. Apesar da considerável distância geográfica entre elas, a mãe sempre havia sido a principal responsabilidade e a ligação mais profunda de Lisa. Quando Lisa percebeu que sua mãe estava mudando, se recuperando do alcoolismo sem sua ajuda, reagiu com medo de não ser necessária. Logo formou um novo relacionamento profundo com outra pessoa viciada. Depois de seu casamento, seus envolvimentos com homens foram casuais até a sobriedade de sua mãe. Lisa "se apaixonou" por um viciado quando sua mãe procurou nos membros do AA ajuda e apoio para ficar bem. Lisa precisava de um relacionamento com uma pessoa viciada para se sentir "normal".

Ela continuou a descrever o relacionamento de seis anos que se seguiu. Gary foi morar com ela quase de imediato e disse claramente que, se tivesse de escolher entre comprar droga e pagar o aluguel, a droga sempre viria em primeiro lugar para ele. Contudo, Lisa estava certa de que Gary mudaria, passaria a valorizar o que tinham juntos e desejaria preservar isso. Tinha certeza de que poderia fazê-lo amá-la como ela o amava.

Gary raramente trabalhava, e quando o fazia era fiel à sua palavra, sua renda se destinava à maconha ou ao haxixe mais caro. A princípio Lisa se juntou a ele no uso da droga, mas quando descobriu que isso interferia em sua capacidade de ganhar a vida, parou. Afinal de contas, ela era responsável pelo sustento dos dois, e levava sua responsabilidade a sério. Sempre que pensava em dizer a Gary para ir embora – depois de ele tirar novamente dinheiro de sua carteira, ou de ela encontrar uma festa em seu apartamento quando chegava em casa exausta do trabalho, ou de ele não voltar para casa à noite –, Gary comprava uma sacola de mantimentos, esperava por Lisa com o jantar pronto ou dizia que conseguira um pouco de cocaína para que pudessem dividir, e a determinação dela se enfraquecia enquanto dizia para si mesma que, afinal de contas, ele realmente a amava.

As histórias da infância de Gary a faziam chorar de pena dele, e ela estava certa de que, se o amasse o suficiente, poderia compensá-lo por tudo que sofrera. Sentia que não devia culpá-lo ou responsabilizá-lo por seu comportamento atual, já que fora tão prejudicado na infância, e quase se esqueceu de seu próprio passado doloroso ao se concentrar em remediar o dele.

Certa vez, durante uma discussão, quando ela se recusou a lhe dar um cheque que seu pai lhe enviara como presente de aniversário, ele enfiou uma faca em todas as telas no apartamento.

Lisa continuou com sua história.

– Àquela altura, eu estava ficando tão doente que realmente pensei: *A culpa é minha; não deveria tê-lo deixado tão zangado.* Ainda assumia a culpa por tudo, tentando corrigir o incorrigível.

"O dia seguinte era sábado. Gary saíra por algum tempo e eu estava limpando a bagunça, chorando e jogando fora três anos de trabalho de pintura. Tinha ligado a televisão para me distrair e uma mulher que sofria agressão física do marido estava sendo entrevistada. Não pude ver seu rosto, mas ela falava sobre como fora sua vida e descrevia algumas cenas horríveis, e então disse: 'Não achei que aquilo era tão ruim porque ainda podia suportá-lo.'"

Lisa balançou a cabeça devagar.

— Era isso que eu estava fazendo, permanecendo naquela situação terrível porque ainda podia suportá-la. Quando ouvi aquela mulher, disse em voz alta: "Mas você merece mais do que a pior coisa que pode suportar!" De repente me ouvi e comecei a chorar muito porque percebi que esse também era o meu caso. Merecia mais do que dor, frustração, despesa e caos. Com todas as pinturas arruinadas, disse para mim mesma: *Não vou mais viver assim.*

Quando Gary voltou para casa, suas coisas estavam empacotadas e esperando por ele do lado de fora da porta da frente. Lisa telefonou para sua melhor amiga, que trouxe o marido consigo, e o casal a ajudou a ter coragem para mandar Gary embora.

— Não houve uma cena porque meus amigos estavam lá, por isso ele apenas se foi. Mais tarde começou a me telefonar e ameaçar, mas não reagi de forma alguma, e então depois de algum tempo ele desistiu. Contudo, quero que você entenda que não fiz isso sozinha, quero dizer, reagir. Naquela tarde, depois de toda a poeira baixar, telefonei para minha mãe e lhe contei toda a história. Ela me disse para começar a frequentar as reuniões do Al-Anon para filhos de alcoólatras. Só lhe dei ouvidos porque estava sofrendo muito.

O Al-Anon, como o Alateen, é um grupo de parentes e amigos de alcoólatras que se reúnem para ajudar uns aos outros e a si próprios a se recuperar de sua obsessão pelo alcoólatra em sua vida. As reuniões de filhos adultos são para filhos e filhas de alcoólatras que querem se recuperar dos efeitos da convivência com o alcoolismo na infância. Esses efeitos incluem a maioria das características de amar demais.

— Foi então que comecei a me entender. Para mim, Gary era o que o álcool fora para minha mãe: uma droga sem a qual eu não podia passar. Até o dia em que o mandei embora, sempre morri de medo de ele partir, por isso fazia tudo que podia para agradá-lo. Fazia todas as coisas que fizera na infância: trabalhar muito, ser boa, não pedir nada para mim e assumir as responsabilidades de outra pessoa. Como o sacrifício de mim mesma sempre fora meu padrão, eu não saberia quem era sem alguém para ajudar ou sofrimento para suportar.

A ligação profunda de Lisa com a mãe, e o grande sacrifício de suas próprias necessidades e vontades que essa ligação exigia prepararam-na para relacionamentos amorosos posteriores que envolviam sofrimento, em vez de qualquer tipo de realização pessoal. Na infância, ela tomara a firme decisão de superar qualquer dificuldade na vida da mãe por meio do poder de seu próprio amor e altruísmo. Essa decisão logo se tornou inconsciente, mas continuou a dirigi-la. Totalmente desacostumada a avaliar modos de garantir seu próprio bem-estar, mas especialista em promover o bem-estar alheio, Lisa entrou em relacionamentos que lhe prometiam outra oportunidade de fazer tudo certo para outra pessoa por meio da força de seu amor. Fiel à sua história, se esforçava ainda mais diante da incapacidade de conquistar amor com seus esforços.

Gary, com seu vício, sua dependência emocional e sua crueldade, combinava os piores atributos da mãe e do pai de Lisa. Ironicamente, isso explicava sua atração por ele. Se o relacionamento que tivemos com nossos pais foi basicamente atencioso, com manifestações apropriadas de afeto, interesse e aprovação, na idade adulta tendemos a nos sentir confortáveis com pessoas que produzem sentimentos de segurança, calor humano e autorrespeito. Além disso, tendemos a evitar pessoas que nos fazem sentir menos do que somos em relação a nós mesmas devido às suas críticas ou manipulações. Temos aversão a esse tipo de comportamento.

Contudo, se nossos pais se relacionavam conosco de modos hostis, críticos, cruéis, manipuladores, dominadores, excessivamente dependentes ou de outras formas inadequadas, isso é o que parece "certo" para nós quando conhecemos alguém que manifesta, talvez muito sutilmente, traços das mesmas atitudes e comportamentos. Sentimo-nos à vontade com pessoas com quem nossos antigos padrões de relacionamento doentio são recriados, e talvez desconfortáveis com indivíduos mais gentis, bondosos ou saudáveis. Ou ainda, como não há o desafio de tentar mudar uma pessoa para torná-la feliz ou conquistar a afeição e aprovação negadas, simplesmente nos entediamos com pessoas mais saudáveis. Frequentemente o tédio inclui sentimentos de estranheza que podem ir de leves a intensos; as mulheres tendem a tê-los quando encontram-se fora do papel familiar de ajudar, esperar e prestar mais atenção ao bem-estar alheio do que ao próprio. Há, na maioria dos filhos adultos de alcoólatras, e também em filhos de outros tipos de lares disfuncionais, um fascínio por pessoas que transformam problemas e vício em excitação, especialmente negativa. Se drama e caos sempre estiveram presentes em nossa vida e, como costuma ser o caso, fomos forçadas a negar muitos dos nossos sentimentos enquanto crescíamos, com frequência precisamos de eventos dramáticos para sentir alguma coisa. Assim, precisamos da excitação da incerteza, da dor, do desapontamento e da luta apenas para nos sentirmos vivas.

Lisa terminou sua história.

– A paz e a quietude de minha vida depois de Gary me deixaram louca. Fiz tudo que pude para não telefonar para ele e começar tudo de novo. Mas pouco a pouco me acostumei com uma vida mais normal. Agora não estou namorando ninguém. Sei que ainda estou muito doente para ter um relacionamento saudável com um homem. Eu sairia e encontraria outro Gary. Por isso, pela primeira vez meu plano é para *mim*, não é tentar mudar outra pessoa.

✧ ✦ ✧

Lisa, em relação a Gary, como sua mãe em relação ao alcoolismo, sofria de um processo de doença, uma compulsão destrutiva que não podia controlar sozinha. Assim como sua mãe desenvolvera um vício em álcool e não conseguia parar de beber sozinha, Lisa desenvolvera o que também era um relacionamento viciante com Gary. Não faço essa analogia ou uso a palavra *viciante* levianamente, comparando as situações das duas mulheres. A mãe de Lisa se tornara dependente de uma droga – o álcool – para evitar experimentar a angústia e o desespero intensos que sua situação de vida lhe causava. Quanto mais ela usava o álcool para evitar sua dor, mais a droga operava em seu sistema nervoso produzindo os próprios sentimentos que ela tentava evitar. Em última análise, aumentava a dor, em vez de diminuí-la. Então é claro que ela bebia ainda mais. Assim, entrou na espiral do vício.

Lisa também estava tentando evitar a angústia e o desespero. Tinha uma depressão profunda latente, cujas origens remontavam à sua infância sofrida. Essa depressão latente é um fator comum em crianças de todos os tipos de lares extremamente disfuncionais, e seus modos de lidar com ela ou, mais tipicamente, de evitá-la, variam dependendo de seu sexo, de seu temperamento e de seu papel infantil na família. Quando entram na adolescência, muitas jovens, como Lisa, mantêm sua depressão sob controle desenvolvendo um estilo de amar demais. Em suas interações caóticas e perturbadoras, porém estimulantes, com pessoas doentias, ficam excitadas demais para cair na depressão que subsiste logo abaixo do nível da consciência.

Assim, um(a) parceiro(a) cruel, indiferente, desonesto(a) ou difícil se torna para essas mulheres o equivalente a uma droga, criando um meio de evitar seus próprios sentimentos, assim como o álcool e outras substâncias que alteram o humor criam para os viciados uma válvula de escape temporária, da qual não ousam se separar. E, como ocorre com o álcool e as drogas, esses relacionamentos incontroláveis que fornecem a distração necessária também contribuem com sua própria carga de dor. Em um paralelo com a progressão da doença do alcoolismo, a dependência do relacionamento chega ao ponto do vício. Ficar sem o relacionamento, isto é, só consigo mesma, pode ser considerado pior do que ficar no maior sofrimento que o relacionamento causa, porque ficar só significa sentir a grande dor do passado combinada com a do presente.

Dessa forma, os dois vícios são análogos e igualmente difíceis de superar. O vício de uma mulher em seu relacionamento, ou em uma série de relacionamentos inadequados, pode ter sua origem em vários problemas familiares. Ironicamente, filhos adultos de alcoólatras têm mais sorte do que os de outros lares disfuncionais porque, pelo menos nas grandes cidades, frequentemente há grupos de Al-Anon para ajudá-los a resolver seus problemas de autoestima e relacionamentos.

A recuperação do vício em relacionamentos envolve obter ajuda do grupo de apoio apropriado para romper o círculo vicioso e aprender a buscar sentimentos de autoestima e bem-estar em outras fontes além de uma pessoa incapaz de promovê-los. O segredo é aprender a ter uma vida saudável, satisfatória e serena sem depender de outra pessoa para ser feliz.

Infelizmente, a convicção de que podem lidar com o problema sozinhas impede as pessoas em relacionamentos viciantes e na teia do vício químico de buscar ajuda e, portanto, exclui a possibilidade de recuperação.

Devido a essa convicção – "Posso fazer isso sozinha" – às vezes as coisas pioram muito antes de poderem começar a melhorar para muitas pessoas que enfrentam qualquer vício. A vida de Lisa se tornou desesperadamente incontrolável antes de ela conseguir admitir que precisava de ajuda para superar seu vício em sofrer.

E o fato de que sofrer por amor e o vício em um relacionamento serem romantizados por nossa cultura não ajudou Lisa. De canções populares a óperas, literatura clássica a romances da Harlequin, novelas a peças e filmes aclamados pela crítica, estamos cercados de inúmeros exemplos de relacionamentos insatisfatórios e imaturos que são glorificados e glamourizados. Esses modelos culturais nos dizem repetidamente que a profundidade do amor pode ser medida pelo sofrimento que causa, e que quem realmente sofre ama de verdade. Quando um cantor lamenta em sua canção não conseguir parar de amar alguém embora isso doa muito, há, talvez devido à pura força da exposição repetida desse ponto de vista, algo em nós que aceita que aquilo que o cantor expressa é o modo como *deveria ser*. Aceitamos que o sofrimento é uma parte natural do amor, e que a disposição de sofrer por amor é uma característica positiva, em vez de negativa.

Existem poucos modelos de pessoas se relacionando como iguais, de modos saudáveis, maduros, honestos, sem exploração e manipulação, provavelmente por dois motivos: o primeiro é que, com toda a honestidade, na vida real esses relacionamentos são bastante raros. O segundo é que, como a qualidade da interação emocional nos relacionamentos saudáveis frequentemente é muito mais sutil do que o drama evidente dos relacionamentos doentios, seu potencial dramático em geral é desconsiderado na literatura, no teatro e nas canções. Se modos de se relacionar doentios nos infestam, talvez seja porque isso é quase tudo que vemos e conhecemos.

Devido à escassez de exemplos de amor maduro e comunicação saudável na mídia, há anos tenho a fantasia de escrever o roteiro de um capítulo de todas as grandes novelas. Em meu episódio, todos os personagens se comunicariam uns com os outros de modos honestos, não defensivos e atenciosos. Sem mentiras, segredos, manipulações, ninguém disposto a se tornar vítima de outra pessoa e ninguém se vitimando. Em vez disso, por um dia os espectadores veriam pessoas empenhadas em ter relacionamentos saudáveis baseados na genuína comunicação.

Esse modo de se relacionar não só conflitaria muito com o formato normal desses programas como também ilustra, por meio de extremo contraste, o quanto estamos saturados de descrições de exploração, manipulação, sarcasmo, vingança, sedução deliberada, provocação de ciúme, mentira, ameaça, coação e assim por diante – nada do que contribui para uma interação saudável. Quando você pensar no que um capítulo retratando comunicação honesta e amor maduro faria pela qualidade dessas sagas, considere também o que a mesma alteração no estilo de comunicação faria na vida de cada um de nós.

Tudo acontece em um contexto, inclusive nosso modo de amar. Precisamos estar conscientes das falhas prejudiciais que existem na visão do amor por parte de nossa sociedade e resistir à imaturidade superficial e autodestrutiva nos relacionamentos pessoais que ela glamouriza. Precisamos desenvolver conscientemente um modo de nos relacionarmos de forma mais aberta e madura do que nossa mídia cultural parece endossar, dessa forma trocaremos tumulto e excitação por intimidade mais profunda.

4

A necessidade de ser necessária

*She's a good hearted woman
In love with a good timin'man;
She loves him in spite of his wicked ways
That she don't understand.**

– "Good Hearted Woman"

"Não sei como ela faz isso tudo. Eu ficaria louca se tivesse de enfrentar o que ela enfrenta."

"Sabe, nunca a ouvi reclamar!"

"Por que ela aguenta isso?"

"Afinal de contas, o que ela vê nele? Poderia conseguir alguém muito melhor."

As pessoas tendem a dizer essas coisas sobre uma mulher que ama demais, ao observarem o que parece ser seu esforço nobre para tirar o melhor de uma situação aparentemente insatisfatória. Porém, pistas que explicam o mistério de sua dedicação em geral podem ser encontradas em suas experiências infantis. A maioria de nós cresce e mantém os papéis adotados em nossas famílias de origem. Para muitas de nós que amamos demais, esses papéis frequentemente significam que negamos nossas próprias necessidades ao tentarmos suprir as necessidades de outros membros da família. Talvez tivéssemos sido forçadas pelas circunstâncias a crescer rápido demais, assumindo prematuramente responsabilidades, porque um dos nossos pais estava muito doente física ou emocio-

---

* Ela é uma mulher de bom coração/Apaixonada por um homem com bom senso e oportunidade;/Ela o ama apesar de seus maus hábitos/Que ela não entende. (N. do P. O.)

nalmente para exercer suas funções parentais. Ou talvez um dos pais estivesse ausente devido à morte ou ao divórcio e tivéssemos tentado preencher esse vazio, ajudando a cuidar de nossos irmãos e da mãe ou do pai presente. Talvez tivéssemos nos tornado a mãe em casa enquanto nossa própria mãe trabalhava para sustentar a família. Ou vivido com ambos os pais, mas como um estava zangado, frustrado ou infeliz e o outro não reagia solidariamente vimo-nos no papel de confidente, ouvindo detalhes de seu relacionamento com que não podíamos lidar emocionalmente. Procedíamos assim porque temíamos pela mãe ou pelo pai que sofria caso não recebesse atenção, e também temíamos a perda do amor se não representássemos o papel destinado a nós. E então não nos protegemos, e nossos pais também não nos protegeram, porque precisavam nos considerar mais fortes do que éramos. Embora fôssemos muito imaturas para essa responsabilidade, acabamos protegendo-os. Quando isso aconteceu, aprendemos cedo e bem demais como cuidar de todo mundo, exceto de nós mesmas. Nossas próprias necessidades de amor, atenção, proteção e segurança não foram satisfeitas enquanto fingíamos ser mais poderosas e menos receosas, mais adultas e menos carentes do que realmente nos sentíamos. E tendo aprendido a negar nossa própria ânsia por cuidados, crescemos procurando mais oportunidades para fazer aquilo em que nos tornamos tão boas: nos preocuparmos com os desejos e as exigências de outra pessoa em vez de reconhecermos nosso próprio medo e sofrimento, e nossas necessidades não satisfeitas. Fingimos por tanto tempo ser adultas, pedindo tão pouco e fazendo tanto, que agora parece tarde demais para mudar isso. Então ajudamos e ajudamos, e esperamos que nosso medo desapareça e nossa recompensa seja o amor.

A história de Melanie é um exemplo claro de como crescer rápido demais com muitas responsabilidades – nesse caso, suprir a ausência de um pai – pode criar uma compulsão por cuidar.

No dia em que nos conhecemos, logo após uma palestra que eu dera para um grupo de estudantes de enfermagem, não pude deixar de notar que seu rosto se prestava a um estudo de contrastes. O nariz pequeno, arrebitado e sardento, as bochechas com covinhas profundas e a pele cor de leite lhe davam um ar encantadoramente travesso. Essas feições vivas pareciam não combinar com o rosto que apresentava círculos tão escuros debaixo dos olhos cinza-claros. Sob seus cabelos ruivos cacheados, ela parecia um duende pálido e cansado.

Melanie havia esperado em um canto enquanto eu falava por um bom tempo com cada um da meia dúzia de estudantes de enfermagem que permaneceu no local depois de minha palestra. Como frequentemente acontecia quando eu falava sobre o tema da doença familiar do alcoolismo, vários estudantes esperavam para discutir questões pessoais demais para o período usual de perguntas e respostas após minha apresentação.

Quando o último de seus colegas se foi, Melanie me permitiu um momento de descanso e então se apresentou, apertando minha mão cordialmente e de um modo firme para alguém tão frágil e delicada como ela.

Melanie esperara tanto e tão pacientemente para falar comigo que, apesar de sua aparente autoconfiança, suspeitei que a palestra daquela manhã lhe despertara sentimentos profundos. Para lhe dar uma oportunidade de falar bastante, convidei-a para andar comigo pelo campus. Enquanto eu juntava meus pertences e deixávamos a sala de conferências, Melanie falou socialmente, mas quando saímos para a tarde cinzenta de novembro ela ficou quieta e pensativa.

Andamos por um caminho deserto, no qual o único som era o estalido das folhas de plátano caídas nas quais pisávamos.

Melanie começou a arrastar os pés sobre algumas das formas estelares rasgadas e com as pontas viradas para cima como estrelas-do-mar secas, expondo seu interior pálido. Depois de algum tempo, disse baixinho:

— Minha mãe não era alcoólatra, mas pelo que você descreveu esta manhã sobre como essa doença afeta uma família, bem poderia ter sido. Ela era mentalmente doente, de fato muito louca, e acabou se matando. Sofria de depressão profunda, ia muito para o hospital e às vezes ficava internada por um longo tempo. As drogas que usavam para "curá-la" só pareciam fazê-la piorar. Em vez de uma mulher louca alerta, ela se tornou uma mulher louca drogada. Mas, por mais que essas drogas a mantivessem dopada, ela finalmente conseguiu ter êxito em uma de suas tentativas de suicídio. Embora tentássemos nunca deixá-la sozinha, naquele dia todos tínhamos saído apenas por alguns instantes para lugares diferentes. Ela se enforcou na garagem. Meu pai a encontrou.

Melanie balançou a cabeça rapidamente, afastando as lembranças sombrias que se juntavam ali, e continuou:

— Eu me identifiquei com muitas das coisas que ouvi esta manhã, mas você disse em sua palestra que filhos de alcoólatras ou outros lares disfuncionais como o nosso com frequência escolhem parceiros alcoólatras ou viciados em outras drogas, e isso não se aplica a Sean. Graças a Deus ele não liga para bebida ou drogas. Mas temos outros problemas. — Ela desviou o olhar de mim e ergueu o queixo.

— Geralmente eu consigo lidar com qualquer coisa... — O queixo abaixou. — Mas isso está começando a me incomodar. — Então Melanie olhou diretamente para mim, sorriu e encolheu os ombros. — Acontece que estou ficando sem comida, dinheiro e tempo.

Ela falou como se isso fosse uma piada, não para ser levado a sério. Tive de incitá-la a fornecer mais detalhes, e ela disse sem rodeios:

— Sean foi embora de novo. Temos três filhos: Susie, de seis anos; Jimmy, de quatro; e Peter, de dois anos e meio. Trabalho em regime de meio expediente como auxiliar administrativa de ala enquanto frequento a escola de enfermagem e tento manter tudo nos eixos em casa. Geralmente Sean cuida das crianças quando não está na escola de artes ou quando não vai embora. — Ela disse isso sem nenhum traço de amargura.

— Estamos casados há sete anos. Eu me casei com 17, assim que saí da escola secundária. Ele tinha 24, de vez em quando trabalhava como ator e frequentava a escola durante metade do dia. Dividia um apartamento com três amigos. Eu costumava ir lá aos domingos e fazer grandes banquetes para todos eles. Era sua namorada de domingo à noite. Nas sextas e nos sábados ele atuava em uma peça ou se encontrava com outra pessoa. Seja como for, todos me adoravam naquele apartamento. Meus banquetes eram a melhor coisa que lhes acontecia a cada semana. Eles provocavam Sean, dizendo-lhe que deveria se casar comigo e me deixar cuidar dele. Acho que Sean gostou da ideia, pois foi o que fez. Pediu-me em casamento e, é claro, eu aceitei. Fiquei emocionada. Ele era muito bonito. Olhe!

Ela abriu sua bolsa e pegou uma pequena carteira de plástico contendo fotos. A primeira era de Sean: olhos escuros, maçãs do rosto bem definidas e um queixo com uma covinha profunda combinando com um belo semblante pensativo. Era uma versão em 3x4 do que parecia ser uma foto tirada para o portfólio de um ator ou modelo. Perguntei-lhe se esse era o caso e Melanie confirmou, dando o nome do fotógrafo famoso que fizera o trabalho.

– Ele parece um perfeito galã – observei, e Melanie assentiu com a cabeça orgulhosamente.

Vimos juntas as outras fotos, que mostravam três crianças em várias fases de crescimento: engatinhando, começando a andar, assoprando velas de aniversário. Esperando ver uma foto mais espontânea de Sean, comentei que ele não estava em nenhuma das fotos das crianças.

– Não, geralmente é ele quem tira as fotos. Tem experiência em fotografia, assim como representação e arte.

– Ele está trabalhando em alguma dessas áreas agora? – perguntei.

– Bem, não. Sua mãe lhe mandou dinheiro e então ele foi para Nova York de novo, ver quais são as oportunidades lá. – Sua voz baixou quase imperceptivelmente.

Dada sua óbvia lealdade a Sean, eu esperava que Melanie se mostrasse esperançosa em relação a essa ida a Nova York. Como não se mostrou, perguntei:

– Melanie, o que está acontecendo?

Com seu primeiro traço de amargura, ela respondeu:

– O problema não é nosso casamento. É a mãe dele. Ela fica lhe mandando dinheiro. Sempre que ele está prestes a se estabilizar conosco, ou parando em um emprego, ela lhe manda um cheque e ele vai embora. Ela não consegue dizer não para ele. Se ao menos parasse de lhe dar dinheiro, todos nós ficaríamos bem.

– E se ela nunca parar? – perguntei.

– Então Sean terá de mudar. Eu o farei ver como está nos magoando. – Lágrimas surgiram em seus cílios escuros. – Ele terá de recusar quando ela lhe oferecer dinheiro.

– Melanie, pelo que você está me contando isso não parece muito provável.

Ela subiu o tom de voz e se tornou mais determinada.

– Ela não vai estragar tudo. Ele *mudará*.

Melanie encontrou uma folha especialmente grande e a chutou para frente, observando-a se despedaçar.

Esperei alguns momentos e então perguntei:

– Há algo mais?

Ainda chutando a folha, Melanie respondeu:

– Ele já foi muito para Nova York e se encontra com alguém quando está lá. – Ela falou novamente em voz baixa e sem rodeios.

– Outra mulher? – perguntei, e Melanie desviou os olhos enquanto assentia com a cabeça. – Há quanto tempo isso acontece?

– Ah, na verdade há anos. – Nesse ponto Melanie realmente encolheu os ombros. – Isso começou durante minha primeira gravidez. Quase não o culpei. Eu me sentia muito enjoada e indisposta e ele estava muito longe.

Surpreendentemente, Melanie assumiu a culpa pela infidelidade de Sean, assim como o fardo de sustentar a ele e aos filhos enquanto Sean experimentava várias carreiras. Eu lhe perguntei se ela já pensara em se divorciar.

– Na verdade, nós nos separamos uma vez. É bobagem dizer isso, porque nos separamos o tempo todo, com ele indo embora como vai. Mas um dia eu disse que queria me separar, principalmente para lhe dar uma lição, e durante quase seis meses realmente ficamos separados. Ele ainda me telefonava e eu lhe mandava dinheiro quando ele precisava, se uma oportunidade estava prestes a surgir e Sean precisava de alguma coisa para se sustentar até isso acontecer. Mas na maior parte do tempo era cada um por si. Cheguei a conhecer dois outros homens! – Melanie pareceu surpresa com o fato de outros homens se interessarem por ela. Disse, intrigada: – Ambos eram ótimos para as crianças e queriam me ajudar na casa, consertando o que era necessário e até mesmo me comprando pequenas coisas de que eu precisava. Era bom ser tratada assim. Mas nunca senti nada por eles. Nunca consegui sentir nada parecido com a atração que sentia por Sean. Então acabei voltando para ele. – Ela sorriu. – Depois tive de lhe explicar por que tudo estava tão bem cuidado em casa.

Estávamos na metade do campus e desejei saber mais sobre a infância de Melanie, entender as experiências que a prepararam para o sofrimento de sua situação atual.

– Quando você se lembra de sua infância o que vê? – perguntei-lhe, e observei sua testa se enrugar enquanto ela pensava naqueles anos.

– Ah, é engraçado! Eu me vejo com meu avental, em cima de um banco na frente do fogão, mexendo uma panela. Era a filha do meio entre cinco crianças e tinha 14 anos quando minha mãe morreu. Mas comecei a cozinhar e limpar muito antes disso, porque minha mãe estava muito doente. Depois de algum tempo ela nunca mais saiu do quarto dos fundos. Meus dois irmãos arranjaram empregos depois da escola para ajudar, e eu me transformei na mãe de todos. Minhas duas irmãs eram três e cinco anos mais novas do que eu, por isso cabia a mim fazer quase tudo em casa. Mas conseguíamos nos virar relativamente bem. Meu pai trabalhava e fazia compras. Eu cozinhava e limpava. Nós fazíamos tudo que podíamos. O dinheiro sempre era curto, mas conseguíamos esticá-lo. Meu pai trabalhava muito, frequentemente em dois empregos. Por isso ficava fora de casa a maior parte do tempo. Acho que em parte porque era preciso e em parte para evitar minha mãe. Todos nós a evitávamos o máximo que podíamos. Ela era muito difícil.

"Meu pai se casou de novo quando eu estava no último ano da escola secundária. As coisas se tornaram imediatamente mais fáceis porque sua nova esposa também trabalhava e tinha uma filha da mesma idade da minha irmã mais nova, na época com 12 anos. Tudo estava se ajeitando. Dinheiro não era mais um grande problema. Meu pai estava muito mais feliz. Pela primeira vez, havia o suficiente."

Perguntei:

— Quais foram seus sentimentos em relação à morte da sua mãe?

Melanie se enrijeceu.

— A pessoa que morreu não era minha mãe há muitos anos. Era outra pessoa, alguém que dormia ou gritava e criava problemas. Lembro-me vagamente de quando ela ainda era minha mãe. Tenho de me esforçar para me lembrar de alguém que era doce e suave e costumava cantar enquanto trabalhava ou brincava conosco. Sabe, minha mãe era irlandesa e cantava canções melancólicas... Seja como for, acho que ficamos aliviados quando ela finalmente morreu. Mas eu também me senti culpada, achando que se a tivesse entendido melhor ou me importado mais ela talvez não tivesse ficado tão doente. Tento não pensar nisso.

Estávamos nos aproximando do meu destino, e nos poucos momentos que nos restavam esperei ajudar Melanie a, pelo menos, vislumbrar a origem de seus problemas atuais.

— Você vê algumas semelhanças entre sua vida quando criança e agora? — perguntei-lhe.

Ela deu um risinho nervoso.

— Mais do que nunca, só por ter falado sobre isso. Vejo como ainda espero Sean vir para casa, assim como esperava meu pai quando ele saía, e percebo que nunca culpo Sean pelo que ele faz porque, em minha mente, misturo suas ausências com as do meu pai para poder cuidar de todos nós. Sei que essas são coisas diferentes e ainda assim me sinto igual, como se devesse me adaptar o máximo possível a isso.

Ela parou, apertando os olhos para ver melhor os padrões que se revelavam na sua frente.

– Ah, e ainda sou a corajosa pequena Melanie, mantendo tudo nos eixos, mexendo a panela no fogão e cuidando das crianças. – Suas bochechas brancas ficaram rosadas com o choque do reconhecimento. – Então é verdade o que você disse em sua palestra sobre crianças como eu. Nós *realmente* encontramos pessoas com quem podemos representar os mesmos papéis que representamos enquanto crescíamos!

Quando nos despedimos, Melanie me abraçou com força e disse:

– Obrigada por me ouvir. Acho que eu só precisava falar um pouco. E agora entendo isso melhor, mas ainda não estou pronta para ir embora. – Obviamente seu humor estava mais leve quando ela disse, erguendo o queixo de novo: – Além disso, Sean só precisa crescer. E crescerá. Ele tem de fazer isso, você não acha?

Sem esperar por uma resposta, ela se virou e se afastou pisando nas folhas caídas.

✧ ✦ ✧

Realmente agora Melanie entendia isso melhor, mas ainda não tinha consciência de muitas outras semelhanças entre sua infância e sua vida atual.

Por que uma jovem brilhante, atraente, dinâmica e capaz como Melanie *precisaria* de um relacionamento tão sofrido e difícil quanto o dela com Sean? Porque para ela e outras mulheres que cresceram em lares profundamente infelizes em que a carga emocional era pesada demais e as responsabilidades eram enormes, o que parece bom e ruim se tornou confuso, emaranhado e finalmente a mesma coisa.

Por exemplo, na casa de Melanie a atenção dos pais era ínfima devido à dificuldade geral da família em administrar a vida ao tentar lidar com a personalidade desintegradora da mãe. Os esforços heroicos de Melanie para administrar a casa eram recompensados com a coisa mais próxima do amor que ela experimentaria: a grata dependência de seu pai. Os sentimentos de medo e de sobrecarga que seriam naturais em uma criança nessas circunstâncias eram eclipsados por sua sensação de competência, que aumentava com a necessidade que seu pai tinha de ajuda e com a inadequação de sua mãe. Era um grande peso para uma criança ser tratada como mais forte do que um dos pais e indispensável para o outro! Esse papel na infância formou sua identidade de salvadora capaz de ficar acima da dificuldade e do caos resgatando aqueles ao redor com sua coragem, força e determinação invencíveis.

Esse complexo de salvadora parece mais saudável do que é. Embora seja louvável ter força durante uma crise, Melanie, como outras mulheres com passados parecidos, *precisava* de crises para funcionar. Sem tumulto, estresse ou uma situação desesperada para administrar, os sentimentos de opressão emocional enterrados na infância viriam à tona e se tornariam ameaçadores demais. Quando criança, Melanie foi a ajudante de seu pai, assim como a mãe para os outros filhos. Mas ela também era uma criança que precisava dos pais e, como sua mãe era muito perturbada emocionalmente e seu pai muito indisponível, suas próprias necessidades não foram satisfeitas. Os outros filhos tinham Melanie para se preocupar com eles e cuidar deles. Melanie não tinha ninguém. Ela não só não tinha uma mãe como precisou aprender a agir como uma adulta. Não havia nenhum lugar ou tempo para expressar seu próprio pânico, e logo essa falta de oportunidade de ter suas necessidades emocionais satisfeitas começou a parecer correta para ela. Se fingisse bem ser uma adulta, conseguiria esquecer que era uma criança assustada. Logo Melanie não só funcionava bem no caos como precisava dele para funcionar. O peso que carregava nos ombros a ajudava a evitar seu próprio pânico e sofrimento. Ele a oprimia e ao mesmo tempo a aliviava.

Além disso, a sensação de valor que Melanie desenvolvia provinha de assumir responsabilidades que iam muito além de suas capacidades infantis. Conquistava aprovação se esforçando muito, cuidando dos outros e sacrificando suas próprias vontades e necessidades em prol das deles. Dessa forma, o martírio se tornou parte de sua personalidade e, combinado com seu complexo de salvadora, a tornou um ímã para pessoas problemáticas, como Sean. Vale a pena rever brevemente alguns aspectos importantes do desenvolvimento infantil para entendermos melhor as forças que operam na vida de Melanie. Devido às circunstâncias incomuns de sua infância, os sentimentos e as reações que em outras pessoas seriam normais se tornaram perigosamente exagerados nela.

É natural que as crianças que crescem em uma família nuclear tenham um forte desejo de se livrar do pai do mesmo sexo para ter o do oposto só para si. Os garotinhos desejam muito que o pai desapareça para terem a atenção e o amor totais da mãe. E as garotinhas sonham em substituir suas mães como a esposa do pai. A maioria dos pais já receberam "propostas" de seus filhos pequenos do sexo oposto que expressam esse anseio. Um menino de quatro anos diz para sua mãe: "Quando eu crescer vou me casar com você, mamãe." Ou uma menina de três anos diz para seu pai: "Papai, vamos ter nossa própria casa juntos sem a mamãe." Esses anseios muito normais refletem alguns dos sentimentos mais fortes que uma criança pequena experimenta. Contudo, se algo realmente acontece com o rival invejado, resultando em seu dano ou ausência da família, o efeito na criança é devastador.

Quando a mãe em uma dessas famílias é emocionalmente perturbada, tem uma doença física grave e crônica, é alcoólatra ou viciada em drogas (ou por qualquer outro motivo é ausente física ou emocionalmente), a filha (geralmente a mais velha, se houver mais de uma) é quase sempre eleita para preencher a posição vaga devido à doença ou ausência da mãe. A história de Melanie exemplifica os efeitos dessa "promoção" em uma garotinha. Devido à doença mental debilitante da mãe, Melanie herdou a posição da cabeça feminina da família. Nos anos em que sua própria identidade estava se formando, ela foi, em muitos aspectos, mais companheira do que filha do pai. Quando eles discutiam e resolviam os problemas da família, agiam como uma equipe. De certo modo, Melanie tinha o pai só para si, porque seu relacionamento com ele era muito diferente do de seus irmãos. Ela era praticamente seu par. Também foi, durante vários anos, muito mais forte e estável do que sua mãe doente. Isso significou que seus desejos infantis normais de ter seu pai só para si foram realizados, mas à custa da doença e, finalmente, da vida da mãe.

O que acontece quando os desejos da primeira infância de se livrar do pai do mesmo sexo e obter o do oposto só para si se realizam? Há três consequências extremamente poderosas e determinantes do caráter, que operam inconscientemente.

A primeira é a culpa.

Melanie sentia culpa quando se lembrava do suicídio da mãe e de seu fracasso em evitá-lo, o tipo de culpa consciente que qualquer membro da família sente naturalmente diante de uma tragédia dessas. Nela, essa culpa consciente foi exacerbada por seu excessivo senso de responsabilidade pelo bem-estar de todos os membros da família. Mas além desse grande fardo de culpa consciente, ela carregava outro ainda mais pesado.

A realização de seus desejos infantis de ter o pai só para si também produziu em Melanie uma culpa *inconsciente* por não ter evitado o suicídio da mãe mentalmente doente. Isso, por sua vez, gerou um impulso de reparação, uma necessidade de sofrer e suportar adversidade como expiação. Essa necessidade, combinada com a familiaridade de Melanie com um papel de mártir, criou nela algo próximo do masoquismo. Havia conforto, se não verdadeiro prazer, em seu relacionamento com Sean, com toda a sua dor e solidão inerentes e responsabilidade opressiva.

A segunda consequência são sentimentos inconscientes de desconforto com as implicações sexuais de se ter o pai desejado. Via de regra, a presença da mãe (ou, nestes dias de divórcio frequente, outra companheira e parceira sexual para o pai, como uma madrasta ou namorada), dá segurança para o pai e a filha. A filha fica livre para desenvolver uma consciência de si mesma como amada e atraente aos olhos do pai, e ao mesmo tempo protegida da clara expressão dos impulsos sexuais inevitavelmente gerados entre eles pela força do laço do pai com uma mulher adulta apropriada.

Não houve um relacionamento incestuoso entre Melanie e seu pai, mas dadas as circunstâncias certamente poderia ter havido. A dinâmica que operava em sua família com frequência está presente quando relacionamentos incestuosos se desenvolvem entre pais e filhas. Quando a mãe, por qualquer motivo, abdica de seu papel apropriado de mulher de seu parceiro e mãe de seus filhos, força sua filha não só a assumir suas responsabilidades como também a correr o risco de se tornar objeto das investidas sexuais do pai. (Embora isso possa causar a impressão de que a responsabilidade do incesto é da mãe, na verdade é *toda* do pai. Isso porque, como adulto, é dever do pai proteger sua filha em vez de usá-la para sua gratificação sexual.)

Além disso, mesmo se o pai nunca se aproxima da filha sexualmente, a falta de um laço conjugal forte entre os pais e a pretensão da filha ao papel de sua mãe na família servem para aumentar os sentimentos de atração sexual entre pai e filha. Devido ao seu relacionamento próximo, a filha pode ficar desconfortavelmente ciente de que o interesse especial de seu pai por ela tem, em algum nível, conotações sexuais. Ou a disponibilidade emocional incomum de seu pai pode fazê-la concentrar nele seus desejos sexuais em desenvolvimento mais do que concentraria em circunstâncias normais. Em um esforço para evitar a violação, mesmo em pensamento, do poderoso tabu do incesto, ela pode se tornar insensível à maioria de seus sentimentos sexuais, ou até mesmo a todos. A decisão de fazer isso é, novamente, inconsciente, uma defesa contra o impulso mais ameaçador de todos: a atração sexual por um dos pais. Como a decisão é inconsciente, não é facilmente examinada e mudada.

O resultado é uma mulher jovem que pode se sentir desconfortável com *qualquer* sentimento sexual, devido à violação inconsciente do tabu ligada a ele. Quando isso acontece, cuidar pode ser a única expressão segura de amor.

O principal modo de Melanie se relacionar com Sean era se sentir responsável por ele. Há muito esse se tornara seu modo de sentir e expressar amor.

Quando Melanie tinha 17 anos, seu pai a "substituiu" por sua nova esposa, um casamento que Melanie aparentemente viu com alívio. O fato de ter sentido tão pouca amargura pela perda de seu papel na casa provavelmente se deveu, em grande parte, ao surgimento de Sean e seus colegas de apartamento, para quem desempenhou muitas das mesmas funções. Se essa situação não tivesse progredido para seu casamento com Sean, ela poderia ter enfrentado, em algum ponto, uma crise de identidade profunda. Mas como ficou imediatamente grávida, recriou seu papel de cuidadora, enquanto Sean cooperava começando, como seu pai, a se ausentar durante grande parte do tempo.

Melanie lhe enviou dinheiro mesmo quando eles estavam separados, competindo com a mãe de Sean para ser a mulher que cuidava melhor dele. (Melanie já vencera essa competição com sua própria mãe, em relação ao seu próprio pai.)

Quando, durante sua separação de Sean, surgiram em sua vida homens que não exigiam seus cuidados maternos e, na verdade, tentaram trocar de papel com ela oferecendo-lhe uma ajuda muito necessária, Melanie não conseguiu se relacionar emocionalmente com eles. Só se sentia confortável como cuidadora.

A dinâmica sexual do relacionamento de Melanie com Sean nunca proporcionou um vínculo tão forte entre eles quanto a necessidade de Sean de seus cuidados. De fato, a infidelidade de

Sean só proporcionou a Melanie outro reflexo de sua própria experiência na infância. Devido à sua doença mental avançada, a mãe de Melanie se tornou "outra mulher", cada vez mais vaga e invisível no quarto dos fundos, retirada emocional e fisicamente da vida e dos pensamentos de Melanie. Melanie administrava seu relacionamento com a mãe mantendo distância e não pensando nela. Mais tarde, quando Sean se interessou por outra mulher, ela também era vaga e distante, e não foi considerada por Melanie uma ameaça real ao que era, como seu relacionamento anterior com seu pai, uma parceria assexuada, mas prática. Vale lembrar que o comportamento de Sean não era inédito. Antes do casamento, seu padrão era o de procurar a companhia de outras mulheres enquanto deixava Melanie cuidar de suas necessidades práticas e menos românticas. Ela sabia disso e ainda assim se casou com ele.

Após o casamento, ela começou uma campanha para mudá-lo por meio do poder de sua vontade e de seu amor. O que nos leva à terceira consequência da realização dos desejos e das fantasias infantis de Melanie: sua crença na própria onipotência.

Normalmente as crianças pequenas acreditam que elas próprias, seus pensamentos e desejos são magicamente poderosos, a causa de todos os acontecimentos importantes em sua vida. Contudo, embora uma garotinha possa desejar muito ser para sempre a parceira de seu pai, a realidade lhe ensina que isso não é possível. Goste ou não desse fato, ela acaba tendo de aceitar que a parceira dele é sua mãe. Isso é uma grande lição de vida – a de que nem sempre ela pode conseguir, por meio do poder de sua vontade, o que mais almeja. Na verdade, essa lição a ajuda muito a acabar com sua crença na própria onipotência e a aceitar as limitações de seu desejo pessoal.

Porém, no caso da jovem Melanie, esse forte desejo se tornou realidade. De muitas formas, ela substituiu sua mãe. Aparentemente por meio do poder mágico de sua vontade e seus desejos, teve o pai só para si. Então, com a firme crença no poder de sua vontade de produzir o que ela queria, foi atraída para outras situações difíceis e com uma grande carga emocional, que também tentou magicamente mudar. Os desafios que mais tarde enfrentou sem reclamar munida apenas do poder de sua vontade – um marido irresponsável, imaturo e infiel, o fardo de criar três filhos praticamente sozinha, graves problemas financeiros e um programa acadêmico exigente combinado com um emprego em tempo integral – são testemunhos disso.

Sean representou a frustração perfeita dos esforços de Melanie para mudar outra pessoa por meio do poder de sua vontade, e também satisfez as outras necessidades criadas por seu papel pseudoadulto na infância, dando-lhe ampla oportunidade de sofrer, suportar e evitar a sexualidade, e ao mesmo tempo fazer o que mais gostava: cuidar.

A esta altura deveria estar muito claro que Melanie não foi de modo algum uma vítima desafortunada de um casamento infeliz. Muito pelo contrário. Ela e Sean satisfaziam as necessidades psicológicas mais profundas um do outro. Formavam uma dupla perfeita. O fato de os oportunos presentes em dinheiro da mãe dele tolherem qualquer impulso de Sean na direção de crescimento ou maturidade certamente era um problema para o casamento, mas não O Problema, como Melanie preferia vê-lo. O que estava realmente errado era ali estarem dois indivíduos cujos padrões e comportamentos doentios em relação à vida, embora de modo algum idênticos, combinavam tão bem que permitiam a ambos continuar doentes.

Imagine esses dois, Sean e Melanie, como dançarinos em um mundo no qual todos também o são, crescendo e aprendendo suas rotinas individuais. Devido a acontecimentos e personalidades particulares e, acima de tudo, aprendendo as danças realizadas durante suas infâncias, tanto Sean quanto Melanie desenvolveram um repertório único de passos, movimentos e gestos psicológicos.

Então um dia eles se encontraram e descobriram que suas danças diferentes, quando realizadas juntas, sincronizavam-se magicamente em um estranho dueto, um *pas-de-deux* perfeito de ação e reação. Para cada movimento de um havia uma reação do outro, resultando em uma coreografia que permitia que sua dança juntos fluísse ininterruptamente, com os dois girando, girando e girando.

Sempre que Sean deixava de assumir uma responsabilidade, Melanie a assumia. Quando ela assumiu todos os fardos familiares de criar sua família, ele rodopiou para longe, deixando-lhe muito espaço para cuidar. Quando Sean procurava outra parceira no palco, Melanie suspirava de alívio e dançava mais rápido para se distrair. Enquanto ele dançava para fora do palco, ela executava um passo de espera perfeito. Girando, girando e girando...

Para Melanie, aquela dança às vezes era excitante, frequentemente solitária e ocasionalmente embaraçosa ou exaustiva. Mas a última coisa que ela queria era parar a dança que conhecia tão bem. Os passos, os movimentos, tudo parecia tão certo que ela deu à dança o nome de amor.

5

Vamos dançar?

"Por que você se casou com ele?" Agora, como você diria isso a alguém? O modo como ele abaixava a cabeça humildemente e erguia os olhos timidamente para você, como um bebê faz... Como entrou de mansinho em seu coração: doce, encantador, divertido... Ele disse: "Você é tão forte, querida!" E eu acreditei. Eu acreditei!
– Marilyn French, *The Bleeding Heart*

Como as mulheres que amam demais *encontram as pessoas* com quem podem manter os padrões de relacionamento doentios que desenvolveram na infância? Como, por exemplo, a mulher cujo pai nunca esteve presente emocionalmente encontra alguém cuja atenção ela tenta constantemente obter, mas não consegue? Como a mulher vinda de um lar violento consegue se unir a uma pessoa que a agride? Como a mulher criada em um lar com problemas de alcoolismo encontra alguém que já desenvolveu ou logo desenvolverá essa doença? Como a mulher cuja mãe sempre dependeu dela emocionalmente encontra um(a) parceiro(a) que precisa de seus cuidados?

Entre todas as possíveis pessoas que as mulheres que amam demais encontram, quais são as pistas que as levam para aqueles com quem podem realizar a dança que conhecem tão bem da infância? E como elas reagem (ou não) quando encontram alguém com um comportamento mais saudável, menos carente, imaturo ou abusivo do que aquele a que estão acostumadas, e cuja dança não se sincroniza tão bem com a delas?

Um velho clichê no campo da terapia é que as pessoas frequentemente se casam com alguém igualzinho à mãe ou ao pai com quem entraram em conflito durante o crescimento. Esse conceito não é totalmente exato. O importante não é tanto o(a) parceiro(a) escolhido(a) ser igual à mãe ou ao pai, mas sim o fato de podermos reproduzir o clima conhecido da infância e usar as mesmas manobras que já praticamos tanto. É isso que, para a maioria de nós, representa o amor. Nós nos sentimos à vontade, confortáveis e estranhamente "bem" com a pessoa com quem podemos ter todos os nossos comportamentos e sentimentos familiares. *Mesmo se os comportamentos nunca deram certo e os sentimentos são desconfortáveis*, são o que conhecemos melhor. Temos aquela sensação especial de pertencer ao outro que nos permite dançar os passos que já conhecemos. É com ele que decidimos fazer um relacionamento dar certo.

Não há química mais irresistível do que essa misteriosa sensação de familiaridade proporcionada pela união de duas pessoas cujos padrões de comportamento se encaixam como peças de um quebra-cabeça. Se, além disso, o outro oferece à mulher uma oportunidade de combater e vencer os sentimentos da infância de dor e impotência, não ser amada e desejada, a atração se torna praticamente irresistível para ela. De fato, quanto maior a dor na infância, maior o impulso de reencenar e superar essa dor na idade adulta.

Vamos examinar por que isso é verdade. Se uma criança pequena sofreu algum tipo de trauma, esse tema surgirá e ressurgirá em suas brincadeiras até fazer algum sentido e ela finalmente superar a experiência. Por exemplo, uma criança submetida a uma cirurgia pode reencenar a ida para o hospital usando bonecas ou outros brinquedos, ser o médico em uma brincadeira e o paciente em outra até o medo ligado ao acontecimento diminuir suficientemente. Como mulheres que amam demais, fazemos a mesma coisa: reencenamos e reexperimentamos relacionamentos infelizes em uma tentativa de torná-los controláveis e dominá-los.

Acontece que realmente não existem coincidências nos relacionamentos nem casamentos por acaso. Por exemplo, quando uma mulher acredita que, inexplicavelmente, "teve que se casar" com certa pessoa que nunca teria escolhido deliberadamente como parceiro(a), é imperativo que ela examine por que escolheu ter intimidade com essa pessoa em particular, por que correu o risco de engravidar. De igual modo, quando uma mulher afirma que se casou por capricho, era jovem demais para saber o que estava fazendo ou não estava sendo totalmente ela mesma e não pôde fazer uma escolha responsável, essas desculpas merecem um exame mais profundo.

Na verdade, ela realmente escolheu, embora inconscientemente, e muitas vezes conhecendo muito bem com quem se relacionar desde o início. Negar isso é negar a responsabilidade por nossas escolhas e nossa vida, e tal negação impede a recuperação.

Mas como fazemos isso? Qual é exatamente o processo misterioso, a química indefinível que surge entre uma mulher que ama demais e a pessoa por quem se sente atraída?

Se a pergunta é feita de outras formas – Que sinais se acendem entre uma mulher que precisa ser necessária e uma pessoa em busca de alguém que assuma responsabilidades por ela? Ou entre uma mulher extremamente abnegada e uma pessoa extremamente egoísta? Ou entre uma mulher que se define como vítima e uma pessoa cuja identidade se baseia no poder e na agressão? Ou uma mulher que precisa controlar e alguém que é inadequado? – o processo começa a perder um pouco do mistério, pois há pistas e sinais definidos que são enviados e registrados pelos dois participantes da dança. Lembre-se de que em todas as mulheres que amam demais há dois fatores operando: (1) a compatibilidade dos tipos fechadura e chave dos padrões familiares dela com os do outro; e (2) o impulso de recriar e superar os padrões dolorosos do passado. Vamos examinar os primeiros passos hesitantes desse dueto que informam a cada pessoa que ali está alguém com quem isso vai funcionar, se encaixar, parecer certo.

As histórias a seguir ilustram claramente a troca de informações quase subliminar que ocorre entre a mulher que ama demais e a pessoa por quem se sente atraída, uma troca que daí em diante arma o cenário para o padrão do relacionamento e da dança.

Chloe: estudante universitária de 23 anos; filha de um pai violento

Cresci em uma família realmente louca. Sei disso agora, mas quando era nova nunca pensei tal coisa, esperando apenas que ninguém nunca descobrisse como meu pai batia em minha mãe. Ele batia em nós todos, e acho que de certo modo nos convenceu de que merecíamos apanhar. Mas eu sabia que minha mãe não merecia. Sempre desejava que ele batesse em mim em vez de nela. Sabia que eu podia suportá-lo, mas não estava tão certa de que ela podia. Todos nós queríamos que nossa mãe o deixasse, mas ela não o fazia. Recebia pouco amor. Sempre quis lhe dar amor suficiente para fortalecê-la de modo a poder cair fora, mas ela nunca fez isso. Morreu de câncer cinco anos atrás. Não fui para casa ou falei com meu pai desde o funeral. Sinto que foi *ele* que realmente a matou, não o câncer. Minha avó paterna deixou para cada neto um fundo de fideicomisso, e foi assim que pude ir para a universidade, onde conheci Roy.

Frequentamos a aula de artes durante todo um semestre sem nunca falar um com o outro. Quando o segundo semestre começou, vários de nós estavam novamente juntos em outra aula, e no primeiro dia entramos em uma grande discussão sobre relacionamentos. Bem, esse rapaz começou a dizer que as mulheres norte-americanas estavam totalmente estragadas, queriam fazer tudo à sua própria maneira, e apenas usavam os homens. Destilou veneno ao dizer tudo isso, e pensei: *Ah, ele realmente foi magoado. Coitado.* Perguntei-lhe: "Você realmente acha que isso é verdade?", e comecei a tentar provar-lhe que as mulheres não eram todas assim – que *eu* não era assim. Veja em que posição me coloquei! Mais tarde, em nosso relacionamento, nunca pude fazer nenhuma exigência ou cuidar de mim mesma de alguma maneira, ou provaria que ele estava certo em sua misoginia. Minha preocupação daquela manhã deu certo. Ele também foi fisgado. Disse: "Eu voltarei. Não ia ficar nessa aula, mas quero conversar mais com você!" Lembro-me de que naquele momento senti uma grande agitação, porque já estava fazendo uma diferença para ele.

Em menos de dois meses estávamos morando juntos. Em quatro eu estava pagando o aluguel e quase todas as contas, além do supermercado. Mas continuei a tentar, por mais dois anos, provar-lhe o quanto eu era boa, que não o machucaria como já fora machucado. *Eu* me machuquei um bocado nesse processo, no início emocionalmente e depois também fisicamente. Ninguém podia ter tanta raiva das mulheres como ele tinha e não querer machucar uma delas. É claro que eu estava certa de que aquilo também era culpa minha. Foi um milagre eu ter caído fora. Conheci uma ex-namorada dele, que me perguntou logo de cara: "Ele já bateu em você?" Respondi: "Bem, não exatamente." É óbvio que eu o estava protegendo, e também não queria parecer uma total idiota. Mas percebi que ela sabia, porque também já passara por aquilo. No começo, entrei em pânico. Aquele era o mesmo sentimento que eu tinha quando criança – não querer que ninguém visse por trás da fachada. Tudo em mim queria mentir, agir como se fosse muita ousadia dela me fazer a pergunta. Mas ela olhou para mim com tanta compreensão que não fez sentido continuar a fingir. Conversamos por um longo tempo. Ela me falou sobre um grupo de terapia do qual participava em que todas as mulheres eram iguais no sentido de serem atraídas para relacionamentos doentios, e tentavam aprender a não fazer isso consigo mesmas. Deu-me o número de seu telefone e, após mais dois meses de inferno, lhe telefonei. Ela me levou para o grupo e acho que isso provavelmente salvou minha vida. Aquelas mulheres eram exatamente como eu. Tinham aprendido a suportar quantidades incríveis de dor, geralmente desde a infância.

De qualquer maneira, demorei mais alguns meses para deixá-lo, e mesmo com o apoio do grupo isso foi muito difícil. Eu tinha essa incrível necessidade de lhe provar que ele era digno de amor. Achava que se apenas o amasse o suficiente ele mudaria. Graças a Deus superei isso, ou estaria lá de novo.

A atração de Chloe por Roy

Quando Chloe, a estudante de artes, conheceu Roy, o misógino, foi como se ela encontrasse a síntese de sua mãe e seu pai. Roy era raivoso e odiava as mulheres. Conquistar o amor dele era conquistar o de seu pai, que também era raivoso e destrutivo. Mudá-lo por meio de seu amor era mudar e salvar sua mãe. Chloe via Roy como uma vítima de sentimentos doentios e queria amá-lo para que ele ficasse bem. Além disso, como toda mulher que ama demais, queria *vencer* sua luta com ele e as pessoas importantes que este simbolizava, sua mãe e seu pai. Foi isso que tornou tão difícil sair desse relacionamento destrutivo e insatisfatório.

Mary Jane: casada durante trinta anos com um *workaholic*

Nós nos conhecemos em uma festa de Natal. Eu estava lá com o irmão mais novo dele, que tinha a minha idade e realmente gostava de mim. De qualquer maneira, lá estava Peter. Ele fumava um cachimbo e usava uma jaqueta de tweed com emblemas nos ombros: parecia um membro da Ivy League. Fiquei muito impressionada. Mas também havia um ar de melancolia nele que me atraiu tanto quanto sua aparência. Tive certeza de que em algum momento ele fora profundamente magoado e quis conhecê-lo, saber e "entender" o que tinha acontecido. Estava certa de que ele era inatingível, mas achei que, se fosse especialmente compassiva, talvez conseguisse mantê-lo conversando comigo. Foi estranho, porque realmente conversamos muito naquela primeira noite, mas em momento algum ele me encarou. Ficou sempre de lado, parecendo preocupado com outra coisa, e continuei tentando obter sua total atenção. O que aconteceu foi que cada palavra que ele me disse se tornou vitalmente importante, quase preciosa, porque eu estava certa de que ele tinha coisas melhores para fazer.

Eu tinha sido exatamente assim com meu pai. Enquanto crescia ele nunca estava lá – literalmente. Éramos muito pobres. Ele e minha mãe trabalhavam na cidade e deixavam os filhos em casa sozinhos durante grande parte do tempo. Até nos fins de semana meu pai fazia bicos. Eu só o via quando ele estava em casa consertando alguma coisa – a geladeira, o rádio ou algo no gênero. Lembro-me de que ele sempre estava de costas para mim, mas eu não me importava porque era maravilhoso tê-lo em casa. Eu ficava por perto e lhe fazia muitas perguntas, tentando fazê-lo prestar atenção em mim.

Bem, lá estava eu, fazendo a mesma coisa com Peter, embora, é claro, eu não percebesse isso na época. Agora me lembro de como tentava ficar na sua linha de visão e ele olhava para o lado ou para o teto, ou se ocupava em manter seu cachimbo aceso. Eu o achei muito maduro, com sua testa enrugada e seu olhar distante. Fui atraída como por um ímã.

A atração de Mary Jane por Peter

Os sentimentos de Mary Jane por seu pai não eram nem de longe tão ambivalentes quanto os de muitas mulheres que amam demais. Ela adorava e admirava o pai, e ansiava por sua companhia e atenção. Peter, sendo mais velho e preocupado, representou imediatamente seu pai esquivo, e obter sua atenção se tornou muito importante porque, como a de seu pai, era muito difícil de obter. Os homens dispostos a ouvi-la, mais presentes emocionalmente e afetuosos, não despertavam nela o profundo desejo de ser amada que tinha em relação ao pai. A preocupação de Peter oferecia um desafio familiar a Mary Jane, ali havia outra chance de conquistar o amor de um homem que a evitava.

> Peggy: criada por uma avó hipercrítica
> e uma mãe que não lhe dava apoio emocional;
> agora divorciada e com duas filhas

Nunca conheci meu pai. Ele e minha mãe se separaram antes de eu nascer, e minha mãe foi trabalhar para nos sustentar, enquanto a mãe dela cuidava de nós em casa. Agora isso não parece tão ruim, mas era. Minha avó era uma mulher terrivelmente cruel. Não batia em minha irmã e em mim tanto quanto nos machucava com palavras, todos os dias. Ela nos dizia o quanto éramos ruins, lhe causávamos problemas e que "não prestávamos para nada" – uma de suas frases favoritas. A ironia era que todas as suas críticas só faziam minha irmã e eu nos esforçarmos mais para ser boas e valiosas. Minha mãe nunca nos protegia dela. Tinha medo da vovó ir embora e ela não poder trabalhar porque não haveria ninguém para cuidar de nós. Então apenas fingia não ver quando nossa avó abusava de nós. Cresci me sentindo muito só, desprotegida, com medo e sem valor, sempre tentando compensar o fato de ser um peso. Lembro-me de que tentava consertar coisas quebradas em casa, querendo economizar dinheiro e de certo modo ganhar meu sustento.

Cresci e me casei com 18 anos, porque estava grávida. Desde o começo fui infeliz. Meu marido me criticava o tempo todo. No início sutilmente, depois ferozmente. Na verdade, eu sabia que não o amava e me casei com ele assim mesmo. Não pensei que tivesse outra escolha. O casamento durou 15 anos porque demorei esse tempo para achar que estar infeliz era um bom motivo para me divorciar.

Saí desse casamento desesperada por alguém que me amasse, mas achando que eu não tinha valor e era um fracasso, e certa de que não tinha nada para oferecer a um homem bom e gentil.

 A noite em que conheci Baird foi a primeira vez que saí para dançar sem um namorado. Minha amiga e eu tínhamos feito compras. Ela comprou um conjunto completo – calças, blusa e sapatos – e queria usá-lo para sair. Então fomos a uma discoteca da qual ouvíramos falar. Alguns empresários de fora da cidade nos pagaram bebidas e dançaram conosco, e isso foi bom – amigável, mas não muito excitante. Então vi aquele homem perto da parede. Era muito alto, esguio, estava incrivelmente bem-vestido e tinha uma ótima aparência. Mas também um ar de frieza. Lembro-me de ter dito a mim mesma: *Esse é o homem mais elegante e arrogante que já vi.* E depois: *Aposto que eu poderia esquentá-lo!*

 Ainda me lembro de quando conheci meu primeiro marido. Estávamos na escola secundária e ele descansava encostado na parede quando deveria estar na aula, e eu disse para mim mesma: Ele parece bastante selvagem. Aposto que poderia domá-lo. Veja bem, estou sempre tentando consertar as coisas. De qualquer modo, fui até Baird e o convidei para dançar. Ele ficou muito surpreso e acho que um pouco lisonjeado. Dançamos por algum tempo e Baird me disse que ele e seus amigos estavam indo para outro lugar. Depois me perguntou se eu gostaria de ir com eles. Embora o convite fosse tentador, respondi que não, que estava ali para dançar e isso era realmente tudo que queria fazer. Continuei dançando com os empresários e depois de algum tempo ele me convidou para dançar de novo. Dançamos. O local estava incrivelmente cheio. As pessoas se espremiam. Um pouco depois, minha amiga e eu decidimos ir embora e Baird estava sentado à mesa com outras pessoas em um canto. Ele fez sinal para eu me aproximar e fui até lá. Baird me disse: "Você está com o número do meu telefone." Eu não sabia do que ele estava falando. Baird se inclinou e pegou seu cartão no bolso do pulôver que eu usava. Era um daqueles com bolso na frente, e ele pusera seu cartão lá quando saímos da pista de dança pela segunda vez. Fiquei surpresa. Não tinha percebido que fizera isso. E foi muito emocionante pensar que aquele homem bonito se dera a esse trabalho. De qualquer maneira, dei a ele meu cartão também.

Baird me telefonou alguns dias depois e fomos almoçar. Quando fui ao seu encontro, ele me lançou um olhar terrivelmente desaprovador. Meu carro era velho e me senti imediatamente inadequada – e depois aliviada por ele almoçar comigo assim mesmo. Baird estava muito tenso e frio, e decidi deixá-lo à vontade, como se de algum modo aquilo fosse culpa minha. Seus pais viriam para a cidade visitá-lo e não se dava bem com eles. Recitou uma longa lista de queixas contra os pais que não considerei tão sérias, mas tentei ouvi-lo compassivamente. Saí daquele almoço achando que lá estava alguém com quem eu não tinha nada em comum. Não me diverti. Senti-me desconfortável e um pouco zonza. Quando ele telefonou, dois dias depois, e me convidou para sair de novo, de algum modo fiquei aliviada. Se ele tinha se divertido o bastante para repetir o convite, então tudo estava bem.

Nós realmente nunca nos divertimos juntos. Sempre havia algo errado e eu tentava consertá-lo. Ficava muito tensa com ele e os únicos momentos bons eram quando a tensão diminuía um pouco. Esse pequeno alívio da tensão parecia felicidade. Mas por alguma razão eu ainda me sentia muito atraída por ele.

Sei que isso parece loucura, mas eu me lembro de que casei com esse homem sem nem mesmo gostar dele. Baird rompeu comigo várias vezes antes de nos casarmos, dizendo que não podia ser ele mesmo comigo. Não tenho palavras para descrever como ficava arrasada com isso. Implorava-lhe para me dizer o que eu precisava fazer para deixá-lo mais à vontade. Ele só dizia: "Você sabe o que precisa fazer." Mas eu não sabia. Quase fiquei louca tentando descobrir. De qualquer forma, o casamento durou apenas dois meses. Ele foi embora para sempre depois de me dizer o quanto eu o tornara infeliz. Nunca mais o vi, exceto de vez em quando, na rua. Ele sempre finge que não me conhece.

Não sei como dizer o quanto fiquei obcecada por Baird. Sempre que me deixava eu me sentia mais atraída por ele. E quando ele voltava dizia querer o que eu tinha a lhe oferecer. Não havia no mundo emoção mais forte do que essa para mim. Eu o abraçava e ele chorava, dizendo que tinha sido um idiota. Esse tipo de cena durava apenas uma noite e depois as coisas começavam a degringolar de novo. Eu me esforçava muito para fazê-lo feliz, para que não me deixasse novamente.

Quando Baird foi embora de vez, fiquei arrasada. Não conseguia trabalhar ou fazer muito além de me sentar na cadeira de balanço e chorar. Achei que ia morrer. Tive de obter ajuda para não entrar em contato com ele de novo, porque queria muito fazer aquilo dar certo, mas sabia que não sobreviveria a outra volta naquela montanha-russa.

A atração de Peggy por Baird

Peggy não sabia nada sobre ser amada, e tendo crescido sem o pai também não sabia praticamente nada sobre os homens, principalmente os gentis e afetuosos. Mas devido à sua infância com a avó, sabia muito sobre ser rejeitada e criticada por uma pessoa doentia. Também sabia se esforçar o máximo possível para conquistar o amor de uma mãe que, por seus próprios motivos, não podia dar amor e nem mesmo proteção. Seu primeiro casamento aconteceu porque ela se permitiu ter intimidade com um jovem que a criticava e culpava, e por quem sentia pouca afeição. O sexo com seu marido era mais um esforço para ser aceita do que uma expressão de carinho por ele. Um casamento de 15 anos com esse homem a deixou ainda mais convencida de seu pouco valor.

Ela tinha tanta necessidade de reproduzir o ambiente hostil da infância e continuar sua luta para conquistar o amor daqueles que não podiam dá-lo que, quando conheceu um homem que a surpreendeu com frieza, distanciamento e indiferença, sentiu-se imediatamente atraída por ele. Ali estava outra oportunidade de transformar uma pessoa não amorosa em alguém que finalmente a amaria. Quando eles se envolveram um com o outro, os raros sinais de que ela estava conseguindo ensiná-lo a amá-la a fizeram continuar a tentar, apesar do estrago que isso causava em sua própria vida. Sua necessidade de mudar Baird (e sua mãe e sua avó, que ele representava) era muito forte.

Eleanor: 65 anos; criada por uma mãe divorciada extremamente obsessiva

Minha mãe não conseguia se dar bem com nenhum homem. Divorciou-se duas vezes em um tempo em que ninguém se divorciava nem uma. Eu tinha uma irmã, dez anos mais velha, e minha mãe me disse mais de uma vez: "Sua irmã era a garotinha do seu pai, por isso decidi ter uma para mim." Era exatamente isso que eu significava para ela, alguém que lhe pertencia e era uma extensão dela mesma. Minha mãe não acreditava que éramos pessoas distintas.

Depois do divórcio, senti muito a falta do meu pai. Minha mãe não o deixava se aproximar de mim e ele não tinha vontade de enfrentá-la. Ninguém tinha. Sempre me senti uma prisioneira, e ao mesmo tempo responsável por sua felicidade. Foi muito difícil para mim deixá-la, embora eu me sentisse sufocada. Fui para a faculdade de administração em uma cidade distante, onde me hospedei com parentes nossos. Minha mãe ficou tão zangada que nunca mais falou com eles.

Após terminar a faculdade, trabalhava como secretária no departamento de polícia de uma cidade grande. Um dia um belo policial uniformizado se aproximou e me perguntou onde ficava o bebedouro. Eu disse a ele. Depois me perguntou se havia copos. Emprestei-lhe minha xícara de café. Ele precisava tomar algumas aspirinas. Ainda posso vê-lo atirando sua cabeça para trás a fim de engolir aqueles comprimidos. Então ele disse: "Uau! Eu realmente exagerei na noite passada." Naquele momento, eu disse para mim mesma: "Ah, que coisa triste. Ele anda bebendo demais, provavelmente porque está solitário." Era justamente o que eu queria – alguém para cuidar, alguém que precisasse de mim. Pensei: "Certamente eu gostaria de tentar fazê-lo feliz." Nós nos casamos dois meses depois e passei os próximos quatro anos tentando fazer isso. Preparava refeições maravilhosas, tentando mantê-lo em casa, mas ele saía para beber e só voltava tarde da noite. Então nós brigávamos e eu chorava. Na próxima vez em que ele voltava tarde eu me culpava por ter me aborrecido na vez anterior e dizia para mim mesma: *Não admira que ele não volte para casa.* As coisas ficaram cada vez piores até que finalmente o deixei. Tudo isso aconteceu há 35 anos, e só no ano passado percebi que ele era alcoólatra. Sempre pensei que a culpa era toda minha, que simplesmente não conseguira fazê-lo feliz.

A atração de Eleanor pelo marido

Se sua mãe que odeia os homens lhe ensinou que eles são desprezíveis e, por outro lado, você amava seu pai perdido e acha os homens atraentes, então provavelmente crescerá temendo ser abandonada pelo homem que ama. Por isso, pode tentar encontrar um homem que precise de sua ajuda e compreensão, para ter o controle sobre o relacionamento. Foi o que Eleanor fez quando se viu atraída pelo belo policial. Embora essa fórmula vise evitar mágoa e abandono garantindo a dependência de seu parceiro de você, o problema com ela é que requer um homem problemático. Em outras palavras, um homem já prestes a se encaixar na categoria de "homens desprezíveis". Eleanor queria assegurar que seu homem não a abandonaria (como seu pai fez, e sua mãe dizia que qualquer homem faria), e a carência de seu marido parecia oferecer essa garantia. Mas a natureza do problema dele o tornava *mais* propenso a abandoná-la.

Portanto, a situação que deveria assegurar a Eleanor que não seria abandonada praticamente garantia que seria. Todas as noites que ele não voltava para casa "provavam" que sua mãe estava certa em relação aos homens e finalmente Eleanor, como sua mãe, se divorciou de um homem "desprezível".

Arleen: 27 anos; de uma família violenta em que tentava proteger a mãe e os irmãos

Estávamos na mesma companhia teatral, encenando uma peça em um restaurante. Ellis era sete anos mais novo do que eu, e não me atraía muito fisicamente. Eu não estava particularmente interessada nele, mas um dia fomos fazer compras juntos e depois jantar. Enquanto conversávamos, tudo que ouvi foi que sua vida estava muito confusa. Havia um monte de coisas de que não estava cuidando, e quando falou sobre elas tive essa terrível compulsão de entrar na vida dele e resolver tudo. Naquela primeira noite, Ellis mencionou que era bissexual. Embora isso não se encaixasse em meu sistema de valores, levei na brincadeira e disse que eu também era, que quando alguém se insinuava sexualmente para mim eu dizia adeus. Na verdade, realmente tinha medo de homens muito atirados. Meu ex-marido e outro namorado foram abusivos comigo. Ellis me pareceu seguro. Eu estava tão certa de que ele não poderia me magoar quanto de que poderia ajudá-lo. Bem, pouco tempo depois estávamos muito envolvidos. De fato, moramos juntos durante vários meses antes de eu terminar o relacionamento, e o tempo todo aquilo foi tenso e assustador. Eu achava que estava lhe fazendo um grande favor e, contudo, me sentia arrasada. Meu ego também foi abalado. A atração de Ellis por homens sempre foi muito mais forte do que sua atração por mim. De fato, na noite em que fui hospitalizada com uma grave pneumonia viral, ele não foi me visitar porque estava envolvido com um homem. Três semanas depois saí do hospital e terminei o relacionamento, mas precisei de muito apoio. Minha irmã, minha mãe e meu terapeuta me ajudaram a superar aquilo. Fiquei terrivelmente deprimida. Realmente não queria desistir. Ainda achava que Ellis precisava de mim e que, com um pouco mais de esforço de minha parte, poderíamos ficar bem juntos.

Quando eu era criança, também sempre me senti assim, achando que a qualquer momento descobriria como consertar tudo.

Éramos cinco filhos. Eu era a mais velha e minha mãe se apoiava muito em mim. Ela tinha de manter nosso pai feliz, o que era impossível. Ele ainda é o homem mais cruel que conheço. Eles finalmente se divorciaram, uns dez anos atrás. Acho que pensaram que estavam nos fazendo um favor, esperando que saíssemos de casa, mas foi horrível crescer naquela família. Meu pai batia em todos nós, até mesmo em minha mãe, mas era pior com minha irmã em termos de violência, e com meu irmão em termos de abuso verbal. Ele feria todos nós de um modo ou de outro. Tudo que eu sentia era que devia haver algo que pudesse fazer para melhorar as coisas, mas nunca descobri o que era. Tentei falar com minha mãe, mas ela era muito passiva. Então enfrentei meu pai, mas não muito, pois isso era perigoso demais. Ensinei minha irmã e meu irmão a não ficarem em seu caminho, não retrucar o que ele dizia. Chegamos ao ponto de voltar da escola e procurar pela casa algo que poderia aborrecê-lo, para corrigi-lo antes de ele voltar à noite. Todos nós vivíamos assustados e infelizes quase o tempo inteiro.

A atração de Arleen por Ellis

Como Arleen se considerava mais forte, madura e prática do que Ellis, esperava ter o controle do relacionamento com ele e, assim, evitar ser magoada. Esse foi um fator importante na atração dela por ele, porque Arleen tinha uma história de abusos físicos e emocionais desde a infância. O medo e a raiva que tinha do pai fizeram Ellis parecer a solução perfeita para seus problemas com os homens, porque parecia improvável que algum dia reagisse a ela de uma maneira violenta. Infelizmente, poucos meses depois de estarem juntos, Arleen experimentou tanta mágoa e dor de cabeça quanto havia experimentado com os homens heterossexuais que conhecera.

O desafio de tentar literal e figurativamente endireitar a vida de um homem que sentia mais atração por outros homens era proporcional ao nível de conflito que Arleen conhecia tão bem da infância. A dor emocional inerente àquele relacionamento também era familiar – sempre esperar algo ruim acontecer, ser magoada, chocada ou ofendida por alguém que deveria estar a seu lado, se preocupar com ela. A convicção de Arleen de que poderia forçar Ellis a se tornar o que precisava que fosse tornou difícil para ela finalmente desistir.

Suzannah: 26 anos; divorciada de dois alcoólatras; filha de uma mulher emocionalmente dependente

Eu estava em San Francisco em um seminário de treinamento de três dias, preparando-me para ser aprovada pelo conselho estadual e obter minha licença para trabalhar como assistente social. No intervalo da tarde do segundo dia, avistei aquele homem lindo e, quando ele passou por mim, dei-lhe meu mais radiante sorriso. Então fui me sentar lá fora e relaxar. Ele se aproximou e me perguntou se eu iria à cafeteria. Respondi que sim, poderia ir, e quando chegamos lá ele perguntou um pouco hesitantemente: "Posso lhe pagar alguma coisa?" Tive a sensação de que realmente não podia pagar, por isso respondi: "Ah, não. Não é preciso." Então comprei um suco para mim, voltamos e conversamos durante o resto do intervalo. Contamos um ao outro de onde éramos e onde trabalhávamos, e ele disse: "Gostaria de jantar com você esta noite." Combinamos de nos encontrar no Fisherman's Wharf, e quando cheguei lá ele parecia preocupado. Disse que estava tentando decidir entre ser romântico ou prático, porque só tinha dinheiro suficiente para me levar para passear na baía ou jantar. É claro que me apressei em dizer: "Vamos passear e eu o levarei para jantar." Foi o que fizemos, e me senti forte e inteligente porque tornei possível para ele fazer as duas coisas que queria.

A baía estava linda no pôr do sol, conversamos o tempo todo. Ele me falou de seu medo de ser íntimo de alguém e que estava em um relacionamento há anos, mas sabia que não era a escolha certa para ele. Só o mantinha porque gostava muito do filho de seis anos que sua mulher tivera em uma relação prévia e não suportava a ideia de o garoto crescer sem uma figura masculina em sua vida. Também deu claramente a entender que estava tendo dificuldades sexuais com essa mulher, porque não se sentia nem um pouco atraído por ela.

Bem, senti que algo estava prestes a acontecer. Pensei: *Este é um homem maravilhoso que simplesmente ainda não encontrou a mulher certa. É óbvio que ele é extremamente compassivo e honesto.* Não me importei com o fato de ele ter 37 anos e provavelmente ter tido muitas chances de desenvolver um bom relacionamento. De que talvez, apenas talvez, algo estivesse errado com *ele*.

Ele me apresentara uma lista de seus defeitos: impotência, medo de intimidade e problemas financeiros. E não era preciso ser muito inteligente para perceber que também era bastante passivo, por seu modo de agir. Mas eu estava encantada demais com a ideia de que poderia fazer diferença em sua vida para ficar com um pé atrás devido ao que ele dizia.

Fomos jantar e eu paguei, é claro. Ele protestou, dizendo o quanto aquilo o incomodava, e eu simplesmente pisquei os olhos e lhe disse que poderia me visitar e retribuir me levando para jantar. Ele achou que essa era uma ótima ideia, quis saber tudo sobre onde eu morava, onde poderia ficar se aparecesse em minha cidade e quais as oportunidades de emprego por lá. Fora um professor universitário 15 anos atrás, e depois de muitas mudanças de emprego – cada qual, admitiu, com um salário menor e menos prestígio – agora trabalhava em uma clínica de aconselhamento para alcoólatras. Bem, aquilo era perfeito. Eu já havia me envolvido com alcoólatras e sofrido nesse processo, mas ali estava alguém que seguramente não poderia ser alcoólatra porque os aconselhava, certo? Ele mencionou que nossa garçonete, uma mulher mais velha com uma voz áspera, o fazia se lembrar da mãe, que era alcoólatra, e eu sabia o quão frequentemente os filhos de alcoólatras desenvolvem a doença do alcoolismo. Mas em nenhum momento ele bebeu durante toda a noite, e só pediu Perrier. Eu estava praticamente ronronando de satisfação, pensando: *Este homem é para mim*. Não me importei com todas aquelas mudanças de emprego e o fato de sua imagem profissional estar se deteriorando. Ele devia estar apenas com má sorte. Parecia muito azarado e isso o tornava mais atraente. Senti pena dele.

Ele passou grande parte do tempo me dizendo o quanto estava atraído por mim, como se sentia confortável comigo e combinávamos bem. Eu me sentia exatamente da mesma forma. Naquela noite, nós nos separamos com ele agindo como um perfeito cavalheiro e *eu lhe dando um beijo* de boa-noite muito caloroso. Senti-me tão segura! Ali estava um homem que não me pressionaria a fazer amor com ele, que só queria estar comigo porque gostava da minha companhia. E não interpretei isso como um sinal de que talvez ele realmente tivesse problemas sexuais e, portanto, estivesse tentando evitar a coisa toda. Acho que estava certa de que, se tivesse a chance, poderia acabar com quaisquer pequenas dificuldades que ele tivesse.

O seminário terminou no dia seguinte, e depois falamos sobre quando ele poderia me visitar. Ele sugeriu ir na semana antes de seus exames e ficar em meu apartamento, mas só queria estudar enquanto estivesse lá. Eu tinha alguns dias de férias, e achei que seria ótimo tirá-las nessa época, para passearmos juntos. Mas, não, os exames dele eram importantes demais. Logo eu estava renunciando a tudo que queria fazer, tentando tornar tudo perfeito para ele. Além disso, cada vez mais temia que ele não apareceria, embora ter alguém em meu apartamento estudando enquanto eu ia trabalhar todos os dias não parecesse muito divertido. Mas eu tinha essa necessidade de fazer as coisas darem certo, e já me sentia culpada se ele não era feliz. E havia aquele enorme desafio de mantê-lo interessado. No início ele tinha ficado tão atraído por mim que, se agora se desinteressasse, eu me sentiria como se o tivesse esfriado. Por isso, faria o possível e o impossível para mantê-lo envolvido.

Bem, nós fomos embora com as coisas ainda indefinidas, mesmo depois de eu ter apresentado um plano após o outro, tentando resolver todos os problemas envolvidos em sua ida. Fiquei deprimida depois de nos despedirmos, e não sabia o porquê, só me sentia um pouco mal por não ter conseguido resolver tudo e deixá-lo feliz.

Ele me telefonou na tarde seguinte, o que fez com que eu me sentisse ótima. Redimida.

Na noite seguinte, ele me telefonou às 22:30 e começou a me perguntar o que deveria fazer em relação à sua namorada atual. Eu não sabia, e lhe disse isso. Meu desconforto realmente aumentou. Senti-me de algum modo inadequada, e pela primeira vez não segui meu velho padrão de interferir e tentar resolver o problema. Ele começou a gritar comigo pelo telefone e depois desligou na minha cara. Fiquei atordoada. Comecei a pensar: *Talvez a culpa tenha sido minha; não fui solícita o bastante.* E tive aquela terrível vontade de lhe telefonar de volta e me desculpar por tê-lo irritado tanto. Mas lembre-se de que eu já me envolvera com vários alcoólatras e, por isso, ia regularmente a reuniões do Al-Anon. De algum modo, aquele programa me impediu de lhe telefonar e assumir toda a culpa. Bem, alguns minutos depois ele telefonou e se desculpou por desligar. Então me fez as mesmas perguntas, que continuei sem saber responder. Ele gritou um pouco mais e desligou na minha cara de novo. Dessa vez percebi que andara bebendo, mas ainda tive vontade de lhe telefonar de volta e tentar consertar tudo. Se eu tivesse assumido a responsabilidade por ele naquela noite, poderíamos estar juntos agora, e estremeço só de pensar em como isso seria. Alguns dias depois recebi um bilhete muito cortês dele dizendo que não estava pronto para outro relacionamento, sem mencionar o fato de ter gritado ou desligado na minha cara. Foi o fim do relacionamento.

Um ano antes, teria sido apenas o começo. Ele era o tipo de homem que sempre achei irresistível: bonito, charmoso, um pouco carente e que não realizava todo o seu potencial. No Al-Anon, quando uma mulher menciona que se sentiu atraída não pelo que um homem era, mas por seu potencial, damos uma grande risada, porque todas nós já passamos por isso – nos sentíamos atraídas por um homem porque estávamos certas de que ele precisava de nossa ajuda e de nosso incentivo para maximizar seus dons. Eu sabia tudo sobre tentar ajudar, agradar, fazer todo o trabalho e assumir toda a responsabilidade por um relacionamento. Fiz isso na infância com minha mãe e depois com cada um dos meus maridos. Minha mãe e eu nunca nos demos bem. Muitos homens entravam e saíam da sua vida e quando havia algum novo ela não queria ter o trabalho de cuidar de mim e me colocava em um colégio interno. Mas sempre que um deles a deixava, ela me queria por perto para ouvi-la chorar e reclamar. Quando estávamos juntas, minha função era confortá-la e acalmá-la, mas nunca consegui fazer isso bem o suficiente para acabar com sua dor, e minha mãe ficava zangada comigo, dizendo que eu não me importava realmente com ela. Então surgia outro homem e ela se esquecia totalmente de mim outra vez. É claro que cresci tentando ajudar as pessoas. Só assim me senti importante e valiosa na infância, e passei a ter necessidade de me tornar cada vez melhor nisso. Então foi uma grande vitória para mim finalmente superar a necessidade de perseguir um homem que não tinha nada a me oferecer além da oportunidade de ajudá-lo.

A atração de Suzannah pelo homem em San Francisco

A profissão de assistente social foi quase tão inevitável para Suzannah quanto sua atração por homens que pareciam precisar de seu conforto e encorajamento. A primeira dica que ela obteve sobre esse homem foi que ele tinha um problema financeiro. Quando seguiu seu palpite sobre isso e pagou o próprio suco, ambos trocaram informações vitais: ele a fez saber que era um pouco carente e ela reagiu pagando sua parte e salvaguardando os sentimentos dele. Esse tema, o de ele não ter e ela ter o suficiente para ambos, se repetiu em seu primeiro encontro quando Suzannah pagou o jantar. Problemas com dinheiro, sexo e intimidade – as pistas que deviam ter sido avisos para Suzannah, dada sua história de envolvimento com homens carentes e dependentes – foram em vez disso sinais que a atraíram, porque estimulavam seu comportamento de proteger e cuidar. Foi muito difícil ignorar o que era para ela uma grande "isca" – um homem não muito bom, mas que parecia poder se tornar especial com sua ajuda e atenção. No início Suzannah não foi capaz de se perguntar, "O que ganharei com isso?", mas como estava no processo de recuperação finalmente conseguiu avaliar realisticamente o que acontecia. Pela primeira vez, prestou atenção ao que *ela* estava obtendo do relacionamento, em vez de se concentrar totalmente em como podia ajudar esse homem carente.

✦ ✧ ✦

É óbvio que cada uma das mulheres sobre as quais falamos encontrou alguém que lhe apresentou o mesmo tipo de desafio que ela já conhecia e, portanto, uma pessoa com quem podia se sentir confortável e ser ela mesma. Mas é importante entender que nenhuma dessas mulheres *reconheceu* o que a atraía, caso contrário teria tomado uma decisão mais consciente sobre entrar naquela situação desafiadora ou não. Muitas vezes acreditamos que somos atraídas por qualidades que parecem ser *o oposto* das que nossos pais possuíam. Arleen, por exemplo, vendo-se atraída por um homem bissexual muito mais novo do que ela, franzino e que representava tudo menos uma ameaça física, achou conscientemente que seria feliz com alguém que não tendia a repetir o padrão de violência de seu pai. Mas o esforço menos consciente para transformá-lo no que ele não era, controlando uma situação que, desde o início, obviamente não satisfaria suas necessidades de amor e segurança, foi o elemento que a levou a entrar no relacionamento, fazendo ser tão difícil desistir dele e do desafio que representava.

Ainda mais confuso, mas igualmente comum, foi o que aconteceu entre Chloe, a estudante de artes, e seu misógino violento. Todas as pistas de quem ele era e como se sentia estavam presentes na primeira conversa entre os dois, mas a necessidade de Chloe de aceitar o desafio que ele representava era tão grande que, em vez de vê-lo como perigosamente raivoso e agressivo, ela o viu como uma vítima desamparada que precisava de compreensão. Eu arriscaria dizer que nem todas as mulheres que conhecessem esse homem o veriam assim. A maioria evitaria ele e suas atitudes, mas Chloe distorceu o que viu, tamanho foi seu impulso de se envolver com esse homem e tudo que ele representava.

Quando esses relacionamentos começam, por que é tão difícil rompê-los, desistir da pessoa que arrasta você para todos os passos dessa dança destrutiva? Um princípio básico é que, quanto mais difícil é terminar um relacionamento ruim, mais elementos do conflito da infância ele contém. Quando você ama demais, é porque está tentando superar os velhos medos, a raiva, a frustração e a dor da infância, e desistir é abrir mão de uma ótima oportunidade de encontrar alívio e corrigir os erros que cometeu.

Embora essas sejam as bases psicológicas inconscientes que tornam explicável seu impulso de ficar no relacionamento apesar do sofrimento, não justificam a intensidade de sua experiência consciente.

Seria difícil exagerar a carga emocional que esse tipo de relacionamento representa para a mulher envolvida. Quando ela tenta se desligar de quem tanto ama, é como se milhares de volts de uma dolorosa energia passassem pelos seus nervos e os destroçassem. O antigo vazio surge ao seu redor, puxando-a para baixo, para o lugar onde seu pavor infantil de ficar só ainda vive, e ela tem certeza de que se afogará na dor.

Esse tipo de carga – as faíscas, a química, o impulso de estar com a outra pessoa e fazer isso funcionar – não está presente no mesmo grau em relacionamentos mais saudáveis e satisfatórios, porque eles não incluem todas as possibilidades de ajustar as contas com o passado e superar o que um dia foi opressivo. Essa possibilidade emocionante de corrigir velhos erros, conquistar o amor perdido e ganhar a aprovação negada é, para as mulheres que amam demais, a química inconsciente por trás de se apaixonar.

Também é o motivo pelo qual, quando surgem pessoas em nossa vida interessadas em nosso bem-estar, nossa felicidade e nossa satisfação, geralmente não nos interessamos por elas. E sem dúvida esses tipos surgem. Todas as minhas clientes que amavam demais se lembravam de pelo menos uma – e frequentemente várias pessoas – que descreveram saudosamente como "realmente boa... tão gentil... realmente se preocupava comigo...". Depois, em geral, vinha o sorriso irônico e a pergunta: "Por que não fiquei com *ela*?" Muitas vezes, no instante seguinte, elas mesmas a respondiam: "Por algum motivo nunca consegui me entusiasmar por ela. Acho que foi porque ela era boa demais."

Uma resposta melhor seria que as ações dessa pessoa e nossas reações, seus movimentos e nossos contramovimentos não formavam um dueto perfeito. Embora estar em sua companhia pudesse ser agradável, tranquilizador, interessante e enaltecedor, é difícil para nós considerar esse tipo de relacionamento tão importante e valioso quando se torna mais sério. Em vez disso, em geral essa pessoa é rapidamente descartada ou ignorada ou, na melhor das hipóteses, relegada à categoria de "apenas uma amiga", porque não conseguiu provocar em nós a sensação de coração disparado e o nó no estômago que passamos a chamar de amor.

Às vezes essa pessoa permanece na categoria de "amiga" durante muitos anos, se encontrando conosco de vez em quando para tomar uma bebida e enxugar nossas lágrimas enquanto contamos a última traição, separação ou humilhação em nosso relacionamento atual. Esse tipo de pessoa solidária e compreensiva simplesmente não pode nos oferecer o drama, a tensão e a dor que achamos tão estimulantes e certos. Isso porque, para nós, o que deveria ser ruim passou a ser bom, e o que deveria ser bom passou a ser estranho, suspeito e desconfortável. Aprendemos, por longa e íntima associação, a preferir a dor. Alguém mais saudável e amoroso não terá um papel importante em nossa vida enquanto não aprendermos a superar a necessidade de continuar revivendo o velho conflito.

Uma mulher com um passado mais saudável tem reações e, consequentemente, relacionamentos muito diferentes, pois o conflito e o sofrimento não são tão familiares em relação a uma grande parte de sua história. Portanto, quando aparecem, não lhe propiciam uma sensação de conforto. Se estar com alguém a fizer se sentir desconfortável, magoada, preocupada, desapontada, zangada, ciumenta ou de outro modo emocionalmente perturbada, ela achará isso desagradável e repulsivo – algo a evitar, em vez de procurar. Por outro lado, *procurará* um relacionamento que lhe proporcione afeto, conforto e companheirismo, porque acha isso bom. Seria seguro dizer que a atração entre duas pessoas que têm a capacidade de criar um relacionamento gratificante baseado na troca de reações saudáveis, e ao mesmo tempo talvez fortes e excitantes, nunca é tão *irresistível* quanto a atração entre uma mulher que ama demais e alguém com quem ela pode "dançar".

6

Homens que escolhem mulheres que amam demais

She's the rock that I lean on,
She's the sunshine of my day,
And I don't care what you say about her
*Lord, she took me in and made me everything I am today**
– "She's My Rock"

Como isso funciona para o homem envolvido? Como ele experimenta a química que ocorre nos primeiros momentos do encontro com uma mulher que ama demais? E o que acontece com seus sentimentos à medida que o relacionamento continua, especialmente se ele começa a mudar e se tornar mais saudável ou doentio?

Alguns dos homens cujas entrevistas se seguem obtiveram um grau incomum de autoconhecimento, assim como um insight considerável dos padrões de seus relacionamentos com as mulheres que foram suas parceiras. Muitos dos que estão se recuperando de vícios contam com o benefício de anos de envolvimento terapêutico com os Alcoólatras Anônimos ou Narcóticos Anônimos e, portanto, são capazes de identificar a atração que as mulheres alcoólatras sentiam por eles enquanto se afundavam no vício ou já estavam presos na sua rede. Outros, embora sem problemas com vício, fizeram terapias mais tradicionais que os ajudaram a entender melhor seus relacionamentos.

---

* Ela é a rocha em que me apoio,/A luz do meu dia,/E não me importa o que digam a seu respeito/Deus, ela me aceitou e me tornou tudo que sou hoje. (N. do P. O.)

Embora os detalhes mudem de uma história para outra, sempre está presente a atração da mulher forte que, de algum modo, promete compensar o que falta a cada homem ou à vida dele.

Tom: 48 anos; sóbrio há vinte; o pai e o irmão mais velho morreram devido ao alcoolismo

Lembro-me da noite em que conheci Elaine. Foi em um baile no clube campestre. Nós dois estávamos no início da casa dos vinte, e namorando. Eu já tinha problemas com bebida. Aos vinte anos, fui preso por dirigir bêbado e, dois anos depois, sofri um grave acidente de carro porque bebera demais. Mas, é claro, eu não achava que o álcool estava me fazendo nenhum mal. Era só um jovem em ascensão que sabia se divertir.

Elaine estava com uma conhecida minha, que nos apresentou. Ela era muito atraente e fiquei feliz quando começamos a dançar. Naturalmente, eu bebera naquela noite, por isso me sentia um tanto ousado; como queria impressioná-la, experimentei alguns passos bem sofisticados. Tentei tanto demonstrar desenvoltura que literalmente colidi com outro casal e atingi o estômago da mulher. Realmente fiquei sem graça e não consegui dizer muita coisa, exceto murmurar desculpas. Mas Elaine não se abalou. Pegou a mulher pelo braço, se desculpou com ela e seu parceiro e os conduziu às suas cadeiras. Foi tão doce que o marido provavelmente ficou feliz por aquilo ter acontecido. Então ela voltou, muito preocupada comigo também. Outra mulher poderia ter ficado zangada e nunca mais me dirigido a palavra. Bem, depois disso eu não ia deixá-la escapar.

Sempre me dei muito bem com o pai dela, até ele morrer. Ele, é claro, também era alcoólatra. E minha mãe adorava Elaine. Dizia-lhe que eu precisava de alguém como ela para cuidar de mim.

Durante muito tempo Elaine me protegeu como fizera naquela primeira noite. Quando finalmente obteve ajuda para si mesma e parou de tornar fácil para mim continuar a beber, eu lhe disse que ela não me amava mais e fugi com minha secretária de 22 anos. Decaí rapidamente. Seis meses depois fui à minha primeira reunião do AA, e desde então estou sóbrio.

Elaine e eu reatamos após eu estar sóbrio há um ano. Aquilo foi realmente difícil, mas ainda havia muito amor entre nós. Não somos mais as mesmas pessoas que se casaram vinte anos atrás, mas gostamos mais de nós mesmos e um do outro do que gostávamos naquele tempo, e tentamos ser mutuamente honestos todos os dias.

A atração de Tom por Elaine

O que aconteceu entre Tom e Elaine é o que tipicamente acontece entre um alcoólatra e uma coalcoólatra no primeiro encontro. Ele arruma confusão e ela, em vez de ficar aborrecida, descobre como ajudá-lo, encobri-lo e fazer com que ele e todos se sintam confortáveis. Proporciona uma sensação de segurança que para ele é muito atraente, porque sua vida está começando a se tornar inadministrável.

Quando Elaine foi para o Al-Anon e aprendeu a parar de ajudar Tom a continuar doente protegendo-o, ele fez o que muitos viciados fazem quando suas parceiras começam a se recuperar. Retaliou o mais dramaticamente que pôde e, como para cada homem alcoólatra há muitas mulheres coalcoólatras procurando alguém para salvar, logo encontrou uma substituta para Elaine, outra mulher disposta a continuar com o tipo de resgate e tolerância que Elaine se recusava a oferecer. A doença de Tom piorou tanto que ele passou a ter apenas duas escolhas: começar a se recuperar ou morrer. Somente quando suas alternativas se tornaram extremamente desanimadoras ele decidiu mudar.

Hoje seu relacionamento está intacto, graças ao envolvimento dessas duas pessoas com os programas Anônimos – Tom com o

AA e Elaine com o Al-Anon. Lá eles estão aprendendo, pela primeira vez na vida, a se relacionar um com o outro de um modo saudável e não manipulador.

Charles: 65 anos; engenheiro civil aposentado com dois filhos; divorciado, casado de novo e agora viúvo

Helen morreu há dois anos, e finalmente estou começando a pôr tudo em ordem. Nunca pensei em procurar um terapeuta, não na minha idade. Mas depois de sua morte fiquei assustado com a raiva que senti. Não podia parar de pensar que queria feri-la. Sonhava que estava lhe batendo e acordava gritando com ela. Achei que estava ficando louco. Finalmente tive coragem para contar ao meu médico. Ele era tão velho e conservador quanto eu, por isso, quando me disse que era melhor eu obter aconselhamento, engoli meu orgulho e fiz isso. Entrei em contato com o hospital psiquiátrico da cidade e eles me puseram em contato com um terapeuta especializado em ajudar pessoas a superar o luto. Bem, nós trabalhamos o meu luto, que continuou a se manifestar como raiva. Então finalmente comecei a aceitar que estava furioso e, com a ajuda do terapeuta, a descobrir por quê.

Helen foi minha segunda esposa. A primeira, Janet, ainda mora na minha cidade com o novo marido. Acho engraçado eu usar a palavra "novo". Tudo isso aconteceu 25 anos atrás. Conheci Helen quando eu era engenheiro civil do condado. Ela era secretária do departamento de planejamento, e às vezes eu a via no trabalho e, uma ou duas vezes por semana, na hora do almoço em uma pequena cafeteria no centro da cidade. Helen era muito bonita, sempre bem-vestida, um pouco tímida, mas também amigável. Soube que ela gostava de mim pelo modo como me olhava e sorria. Acho que fiquei um pouco lisonjeado por ela me notar. Sabia que era divorciada e tinha dois filhos, e sentia um pouco de pena dela por ter de criá-los sozinha. De qualquer maneira, um dia me ofereci para lhe pagar um café e tivemos uma conversa rápida e agradável. Eu lhe contei que era casado, mas acho que falei um pouco demais sobre algumas das frustrações da minha vida conjugal. Ainda não sei como, naquele dia, ela conseguiu transmitir a mensagem de que eu era um homem maravilhoso demais para ser infeliz, mas saí da cafeteria me sentindo engrandecido e desejando voltar a vê-la, sentir-me de novo como ela me fizera sentir: *apreciado*. Talvez fosse porque Helen não tinha um homem em sua vida e sentia falta disso, mas me senti realmente grande, forte e especial depois de nossa rápida conversa.

Ainda assim, eu não tinha nenhuma intenção de me envolver. Nunca fizera nada assim antes. Saí do Exército depois da guerra e voltei para a esposa que deixara esperando por mim. Janet e eu não éramos o casal mais feliz do mundo, e tampouco o mais infeliz. Nunca achei que a trairia.

Helen havia se casado duas vezes e sofrido muito nos dois casamentos. Seus dois maridos a abandonaram e ela teve filhos com ambos. Agora os criava sozinha, sem nenhum apoio.

A pior coisa que poderíamos ter feito foi nos envolvermos um com o outro. Eu sentia muita pena dela, mas sabia que não tinha nada a lhe oferecer. Naquele tempo, você não conseguia se divorciar apenas porque queria, e eu não ganhava o suficiente para perder tudo o que tinha e ter outra família para sustentar além da minha. E também não queria realmente me divorciar. Não era louco por minha esposa, mas adorava meus filhos e gostava do que tínhamos juntos. Tudo isso começou a mudar quando Helen e eu continuamos a nos ver. Nenhum de nós conseguia renunciar ao relacionamento. Helen estava solitária e dizia que preferia ter um pouco de mim a nada, e eu sabia que isso era verdade. Meu envolvimento com ela me deixou sem uma saída que não ferisse terrivelmente alguém. Logo me senti o maior dos canalhas. Essas duas mulheres contavam comigo e eu desapontava a ambas. Helen era louca por mim. Faria qualquer coisa para me ver. Quando tentava romper com ela, eu a via no trabalho e seu rosto doce e triste simplesmente partia meu coração. Bem, cerca de um ano depois Janet descobriu sobre nós e me disse para deixar Helen ou ir embora. Tentei deixar, mas não consegui. Além disso, tudo entre Janet e eu estava muito diferente. Parecia haver cada vez menos razão para eu desistir de Helen.

Essa é uma longa história. Meu caso com Helen durou nove anos. No início minha esposa se esforçou muito para manter o casamento e depois me puniu por abandoná-la. Helen e eu moramos juntos e nos separamos várias vezes durante aqueles anos até Janet finalmente se cansar e concordar com o divórcio.

Ainda odeio pensar no que isso causou a todos nós. Naquele tempo, as pessoas simplesmente não moravam juntas. Acho que de fato perdi todo o meu orgulho naqueles anos. Sentia vergonha de mim mesmo, por meus filhos, Helen e os filhos dela, e até mesmo Janet, que nunca fizera nada para merecer tudo aquilo.

Quando Janet finalmente desistiu de lutar e o divórcio saiu, Helen e eu nos casamos. Mas algo mudou entre nós assim que o divórcio se concretizou. Durante todos aqueles anos, Helen fora amável, amorosa e sedutora – muito sedutora. É claro que eu adorava isso. Foi todo esse amor que me fez ficar com ela apesar do sofrimento para meus filhos e minha esposa, além dela e de seus próprios filhos – todos nós. Helen fazia com que eu me sentisse o homem mais desejável do mundo. É claro que tivemos brigas antes de nosso casamento, porque a tensão era terrível, mas os conflitos sempre terminavam com a gente fazendo amor e eu me sentindo mais desejado, necessário e importante do que nunca em minha vida. De algum modo, o que Helen e eu tínhamos parecia tão especial e certo que o preço que pagávamos por isso quase parecia justo.

Mas quando finalmente pudemos ficar juntos e começar a erguer nossas cabeças, Helen esfriou. Ela ainda ia trabalhar muito bem-vestida, mas em casa descuidava da aparência. Eu não me importava com isso, mas notava. E o sexo começou a se tornar menos ardente. Ela não estava mais interessada. Tentei não pressioná-la, mas isso era frustrante para mim. Finalmente estava me sentindo menos culpado e mais preparado para realmente apreciar estar com Helen em casa e no mundo, e ela se distanciava.

Dois anos depois tínhamos quartos separados. E ela continuou assim, fria e distante, até morrer. Nunca realmente pensei em ir embora. Como poderia? Havia pagado um preço alto demais para ficar com ela.

Ao olhar para trás, percebo que Helen provavelmente sofreu mais do que eu naqueles anos em que tivemos um caso amoroso. Nunca realmente soube se eu deixaria Janet ou ela. Helen chorava muito e às vezes ameaçava se suicidar. Detestava ser "a outra". Os anos antes do nosso casamento foram terríveis, porém mais amorosos, afetuosos, excitantes e especiais do que tudo que veio em seguida.

Depois de nos casarmos senti-me um fracasso, como se de algum modo não pudesse fazê-la feliz, agora que a maioria de nossos problemas ficara para trás.

Aprendi muito sobre mim mesmo na terapia, mas acho que também me tornei disposto a examinar algumas coisas sobre Helen que não quisera enxergar. Ela funcionava melhor sob toda a tensão, pressão e discrição do nosso caso do que quando as coisas eram mais normais. Foi por isso que o amor entre nós morreu assim que o caso terminou e o casamento começou.

Quando fui capaz de examinar tudo isso honestamente, comecei a superar a enorme raiva que sentia dela desde sua morte. Eu estava furioso porque ficar com Helen me custara muito: meu casamento, de muitas formas o amor de meus filhos, e o respeito de meus amigos. Acho que me senti enganado.

A atração de Charles por Helen

Bonita e sedutora quando se conheceram, rapidamente Helen ofereceu a Charles êxtase sexual, devoção cega e amor que beirava a devoção. Sua forte atração por ela, apesar de um casamento estável e razoavelmente satisfatório, quase dispensa explicações ou justificativas. Desde o início e durante todos os longos anos de seu caso amoroso, o objetivo da vida de Helen foi simplesmente aumentar o amor de Charles por ela e tornar suportável e até mesmo válida sua longa luta para se livrar de seu casamento.

O que realmente merece explicação é o súbito e óbvio desinteresse de Helen pelo homem por quem esperou e sofreu durante tanto tempo, quando ele finalmente ficou livre para partilhar uma vida com ela. Por que o amou tanto enquanto ele era casado e se cansou rapidamente dele quando deixou de ser?

Helen só queria o que não podia ter. Para suportar uma interação pessoal e sexual constante com um homem, ela precisava da garantia de distância e da impossibilidade que o casamento de Charles fornecia. Somente nessas condições era capaz de se entregar a ele. Não se sentia confortável com uma verdadeira parceria que pudesse, livre das pressões arrasadoras do casamento de Charles, se desenvolver e aprofundar em outra base que não na sua luta mútua contra o mundo. Helen precisava da excitação, tensão e dor emocional de amar um homem indisponível para se relacionar. Perdeu quase toda a capacidade de intimidade, ou mesmo de ternura, quando não estava mais envolvida na luta para conquistar Charles. Depois que a venceu, praticamente o descartou.

Porém, durante todos aqueles longos anos de espera por ele, Helen apresentou todos os sinais de ser uma mulher que amava demais. De fato sofreu, se consumiu, chorou e lamentou não poder realmente ter o homem que amava. Viu-o como o centro de seu ser, a força mais importante em seu mundo – até tê-lo. Então a realidade de ser sua parceira, sem a amargura do romance ilícito, não produziu nela as emoções e a paixão que sentira durante nove anos com esse mesmo homem. Frequentemente é observado que, quando duas pessoas envolvidas há anos realmente assumem o compromisso de se casar, algo desaparece do relacionamento; a excitação é perdida e eles deixam de se amar. Isso não ocorre necessariamente porque pararam de tentar agradar um ao outro. Pode ocorrer porque um deles ou ambos ultrapassaram sua capacidade de intimidade ao assumirem esse compromisso. Um relacionamento indefinido oferece a promessa de proteção contra uma intimidade maior. Com o compromisso, frequentemente há um afastamento emocional em uma tentativa de autoproteção.

Foi exatamente isso que aconteceu entre Helen e Charles. Ele ignorou os sinais da falta de profundidade emocional de Helen porque se sentia lisonjeado com a atenção dela. Longe de ser uma vítima passiva das manobras e manipulações de Helen, ele se recusou a reconhecer a parte da personalidade dela que não se encaixava com a visão que tinha de si mesmo – uma visão que ela promoveu e na qual ele quis acreditar –, de que era adorável e irresistível sexualmente. Charles viveu em um mundo de fantasia cuidadosamente criado com Helen durante muitos anos, sem querer acabar com a ilusão que seu ego passara a apreciar. Grande parte da raiva de Charles após a morte de Helen foi de si mesmo, ao admitir tardiamente sua própria negação e o papel que representara na criação e perpetuação da fantasia de um amor total e absoluto, que acabou por resultar no mais árido dos casamentos.

**Russell: 32 anos; assistente social licenciado
(tendo recebido uma anistia do governo)
que cria programas comunitários
para jovens infratores**

Os jovens com quem trabalho sempre ficam impressionados com a tatuagem do meu nome em meu antebraço esquerdo. Isso diz muito sobre o modo como eu vivia. Tatuei-me quando tinha 17 anos porque estava certo de que algum dia cairia no chão morto e ninguém saberia quem eu era. Eu me considerava um cara muito mau.

Morei com minha mãe até os sete anos. Então ela casou de novo, e seu novo marido e eu não nos dávamos bem. Eu fugia muito e, naquele tempo, você era preso por isso. Primeiro fui para o reformatório, depois para lares adotivos temporários e novamente mais algumas vezes para o reformatório. Logo estava no Boys' Camp* e depois no Youth Authority (YA).** Enquanto crescia, fiquei entrando e saindo de cadeias locais, até finalmente ser preso em uma prisão maior. Aos 25 anos, já estivera em todos os tipos de instituições prisionais que o estado da Califórnia tinha a oferecer, de colônia penal à prisão de segurança máxima.

Não é preciso dizer que, naqueles anos, passei mais tempo preso do que solto. Mas ainda assim consegui conhecer Monica. Uma noite, em San Jose, eu e um colega do YA estávamos passeando em um carro "emprestado". Entramos em um drive-in que vendia hambúrgueres e estacionamos perto de duas garotas. Começamos a conversar e brincar com elas e logo estávamos sentados em seu banco de trás.

Bem, meu colega era realmente sedutor. Tinha mais lábia do que eu, por isso sempre que havia garotas por perto eu deixava toda a conversa a seu encargo. Ele sempre conseguia atrair o interesse das garotas, mas também sempre escolhia primeiro porque era muito esperto e fazia todo o trabalho, e eu ficava com a que sobrava. Naquela noite não tive do que me queixar, porque ele se entendeu com a lourinha sexy que dirigia e acabei ficando com Monica. Ela tinha 15 anos e era linda, toda gentil, atenciosa e *interessada*. Desde o início Monica teve um jeito muito doce, muito *cuidadoso*.

---

* Colônia penal para jovens infratores. (N. da T.)
** Sistema de justiça juvenil. (N. da T.)

Quando você cumpre pena, aprende que algumas mulheres o consideram um verme e acham que não têm nada a ver com você. Mas outras ficam excitadas com essa coisa toda. Fascinadas. Acham que você é grande e mau e agem de um modo realmente sedutor, tentando domá-lo. Ou acham que foi magoado, sentem pena de você e querem ajudá-lo. Monica definitivamente se encaixava na categoria das que querem ajudar. Além disso, era uma boa garota. Não transamos imediatamente. Enquanto meu colega transava com sua amiga, Monica e eu demos um passeio ao luar e conversamos. Ela queria saber tudo sobre mim. Amenizei um pouco minha história para não assustá-la, e lhe contei muitas coisas tristes, como o quanto meu padrasto me odiava; falei de alguns dos horríveis lares adotivos temporários em que os pais me davam roupas usadas e gastavam o dinheiro destinado a mim com seus próprios filhos. Enquanto eu falava, ela ficou apertando minha mão com força ao mesmo tempo em que a acariciava, e chegou a ter lágrimas em seus grandes olhos castanhos. Naquela noite, quando nos despedimos, eu estava apaixonado. Meu colega desejou me contar todos os detalhes picantes de seu ótimo desempenho com a loura e eu nem mesmo quis ouvir. Monica havia me dado seu endereço e número de telefone e eu pretendia ligar para ela no dia seguinte. Porém, quando estávamos saindo da cidade, fomos parados pela polícia porque o carro era roubado. Tive certeza de que aquilo era o final de tudo, porque dissera para Monica que estava me esforçando muito para melhorar meu comportamento e tomar jeito na vida.

Quando voltei ao YA, decidi me arriscar a escrever para ela. Disse-lhe que estava cumprindo pena de novo, mas por algo que não fizera – que me prenderam porque eu tinha passagem pela polícia e não gostaram de mim. Monica me respondeu imediatamente e escreveu quase todos os dias durante os dois anos seguintes. Tudo que escrevíamos era sobre o quanto estávamos apaixonados, a falta que sentíamos um do outro e o que faríamos juntos quando eu fosse solto.

Quando fui solto, a mãe de Monica não a deixou se encontrar comigo em Stockton, por isso peguei um ônibus de volta para San Jose. Estava ansioso por vê-la de novo, mas também com muito medo disso. Acho que tinha medo de, no final das contas, ela não me querer. Então, em vez de ir vê-la imediatamente, procurei alguns velhos amigos e uma coisa levou à outra. Começamos a fazer baderna e, quando eles finalmente me levaram de carro para a casa de Monica, quatro dias haviam se passado. Eu estava muito bêbado. Precisei encher a cara para ter coragem de vê-la, porque tinha muito medo de ela me mandar embora.

Graças a Deus sua mãe estava no trabalho quando os rapazes me largaram na calçada. Monica saiu sorrindo, muito feliz em me ver apesar de eu não ter dado notícias desde que chegara à cidade. Lembro-me de que naquele dia, assim que melhorei um pouco, demos outra de nossas grandes caminhadas. Eu não tinha dinheiro para levá-la a lugar algum, e tampouco carro, mas ela não pareceu se incomodar com isso, nem naquele dia e nem nunca.

Por um longo tempo nada que eu fazia era errado aos olhos de Monica. Ela arranjava desculpas para tudo que eu fazia e deixava de fazer. Durante anos entrei e saí da prisão, e ainda assim ela se casou comigo e se manteve fiel a mim. Seu próprio pai havia abandonado a família quando ela era pequena. Sua mãe ficou muito amargurada com isso, e também não gostava de mim. De fato, foi por esse motivo que Monica e eu nos casamos. Certa vez, depois que fui preso por passar cheques sem fundos e falsificação, sua mãe não deixou que ela me visse quando fui solto sob fiança, por isso fugimos juntos e nos casamos. Monica estava com 18 anos. Vivemos por um tempo em um hotel, até meu julgamento. Ela trabalhava como garçonete, mas deixou o emprego para poder ir ao tribunal todos os dias durante o julgamento. Então, é claro, fui preso, e Monica voltou para a casa de sua mãe. Elas brigavam tanto que Monica se mudou para a cidade mais próxima da prisão e voltou a trabalhar como garçonete. Era uma cidade de universitários e eu sempre esperei que Monica voltasse a estudar; ela realmente gostava disso e era muito inteligente. Mas dizia que não queria fazê-lo, só queria esperar por mim. Eu lhe escrevia e ela me visitava quando eles lhe permitiam. Monica conversava muito com o capelão da cadeia e lhe pedia que falasse comigo e me ajudasse, até eu finalmente lhe pedir para não fazer mais isso. Eu odiava falar com aquele sujeito. Simplesmente não conseguia me relacionar com ele.

Embora Monica me visitasse, também continuava a me escrever, e me enviava muitos livros e artigos sobre autoaperfeiçoamento. Dizia-me constantemente que rezava para que eu mudasse. Eu queria ficar fora da prisão, mas cumpria pena há tanto tempo que isso era tudo que sabia fazer.

Bem, finalmente algo surtiu efeito em mim e me envolvi em um programa para me ajudar a viver no mundo lá fora. Na prisão, estudei e aprendi um ofício. Terminei a escola secundária e iniciei minha educação universitária. Quando saí, de algum modo consegui ficar longe de encrencas e continuei a estudar até obter um mestrado em assistência social. Mas, ao longo do caminho, perdi minha esposa. No início, quando realmente lutávamos para ter sucesso, nos dávamos bem, no entanto, quando as coisas se tornaram mais fáceis e começamos a conseguir o que sempre quisemos, Monica se tornou mais irritada e arisca do que eu jamais a vira em todos aqueles anos de problemas. Ela me deixou justamente quando deveríamos ser mais felizes. Nem mesmo sei onde está agora. Sua mãe não me diz e finalmente decidi parar de procurá-la, já que ela não quer ficar comigo. Às vezes penso que era muito mais fácil para Monica amar a ideia de me ter do que me amar em pessoa. Éramos muito apaixonados quando raramente estávamos juntos, quando tudo que tínhamos eram cartas, visitas e o sonho do que algum dia teríamos. Quando começamos a realizar nossos desejos, nos separamos. Quanto mais passamos a fazer parte da classe média, menos ela gostou disso. Acho que não conseguia mais ter pena de mim.

A atração de Russell por Monica

Nada no passado de Russell o preparou para estar presente, emocional ou até mesmo fisicamente, em um relacionamento amoroso compromissado com outra pessoa. Durante a maior parte de sua vida ele buscara uma sensação de força e segurança fugindo ou se envolvendo em aventuras perigosas. Por meio dessas atividades perturbadoras e geradoras de tensão, tentava evitar seu próprio desespero. Usava o envolvimento com o perigo para evitar o sentimento de dor e desamparo por ter sido abandonado emocionalmente pela mãe.

Quando conheceu Monica, ficou encantado com sua aparência suave e sua ternura por ele. Em vez de rejeitá-lo por ser "mau", ela reagiu aos seus problemas com interesse sincero e compaixão profunda. Informou-lhe imediatamente que estava disposta a ficar ao lado dele, e não demorou muito para que Russell testasse a capacidade de Monica para permanecer disponível. Quando Russell desaparecia, Monica reagia esperando pacientemente. Parecia ter amor, estabilidade e resignação suficientes para lidar com tudo que ele pudesse fazer. Embora Monica desse a impressão de que tinha muita tolerância em relação a Russell e ao comportamento dele, na verdade ocorria o oposto. O que nenhum desses jovens percebia conscientemente era que ela só poderia ficar do lado dele enquanto ele não ficasse do lado dela. Separado dela, Russell encontrou em Monica a parceira perfeita, a mulher ideal para um prisioneiro. Estava disposta a passar sua vida esperando por ele, esperando que mudasse, para poderem ficar juntos. Mulheres de prisioneiros, como Monica, talvez representem o exemplo máximo de mulheres que amam demais. Como são incapazes de qualquer grau de intimidade com o outro, escolhem, em vez disso, viver com uma fantasia, sonhando com o quanto amarão e serão amadas algum dia, quando ele mudar e se tornar disponível para elas. Mas só conseguem ter intimidade na fantasia.

Quando Russell conseguiu o que era quase impossível e começou a tomar jeito e ficar fora da prisão, Monica se afastou. Tê-lo presente em sua vida exigia um nível de intimidade ameaçador e tornava as coisas muito mais desconfortáveis do que em sua ausência. Além disso, a realidade do dia a dia com Russell nunca poderia competir com a visão idealizada de amor mútuo que ela tivera. Há um ditado entre os presos que afirma que todos têm seus Cadillacs estacionados na calçada à espera, o que significa que têm uma versão excessivamente idealizada do que será a vida para eles quando estiverem de volta às ruas. Na imaginação das mulheres de presos, como Monica, o que provavelmente está estacionado na calçada não é o Cadillac que simboliza dinheiro e poder, mas uma carruagem puxada por seis cavalos brancos que representa o amor magicamente romântico. O sonho dessas mulheres é o quanto amarão e serão amadas. Junto com seus maridos presos, geralmente acham mais fácil viver com o sonho do que tentar realizá-lo no mundo real.

É importante compreender que *parecia* que Russell era incapaz de amar com tanta profundidade, enquanto Monica, com toda a sua paciência e compaixão, se mostrava ótima nisso. De fato, ambos eram incapazes de amar intimamente. Foi por isso que se tornaram parceiros quando não podiam ficar juntos, e quando puderam seu relacionamento terminou. É interessante notar que neste momento Russell não tem uma nova parceira em sua vida. Ele ainda tem problemas com intimidade.

Tyler: 42 anos; executivo; divorciado, sem filhos

Quando eu e Nancy ainda estávamos juntos, eu costumava brincar dizendo às pessoas que, quando a vi pela primeira vez, meu coração bateu tão forte que não conseguia respirar. Isso é verdade: ela era uma enfermeira que trabalhava para a mesma empresa em que trabalho, e eu estava na sala dela em uma esteira mecânica, checando meu sistema respiratório – daí o coração disparado e a respiração ofegante. Tinha sido mandado para lá por meu superior porque engordara muito e andava tendo dores no peito. Na verdade, estava em péssima forma. Um ano e meio antes daquele dia minha esposa me trocara por outro homem, e embora eu soubesse que isso faz muitos homens correrem para bares à noite, simplesmente fiquei em casa vendo TV e comendo.

Sempre gostei de comer. Minha esposa e eu jogávamos muito tênis e acho que isso controlava meu acúmulo de calorias, mas quando ela foi embora jogar tênis passou a me deprimir. Naquele dia, na sala de Nancy, descobri que engordara 29 quilos em 18 meses. Nunca havia me dado ao trabalho de me pesar, embora já estivesse usando roupas vários tamanhos acima do meu. Simplesmente não me importava com isso.

No início Nancy foi totalmente profissional, dizendo-me o quanto era sério o ganho de peso e o que eu teria de fazer para emagrecer, mas eu estava me sentindo um velho e realmente não queria me esforçar para mudar.

Acho que sentia pena de mim mesmo. Até minha ex-esposa, quando me via, me repreendia dizendo: "Como você se permite ficar assim?" De certa forma, eu esperava que ela voltasse para me salvar, mas ela não voltou.

Nancy me perguntou se havia algum acontecimento ligado ao meu ganho de peso. Quando lhe falei sobre o divórcio, ela parou de ser tão profissional e acariciou minha mão solidariamente. Lembro-me de que fiquei um tanto emocionado com isso, e essa foi uma sensação especial, pois eu não sentia muita coisa por ninguém há muito tempo. Nancy me recomendou uma dieta, deu-me muitos folhetos e gráficos e me disse para voltar a cada duas semanas para ela ver como eu estava me saindo. Mal pude esperar para voltar lá. As duas semanas se passaram sem que eu tivesse feito a dieta ou emagrecido, mas sabia que ganhara sua solidariedade. Nancy e eu passamos toda a minha segunda consulta falando sobre como o divórcio me afetara. Ela me ouviu e depois disse para eu fazer tudo o que todos dizem que se deve fazer: cursos, entrar para uma academia de ginástica, viajar com um grupo, desenvolver novos interesses. Concordei com tudo, não fiz nada e esperei mais duas semanas para vê-la de novo. Foi durante esse check-up que a convidei para sair. Sabia que estava gordo e com uma péssima aparência, e realmente não sei como tive coragem de fazer isso, mas fiz, e ela aceitou. Quando fui buscá-la na noite de sábado ela estava com mais folhetos, e artigos de jornal sobre dieta, o coração, exercícios e tristeza. Há muito tempo eu não recebia tanta atenção de alguém.

Começamos a sair e logo estávamos nos levando a sério. Achei que Nancy faria toda a minha dor desaparecer. É claro que ela tentou. Até me mudei para seu apartamento. Nancy fazia questão de preparar refeições de baixo colesterol e ficava atenta a tudo que eu comia. Chegava a preparar almoços para eu levar para o trabalho. Embora eu não estivesse comendo nada perto do que comera durante todas aquelas noites sozinho diante da TV, não perdia peso. Só permanecia igual, nem mais gordo, nem mais magro. Eu lhe digo que Nancy se esforçava muito mais do que eu para que eu emagrecesse. Ambos agíamos como se fosse seu projeto, sua responsabilidade me melhorar.

Na verdade, acho que tenho um metabolismo que exige exercícios vigorosos para queimar calorias, e eu não os fazia. Nancy jogava golfe e eu jogava um pouco com ela, mas aquele simplesmente não era meu jogo.

Depois de cerca de oito meses juntos, fiz uma viagem de negócios para Evanston, minha cidade natal. Como não podia deixar de ser, dois dias depois encontrei alguns amigos da escola secundária. Não queria ver ninguém, com a aparência que estava, mas eles eram velhos amigos e tínhamos muito sobre o que conversar. Ficaram surpresos ao saber de meu divórcio. Minha esposa também era da cidade. Seja como for, convenceram-me a jogar uma partida de tênis. Ambos jogavam, e sabiam que esse era meu esporte favorito desde a escola secundária. Achei que não conseguiria aguentar jogar uma partida inteira e lhes disse isso, mas eles insistiram.

Foi ótimo jogar de novo, mesmo com os quilos a mais me tornando mais lento e me fazendo perder todas as partidas. Disse-lhes que voltaria no ano seguinte para vencer os dois.

Quando voltei para casa, Nancy me disse que havia ido a um ótimo seminário sobre nutrição e queria que eu experimentasse todas as coisas novas que aprendera. Eu lhe respondi que não, que faria as coisas ao meu próprio modo por algum tempo.

Nancy e eu nunca tínhamos brigado. É claro que ela se preocupava muito comigo e sempre me dizia para cuidar melhor de mim mesmo, mas depois que voltei a jogar tênis começamos a brigar. Eu jogava ao meio-dia, para isso não reduzir o tempo que passávamos juntos, mas nunca mais fomos os mesmos.

Nancy é uma mulher atraente, uns oito anos mais nova do que eu, e quando comecei a entrar em forma achei que nos daríamos melhor do que nunca porque ela se orgulharia de mim. Deus sabe que me senti melhor em relação a mim mesmo. Mas as coisas não funcionaram assim. Ela reclamava de que eu não era mais o mesmo e finalmente me pediu para ir embora. Nessa época eu só pesava três quilos a mais do que pesava antes do divórcio. Foi realmente difícil para mim deixá-la. Esperava que acabássemos nos casando. Mas ela estava certa, quando emagreci as coisas simplesmente não eram mais as mesmas entre nós.

A atração de Tyler por Nancy

Tyler era um homem muito dependente, e essa dependência se tornou exagerada pela crise do divórcio. Sua decadência quase proposital, calculada para despertar a pena e a solicitude de sua esposa, não funcionou com ela, mas atraiu uma mulher que amava demais e tornava seu objetivo de vida o bem-estar de outra pessoa. O desamparo e o sofrimento de Tyler e a ânsia de Nancy de ajudar foram a base de sua atração mútua.

Tyler ainda sofria com a rejeição da esposa, sua perda e o fim do casamento. Nesse estado de infelicidade comum a todos que lutam contra a dor da separação, foi atraído não tanto por Nancy como pessoa e mais por seu papel de enfermeira e terapeuta, e pelo fim do sofrimento que ela parecia oferecer.

Quase do mesmo modo como usara grandes quantidades de alimento para preencher seu vazio e suavizar sua perda, ele usou a solicitude de Nancy para obter uma sensação de segurança emocional e elevar sua autoestima abalada. Mas a necessidade de Tyler pela atenção total de Nancy era temporária, uma fase passageira em seu processo de cura. Quando o tempo operou sua magia, substituindo a obsessão por si mesmo e a autopiedade por uma autoafirmação mais saudável, a superproteção de Nancy, antes confortadora, tornou-se maçante. Ao contrário da dependência exagerada temporária de Tyler, a necessidade de Nancy de ser necessária não era uma fase passageira, mas uma característica básica de sua personalidade e praticamente seu único modo de se relacionar com outra pessoa. Ela era "enfermeira" no trabalho e em casa. Embora Tyler ainda fosse um parceiro muito dependente mesmo após a recuperação do choque do divórcio, sua necessidade de ser cuidado era bem menor do que a necessidade de Nancy de administrar e controlar a vida de outra pessoa. A saúde de Tyler, pela qual ela parecera trabalhar incansavelmente, na verdade foi a sentença de morte para o relacionamento.

Bart: 36 anos; ex-executivo; alcoólatra desde os 14 anos, sóbrio há dois

Quando conheci Rita, eu estava divorciado e levava uma vida de solteiro há cerca de um ano. Ela tinha pernas compridas, olhos escuros e uma aparência hippie; no início ficamos muito doidões juntos. Eu ainda tinha muito dinheiro e realmente nos divertimos bastante por algum tempo. Mas, sabe como é, Rita nunca foi realmente hippie. Era responsável demais para relaxar muito. Podia fumar um pequeno baseado comigo, mas de algum modo seu passado bostoniano tradicional nunca desaparecia totalmente. Até mesmo seu apartamento estava arrumado o tempo todo. Eu tinha uma sensação de estar seguro com Rita, como se ela não fosse me deixar cair muito fundo.

Na primeira noite em que saímos tivemos um ótimo jantar e depois fomos para seu apartamento. Fiquei realmente bêbado, e acho que perdi a consciência. De qualquer modo, acordei no sofá coberto com uma colcha bonita e macia e com a cabeça sobre um travesseiro perfumado, e então me senti em casa – em um porto seguro, sabe?! Rita sabia tudo sobre cuidar de alcoólatras. Seu pai, um banqueiro, morrera da doença do alcoolismo. Acabei me mudando para a casa de Rita algumas semanas depois, e agi como um velhaco bem-sucedido enquanto pude, até perder tudo.

Rita parou de se drogar depois de nossos primeiros seis meses juntos. Creio que achou melhor permanecer lúcida porque eu era muito alienado. No meio disso tudo, nos casamos. Então realmente fiquei assustado. Agora tinha outra responsabilidade e não fora muito responsável. Além disso, nessa época estava perdendo todo o meu dinheiro. Simplesmente não conseguia mais cuidar das minhas finanças na situação em que me encontrava, bebendo o dia inteiro. Rita não sabia que as coisas estavam tão ruins, porque eu lhe dizia que estava indo para uma reunião de negócios de manhã e em vez disso saía em minha Mercedes, estacionava ao lado da praia e bebia. Finalmente, quando os negócios realmente despencaram e eu devia para todo mundo na cidade, não sabia o que fazer.

Parti em uma longa viagem, pretendendo me matar em meu carro e fazer aquilo parecer um acidente. Mas Rita foi atrás de mim e me encontrou em um hotel barato. Todo o dinheiro havia acabado, mas ainda assim ela me levou até um hospital para tratamento de alcoolismo. É estranho, mas não fiquei grato. Fiquei com raiva, confuso, muito irritado – e sem nenhum interesse sexual por ela durante o primeiro ano de sobriedade. Ainda não sei se conseguiremos superar isso, mas está melhorando um pouco com o passar do tempo.

A atração de Bart por Rita

Quando, no primeiro encontro, Bart ficou bêbado e perdeu a consciência, Rita, garantindo que ele não sofreria, pareceu lhe prometer um descanso em sua corrida para a autodestruição. Por algum tempo deu-lhe a impressão de que conseguiria protegê-lo da ruína causada por seu próprio vício, salvá-lo sutil e docemente. Essa atitude aparentemente protetora na verdade serviu para prolongar o tempo que seu parceiro poderia manter seu vício sem sofrer consequências; mas ao protegê-lo e confortá-lo ela o ajudou a permanecer doente. Um viciado não procura uma pessoa que o ajude a ficar bem, mas que lhe permita permanecer doente e em segurança. Rita foi perfeita por um tempo, até Bart ficar tão doente que nem mesmo ela podia desfazer o que ele fazia consigo.

Quando Rita foi atrás dele e o levou para um hospital com um programa para alcoólatras, Bart começou a parar de beber e a se recuperar. Contudo, Rita havia ficado entre ele e seu vício. Deixara de representar seu costumeiro papel de confortá-lo e fazer tudo dar certo, e ele ficou ressentido com ela por essa suposta traição e também por parecer tão forte quando ele se sentia tão fraco e desamparado.

Independentemente do quanto estamos nos saindo mal, cada um de nós precisa sentir que tem o controle da própria vida. Quando alguém nos ajuda, muitas vezes nos ressentimos diante da aparente força e superioridade dessa pessoa. Além disso, é muito comum que um homem precise se sentir mais forte do que sua parceira para ter atração sexual por ela. Nesse caso, a ajuda que Rita deu a Bart, levando-o para um hospital, só deixou claro o quanto ele estava doente, e seu gesto muito protetor diminuiu, pelo menos por um tempo, a atração sexual dele por ela.

Além desse aspecto emocional, também pode haver um fator fisiológico importante operando aqui e que deve ser levado em conta. Quando uma pessoa usa álcool e outras drogas como Bart fez, e depois para, às vezes é preciso um ano ou mais para a química de seu corpo se ajustar e ele reagir sexualmente de um modo normal sem a presença da droga em seu organismo. Durante esse período de ajuste físico, o casal pode ter muita dificuldade em compreender e aceitar a falta de interesse e/ou incapacidade do(a) parceiro(a) de ter um bom desempenho sexual.

O oposto também pode ocorrer – um impulso sexual incomumente forte surge na pessoa recentemente limpa e sóbria, talvez devido a um desequilíbrio hormonal. Ou, novamente, o motivo pode ser mais psicológico. Como diz um jovem abstinente de álcool e drogas há algumas semanas: "Agora só fico doidão com sexo." Portanto, o sexo pode substituir o uso de uma droga para aliviar a ansiedade típica da sobriedade recente.

A recuperação do vício e do covício é um processo extremamente delicado e complexo para um casal. Bart e Rita podem sobreviver a essa transição, embora originalmente tenham se unido porque suas doenças de alcoolismo e coalcoolismo os atraíram. Mas para terem sucesso como um casal na ausência do vício ativo devem seguir caminhos separados por um tempo, cada qual concentrado em sua própria recuperação – olhar para dentro e aceitar o que tanto tentaram evitar, amando-se e dançando um com o outro.

Greg: 38 anos; limpo e sóbrio há 14
no Narcóticos Anônimos; agora casado, com
dois filhos e trabalhando como conselheiro
para jovens viciados em drogas

Nós nos conhecemos um dia no parque. Ela estava lendo um jornal *underground* e eu apenas passeando. Era um sábado de verão, por volta do meio-dia, realmente quente e tranquilo.

Eu estava com 22 anos e saíra da faculdade no primeiro ano, mas dava a entender que pretendia voltar. Isso fazia com que meus pais continuassem a me mandar dinheiro. Eles não desistiam do sonho de eu terminar a universidade e ter uma profissão, por isso me socorreram financeiramente por muito tempo.

Alana era muito gorda, uns 20 quilos acima do peso normal, o que significava que não era uma ameaça para mim. Não sendo perfeita, se me rejeitasse isso não teria importância. Comecei uma conversa com ela sobre o que estava lendo, e isso foi fácil desde o início. Ela riu muito, o que fez eu me sentir um sujeito charmoso e divertido. Alana me falou sobre o Mississippi e o Alabama, e como havia sido a marcha com Martin Luther King e trabalhar com todas aquelas pessoas que tentavam fazer uma diferença.

Eu nunca tivera compromisso com nada, exceto me divertir. Meu lema era me embebedar e sobreviver, e era muito melhor em me embebedar do que em sobreviver. Alana era muito intensa. Disse que adorava estar de volta à Califórnia, mas que às vezes sentia que não tinha o direito de estar tão confortável quando outras pessoas no país sofriam.

Naquele dia nós ficamos sentados no parque juntos por duas ou três horas, apenas nos deixando levar pela conversa, falando cada vez mais sobre quem éramos. Depois de algum tempo voltamos para a casa que eu dividia com amigos para eu me embebedar, mas quando chegamos lá ela estava com fome. Começou a comer e a limpar a cozinha, enquanto eu enchia a cara na sala de estar. Havia música tocando e me lembro de que ela veio com um pote de manteiga de amendoim, bolachas e uma faca, e se sentou perto de mim. Ficamos rindo sem parar. Nós só rimos e rimos. Acho que naquele momento ambos nos permitimos ser vistos como viciados mais claramente do que nunca depois daquele dia. Naquele momento não houve desculpas, apenas comportamentos. E ambos fizemos exatamente o que queríamos fazer, tendo encontrado alguém que não nos criticaria por isso. Sem dizer uma só palavra, soubemos que daríamos certo juntos.

Divertimo-nos muito depois disso, mas acho que nunca mais tudo foi tão fácil, com nós dois tão livres de defesas. Os viciados são bastante defensivos.

Lembro-me de que discutíamos muito sobre se eu poderia fazer amor com ela sem estar embriagado. Alana estava certa de que era repulsiva por ser gorda. Quando eu ficava bêbado antes de fazermos amor ela achava que eu tinha de fazer isso para suportar o ato em si. Na verdade, eu tinha de ficar bêbado para fazer amor com qualquer mulher. Nós dois tínhamos autoestima muito baixa. Era fácil para mim me esconder atrás de seu peso, porque seu peso *mostrava* que havia um problema. Minha falta de motivação e o fato de que minha vida não estava indo para lugar algum eram menos óbvios que aqueles 20 quilos a mais que ela carregava. Então discutíamos sobre se eu realmente poderia amá-la apesar de seu peso. Ela me fazia dizer que o importante era seu interior, não seu exterior, e então havia paz por algum tempo.

Alana dizia que comia porque era muito infeliz. Eu dizia que me embriagava porque não conseguia fazê-la feliz. Desse modo realmente doentio, éramos complementos perfeitos um para o outro. Cada qual tinha uma desculpa para o que estava fazendo.

Contudo, na maior parte do tempo fingíamos que não havia nenhum problema. Afinal de contas, muitas pessoas são gordas e muitas se embriagam. Então apenas ignorávamos a coisa toda.

Então fui preso por posse de drogas. Passei dez dias na prisão e meus pais contrataram um ótimo advogado, que me indicou terapia como alternativa a permanecer mais tempo na prisão.

Alana saiu de casa enquanto eu passava dez dias preso. Fiquei furioso. Senti-me abandonado. Na verdade, brigávamos cada vez mais. Agora, ao olhar para trás, percebo que a convivência comigo estava se tornando muito difícil.

A paranoia que surge nas pessoas que usam drogas por qualquer período de tempo realmente começara a me afetar. Além disso, eu quase sempre estava bêbado ou querendo me embriagar. Alana levara tudo aquilo para o lado pessoal, achando que se ela fosse diferente eu desejaria estar mais presente, e não bêbado todos os minutos. Pensava que eu a estava evitando. Droga, eu estava evitando a mim mesmo!

De qualquer maneira, ela desapareceu por uns dez meses, creio que para participar de outra marcha. Meu terapeuta insistiu para que eu fosse às reuniões dos Narcóticos Anônimos. Como era isso ou a prisão, fui. Vi muitas pessoas lá que conhecera na rua e depois de algum tempo ocorreu-me que eu poderia ter um problema com drogas. Aquelas pessoas estavam seguindo em frente na vida e eu ainda me embriagava todos os dias. Então parei de tentar ficar falando coisas estúpidas naquelas reuniões e perguntei a um rapaz em quem eu confiava se ele poderia me ajudar. Ele se tornou meu padrinho no NA e eu lhe telefonava duas vezes por dia, de manhã e à noite. Aquilo significava mudar tudo – amigos, festas, tudo –, mas mudei. A terapia também ajudou, porque aquele terapeuta sabia de tudo pelo que eu passaria antes de mim, e me prevenia. De qualquer maneira, aquilo funcionou, e consegui ficar longe das drogas e do álcool.

Alana voltou quando eu estava limpo e sóbrio há quatro meses no NA. Tínhamos um jogo que jogávamos juntos. O terapeuta o chamava de "conspiração". Era nosso modo de usar um ao outro para nos sentirmos bem ou mal em relação a nós mesmos e, é claro, manter nossos vícios. Eu sabia que me embriagaria se voltasse a ter aquele comportamento com ela. Agora não somos mais nem amigos. Aquilo simplesmente não funcionava se não pudéssemos ser doentes juntos.

A atração de Greg por Alana

Desde o início Greg e Alana formaram um forte laço. Ambos tinham um vício que dominava sua vida e, desde o dia em que se conheceram, um se concentrou no vício do outro para diminuir, comparativamente, a importância e a força de seu próprio vício. Então, durante todo o relacionamento, de um modo sutil ou não, eles se permitiram permanecer doentes, ao mesmo tempo se queixando da situação um do outro. Esse é um padrão extremamente comum em casais formados por viciados, seja na mesma substância ou em substâncias diferentes. Eles usam o comportamento e os problemas um do outro para evitar enfrentar a seriedade de sua própria deterioração – e quanto maior a deterioração mais esse parceiro é necessário para oferecer uma distração, ser ainda mais doente, obcecado e descontrolado.

Junto com essa dinâmica, Alana pareceu a Greg ser compassiva e estar disposta a sofrer por algo em que ela acreditava. Isso sempre exerce uma atração magnética em uma pessoa viciada, porque a disposição de sofrer é um pré-requisito para um relacionamento com um viciado. Garante que o viciado não será abandonado quando as coisas inevitavelmente começarem a dar errado. Após muitos meses de discussões amargas, somente quando Greg foi cumprir pena Alana encontrou forças para deixá-lo, ainda que temporariamente. Ela acabou voltando, pronta para recomeçar de onde eles tinham parado, como duas pessoas que praticavam seus vícios.

Greg e Alana só sabiam como ser doentes juntos. Alana, com seu vício em comida ainda fora de controle, só podia se sentir forte e saudável se Greg estivesse constantemente embriagado, assim como ele podia achar que seu uso de drogas estava sob controle comparado com as farras alimentares e o peso extremo de Alana. A recuperação de Greg tornou a não recuperação de Alana óbvia demais para eles continuarem a se sentir confortáveis juntos. Ela teria de sabotar a sobriedade dele para que voltassem a um *status quo* viável.

Erik: 42 anos; divorciado e casado de novo

Eu estava divorciado há um ano e meio quando conheci Sue. Um professor da escola comunitária onde sou treinador de futebol me forçara a ir à festa de inauguração de sua casa. Por isso, lá estava eu, em uma tarde de domingo, sentado sozinho no quarto principal assistindo a um jogo Rams-Forty Niners, enquanto todos estavam na sala de estar aproveitando a festa.

Sue veio deixar seu casaco no quarto e nos cumprimentamos. Ela foi embora e, meia hora depois, voltou para ver se eu ainda estava lá. Brincou comigo sobre eu me esconder no quarto do fundo para ver TV e, durante o comercial, conversamos um pouco. Então Sue foi embora de novo e voltou com um prato com tudo de bom que estava sendo servido na festa. Olhei para ela e, pela primeira vez, notei o quanto era bonita. Quando o jogo terminou fui participar da festa, mas Sue não estava mais lá. Descobri que ela dava aulas em regime de meio expediente no departamento de inglês e, por isso, na segunda-feira, passei em sua sala e perguntei se poderia retribuir a refeição que me trouxera.

Ela respondeu que sim, se fôssemos a algum lugar sem TV, e nós dois rimos. Mas aquilo não era realmente uma piada. Não seria exagero dizer que, quando conheci Sue, os esportes eram toda a minha vida. É isso que acontece com os esportes. Você pode prestar total atenção neles e ficar sem tempo para mais nada. Eu corria todos os dias. Treinava para maratonas, treinava meus jogadores, e viajava com eles para jogos, acompanhava esportes pela TV e me animava.

Mas também estava solitário, e Sue era muito atraente. Desde o início ela prestava muita atenção em mim quando eu queria, e não interferia no que eu desejava ou precisava fazer. Sue tinha um filho de seis anos, Tim, e eu também gostava dele. O ex de Sue morava em outro estado e raramente via o garoto, por isso nos tornamos amigos facilmente. Eu percebia que Tim queria estar perto de um homem.

Sue e eu nos casamos um ano depois de nos conhecermos, mas logo as coisas começaram a dar errado. Ela se queixava de que eu nunca dava atenção a ela ou a Tim, sempre saía e quando estava em casa só me interessava em ver esportes pela TV. Eu me queixava de que tudo que ela fazia era me atazanar e que sabia como eu era quando me conheceu. Se não estava satisfeita, por que estava comigo? Eu ficava zangado com Sue durante grande parte do tempo, mas não conseguia me zangar com Tim, e sabia que nossas brigas o magoavam. Embora naquela época eu nunca fosse admitir isso, Sue tinha razão. Eu a evitava, assim como a Tim. Os esportes me davam algo para fazer, algo sobre o que falar e pensar que era seguro e confortável. Eu crescera em uma família em que os esportes eram o único tema que se podia discutir com meu pai, a única forma de obter sua atenção. Isso era praticamente tudo que eu sabia sobre ser homem.

Bem, Sue e eu estávamos brigando muito e prestes a nos separar. Quanto mais ela me pressionava, mais eu me distanciava e fugia para minha corrida, para os jogos de futebol ou para qualquer outra coisa. Então, em uma tarde de domingo, o Miami Dolphins e o Oakland Raiders estavam em um jogo decisivo quando o telefone tocou. Sue saíra com Tim e eu lembro que fiquei muito irritado com a interrupção – ter de me levantar e deixar a TV. O telefonema era do meu irmão, me dizendo que meu pai tivera um ataque cardíaco e estava morto.

Fui ao funeral sem Sue. Estávamos brigando tanto que quis ir só, e estou feliz por ter feito isso. Voltar para lá mudou toda a minha vida. Ali estava eu, no funeral do meu pai, sem nunca ter conseguido conversar com ele e à beira do meu segundo divórcio porque também não sabia como me relacionar com minha esposa.

Senti que estava perdendo demais e não conseguia entender por que tudo aquilo estava acontecendo comigo. Eu era um bom sujeito, trabalhava muito e nunca fizera mal a ninguém. Tive pena de mim mesmo e me senti totalmente só.

    Voltei de carro do funeral com meu irmão mais novo. Ele não conseguia parar de chorar. Dizia que agora era tarde demais, que nunca conseguira se aproximar de nosso pai. Depois, em casa, todos estavam falando sobre papai, do jeito como as pessoas fazem depois de um funeral, e elas faziam pequenas brincadeiras sobre papai e os esportes, como os adorava e sempre assistia a eles. Meu cunhado, tentando ser engraçado, disse: "Sabe, essa é a primeira vez que venho a esta casa e a TV não está ligada e ele não está assistindo a um jogo." Olhei para meu irmão e ele começou a chorar de novo, não tristemente, mas amargamente. De repente percebi o que meu pai fizera durante toda a sua vida e o que eu também estava fazendo. Como ele, eu não deixava ninguém se aproximar de mim, me conhecer, conversar comigo. A TV era minha armadura.

    Segui meu irmão lá para fora e fomos de carro até o lago. Ficamos sentados ali por um longo tempo. Ao ouvi-lo falar sobre como esperara que papai o notasse, pela primeira vez realmente comecei a me ver, perceber o quanto eu me tornara parecido com meu pai. Pensei em meu enteado, Tim, sempre esperando como um cachorrinho triste por um pouco de meu tempo e de minha atenção, e em como me mantivera ocupado demais para ele ou sua mãe.

    No avião, voltando para casa, fiquei pensando no que queria que as pessoas dissessem sobre mim quando eu morresse, e isso me ajudou a ver o que tinha de fazer.

    Em casa, falei honestamente com Sue, talvez pela primeira vez em toda a minha vida. Choramos juntos e chamei Tim para ficar conosco, e ele chorou também.

    Depois disso, tudo foi maravilhoso por algum tempo. Fizemos coisas juntos, passeios de bicicleta e piqueniques com Tim. Saímos e recebemos visitas de amigos. Foi difícil para mim desistir daquela coisa toda de esportes, mas tive de fazer isso quase na marra por algum tempo para pôr tudo em perspectiva. Realmente, queria estar perto das pessoas que amava, em vez de morrer e deixá-las se sentindo como meu pai o fez.

Mas aquilo acabou sendo mais difícil para Sue do que para mim. Alguns meses depois, ela me disse que aceitaria um emprego de meio expediente nos fins de semana. Não pude acreditar. Esse era nosso tempo para ficar juntos. Agora tudo estava se invertendo; ela estava fugindo de mim! Ambos concordamos em obter ajuda.

Na terapia, Sue admitiu que toda a nossa proximidade a estava deixando louca, que achava que não sabia como fazer isso, como estar comigo. Ambos falamos sobre o quanto era difícil realmente estar com outra pessoa. Embora Sue tivesse criticado meu antigo comportamento, agora ficava desconfortável quando eu lhe dava atenção. Não estava acostumada com isso. Na verdade, sua família fora pior do que a minha no que dizia respeito à afeição. Seu pai, um capitão de navio, nunca estava em casa, e sua mãe gostava disso. Sue crescera solitária, sempre querendo estar perto de alguém. Mas, como eu, não sabia como.

Nós continuamos na terapia por algum tempo, e por sugestão do terapeuta entramos para a Stepfamily Association. Quando Tim e eu nos aproximávamos, Sue tinha dificuldade em me deixar discipliná-lo. Sentia-se deixada de fora e como se estivesse perdendo o controle sobre ele. Mas eu sabia que tinha de estabelecer meus próprios limites com Tim para realmente termos um relacionamento.

Estar nessa associação me ajudou mais do que tudo. Eles faziam reuniões de grupo para famílias como a nossa. Ouvir outros homens enfrentando seus sentimentos foi ótimo para mim. Ajudou-me a continuar falando sobre os meus para Sue.

Ainda conversamos e estamos juntos, aprendendo como ficar próximos e confiar um no outro. Nenhum de nós é bom nisso como gostaria de ser, mas continuamos a praticar. Esse é um jogo totalmente novo para ambos.

A atração de Erik por Sue

Erik, solitário em seu isolamento autoimposto, ansiava por ser amado e cuidado sem correr o risco de intimidade. Quando Sue se aproximou dele no dia em que se conheceram, indicando tacitamente sua aceitação do principal meio de evitação dele, a obsessão por esportes, Erik se perguntou se realmente encontrara sua mulher ideal, que se importaria com ele e o deixaria em paz. Embora Sue tivesse reclamado sutilmente de sua desatenção sugerindo que o primeiro encontro fosse longe de uma TV, ele ainda presumiu corretamente que ela tinha uma alta tolerância a distância, caso contrário o teria evitado.

Na verdade, a clara falta de habilidades sociais e a incapacidade de se relacionar de Erik foram elementos atrativos para Sue. A falta de jeito de ambos o tornou benquisto para ela e lhe garantiu que ele não se aproximaria de outras pessoas, inclusive de outras mulheres, e isso era importante. Sue, como tantas mulheres que amam demais, temia muito o abandono. Melhor estar com alguém que não supria todas as suas necessidades, mas que não perderia, do que com alguém mais amoroso e cativante que poderia trocá-la por outra pessoa.

Além disso, o isolamento social de Erik lhe dava uma tarefa a fazer, construir a ponte sobre o abismo entre ele e as outras pessoas. Ela podia interpretar Erik, e as idiossincrasias dele, para o resto do mundo, atribuindo à timidez, em vez de à indiferença, a evitação de contato social. Ele simplesmente *precisava* dela.

Sue, por outro lado, estava entrando em uma situação que reproduziria todos os piores aspectos de sua infância – a solidão, a espera por amor e atenção, o desapontamento profundo e, finalmente, o desespero raivoso. Enquanto Sue tentava forçar Erik a mudar, o comportamento dela só confirmava os temores dele sobre os relacionamentos e o fazia se afastar ainda mais.

Mas Erik mudou muito, devido a uma série de acontecimentos profundamente comoventes em sua vida. Tornou-se disposto a enfrentar seu monstro, seu medo de intimidade, para evitar se tornar outra versão do pai frio e inacessível. O fato de ele se identificar tanto com o pequeno e solitário Tim foi um fator importante em seu compromisso de mudar. Mas essa mudança forçou os outros membros da família a mudar. Sue, que de repente deixou de ser ignorada e evitada e passou a ser procurada e cortejada, foi forçada a enfrentar seu próprio desconforto em receber a atenção amorosa pela qual ansiava. Teria sido fácil para Sue e Erik parar nesse ponto, com os papéis invertidos – quem procurava agora era procurado e quem evitava agora era evitado. Eles poderiam simplesmente ter trocado de papéis, mantido a distância condenada e o nível de conforto. Mas Sue e Erik tiveram coragem para olhar mais fundo e depois tentar, com a ajuda de terapia e o apoio de um grupo compreensivo e empático, correr o risco de realmente se tornarem mais íntimos como um casal e, com Tim, como uma família.

✧ ✦ ✧

Não há como exagerar a importância dos primeiros encontros. Como terapeuta, o impacto que um novo cliente tem em mim durante nosso primeiro encontro fornece a informação mais importante que algum dia terei sobre essa pessoa. Por meio do que foi dito e não dito e de tudo o mais que é revelado pela aparência física – postura, roupas, expressão facial, maneirismos e gestos, tons de voz, contato visual ou ausência dele, atitude e estilo – obtenho muitas informações sobre como o cliente opera no mundo, particularmente sob estresse. Tudo isso resulta em uma forte impressão inegavelmente subjetiva que me dá uma sensação intuitiva de como será trabalhar com essa pessoa na terapia.

Enquanto, como terapeuta, tento muito *conscientemente* avaliar o modo como meu novo cliente lida com a vida, um processo bastante parecido, embora menos deliberadamente consciente, ocorre quando duas pessoas se encontram. Uma tenta responder a algumas perguntas sobre a outra, baseada na riqueza de informações automaticamente transmitidas nesses primeiros poucos momentos juntas. As perguntas feitas silenciosamente costumam ser simples: "Tenho algo em comum com você? Posso me beneficiar de alguma maneira cultivando uma amizade com você? É divertido estar com você?"

Porém, frequentemente outras perguntas são feitas, dependendo de quem são essas duas pessoas e do que desejam. Nas mulheres que amam demais há perguntas mais imperiosas sob as óbvias, racionais e práticas, perguntas que todas se esforçam mais para responder, porque vêm de seu íntimo.

"Você precisa de mim?", perguntaria secretamente a mulher que ama demais.

"Você cuidará de mim e resolverá meus problemas?" é a pergunta silenciosa por trás das palavras da pessoa que a escolheria como sua parceira.

7

A Bela e a Fera

*"Há muitos homens", disse Bela, "que são mais monstruosos
do que você, e prefiro você, apesar de sua aparência..."*
– A Bela e a Fera

Nas histórias dos dois capítulos anteriores, as mulheres invariavelmente expressaram uma necessidade de servir, ajudar os homens com quem se envolveram. De fato, a oportunidade de ser úteis a eles foi o componente principal da atração que sentiram. Os homens, de modo correspondente, indicaram estar em busca de alguém que os ajudasse, controlasse seu comportamento, fizesse com que se sentissem seguros ou os "salvasse" – que fosse, nas palavras de um dos meus clientes, a "mulher de branco".

Esse tema de mulheres redimindo parceiros por meio de um amor altruísta, perfeito e que tudo aceita não é uma ideia nova de modo algum. Contos de fadas, incorporando as lições mais importantes da cultura que os cria e perpetua, há séculos oferecem versões desse drama. Em *A Bela e a Fera*, uma jovem bela e inocente encontra um monstro repulsivo e assustador. Para salvar sua família da ira do monstro, ela concorda em viver com ele. Após conhecê-lo melhor, acaba superando sua aversão natural e passa a amá-lo, apesar de sua persona animal. Então, é claro, acontece um milagre, e ele é libertado de sua aparência monstruosa e devolvido ao seu verdadeiro eu, não só humano como também principesco. Como príncipe novamente, ele é grato a ela e torna-se um parceiro adequado. Assim, o amor e a aceitação do monstro por parte da Bela são muito bem recompensados quando ela assume seu devido lugar ao lado dele, para partilharem uma vida de felicidade abençoada.

A Bela e a Fera, como todos os contos de fadas contados e recontados há séculos, incorpora uma verdade espiritual profunda no contexto de uma história irresistível. As verdades espirituais são muitos difíceis de compreender, e ainda mais de ser postas em prática, pois frequentemente *vão contra* valores contemporâneos. Por isso, há uma propensão a interpretar o conto de fadas de um modo que reforça a tendência cultural. Assim, é fácil perder todo o seu significado mais profundo. Mais tarde examinaremos a grande lição espiritual que *A Bela e a Fera* traz para nós. Mas primeiro devemos examinar a tendência cultural que esse conto de fadas *parece* enfatizar, a de que uma mulher pode mudar alguém se o amar o suficiente.

Essa crença, tão forte e difundida, está no cerne de nossas psiques individuais e grupais. A suposição tácita de que podemos mudar alguém para melhor por meio da força do nosso amor e de que, se somos mulheres, é nosso dever fazer isso, reflete-se repetidamente em nosso discurso e comportamento diário. Quando alguém com que nos importamos não age ou se sente como desejamos, procuramos modos de tentar mudar o comportamento ou o humor dessa pessoa, geralmente com a bênção daqueles que nos aconselham e encorajam nossos esforços ("Você já tentou…?"). As sugestões podem ser contraditórias e numerosas, mas poucos amigos e parentes conseguem evitar fazê-las. O foco de todos é em como ajudar. Até mesmo a mídia participa disso, não só refletindo esse sistema de crença como também, com sua influência, reforçando-o e perpetuando-o, e ao mesmo tempo continuando a delegar essa tarefa para as mulheres. Por exemplo, as revistas femininas, assim como certas publicações de interesse geral, parecem sempre apresentar artigos do tipo "como ajudar seu homem a se tornar…", enquanto praticamente não existem artigos do tipo "como ajudar sua mulher a se tornar..." em revistas masculinas equivalentes.

E nós, mulheres, compramos as revistas e tentamos seguir seus conselhos, esperando ajudar o homem em nossa vida a se tornar o que queremos e precisamos que seja.

Por que a ideia de transformar alguém infeliz, doentio ou algo pior em nosso parceiro ideal nos agrada tanto? Por que esse é um conceito tão sedutor, tão duradouro?

Para alguns, a resposta pareceria óbvia: o conceito de ajudar os menos afortunados está incorporado à ética judaico-cristã. Ensinam-nos que é nosso dever reagir com compaixão e generosidade quando alguém tem um problema. Não julgar, mas ajudar; essa parece ser nossa obrigação moral.

Infelizmente, esses motivos virtuosos de forma alguma explicam totalmente o comportamento de milhões de mulheres que escolhem como parceiros homens cruéis, indiferentes, abusivos, emocionalmente indisponíveis, viciados ou de outro modo incapazes de ser amorosos e interessados. As mulheres que amam demais fazem essas escolhas devido a uma grande necessidade de controlar aqueles que lhe são mais próximos. Essa necessidade de controlar os outros se origina em uma infância na qual muitas emoções opressivas frequentemente são experimentadas: medo, raiva, tensão insuportável, culpa, vergonha, pena dos outros e de si mesma. Uma criança que cresce em um ambiente desses pode ser devastada por essas emoções a ponto de só conseguir funcionar desenvolvendo modos de se autoproteger. Suas ferramentas de autoproteção sempre incluem um mecanismo de defesa poderoso, a *negação*, e uma motivação subconsciente igualmente poderosa, o *controle*. Todos nós usamos inconscientemente mecanismos de defesa, como a negação, durante toda a nossa vida, às vezes em assuntos bastante triviais e em outras ocasiões assuntos e acontecimentos importantes. Se não fosse assim, teríamos de enfrentar fatos sobre quem somos e o que pensamos e sentimos que não se encaixam em nossa imagem idealizada de nós mesmos e nossa situação. O mecanismo de negação é particularmente útil para ignorar informações com as quais não queremos lidar. Por exemplo, não notar (negando) o quanto uma criança está crescendo pode ser um modo de evitar sentimentos em relação a essa criança sair de casa. Ou não ver ou sentir (negar) o ganho de peso que o espelho e as roupas apertadas mostram permite o consumo contínuo dos alimentos favoritos.

A negação pode ser definida como uma recusa a reconhecer a realidade em dois níveis: no nível do que realmente está acontecendo e no nível do sentimento. Vejamos como a negação ajuda uma garotinha a crescer e se tornar uma mulher que ama demais. Por exemplo, quando criança ela pode ter um pai que raramente está em casa à noite devido a casos extraconjugais. Quando ela diz a si mesma, ou ouve de outros membros da família, que ele está "ocupado no trabalho", nega que há um problema entre seus pais ou algo de anormal está acontecendo. Isso evita que tema pela estabilidade de sua família e por seu próprio bem-estar. Ela também diz a si mesma que ele está trabalhando muito, o que desperta compaixão em vez da raiva e da vergonha que sentiria se a realidade fosse enfrentada. Assim, ela nega tanto a realidade quanto seus sentimentos sobre essa realidade, e cria uma fantasia na qual é mais fácil viver. Com a prática, ela se torna muito boa em se proteger assim da dor, mas ao mesmo tempo perde a capacidade de livre escolha do que está fazendo. Sua negação opera automática e espontaneamente.

Em uma família disfuncional *sempre* há uma negação da realidade partilhada. Independentemente da seriedade dos problemas, a família não se torna disfuncional, *a menos* que haja negação. Além disso, se um membro da família tentar pôr fim a essa negação, por exemplo, descrevendo a situação familiar em termos exatos, em geral o resto da família resistirá fortemente a essa percepção. Com frequência farão uso de ridicularização para realinhar essa pessoa ou, se isso falhar, o membro da família renegado será excluído do círculo de aceitação, afeição e atividade.

Ninguém que usa o mecanismo de defesa da negação escolhe conscientemente se dessintonizar com a realidade para deixar de registrar corretamente o que os outros estão dizendo e fazendo. E ninguém em que a negação está operando *decide* não sentir suas próprias emoções. Tudo isso "simplesmente acontece" quando o ego, em sua luta para oferecer proteção contra conflitos, fardos e medos opressivos, elimina informações que são problemáticas demais.

Uma criança cujos pais briguem com frequência pode convidar uma amiga para dormir em sua casa. Durante a vista da amiga, as duas garotas são acordadas tarde da noite pela discussão em voz alta dos pais. A convidada sussurra: "Puxa, seus pais são realmente barulhentos. Por que estão gritando tanto?"

A filha, constrangida, que já foi acordada muitas vezes por essas discussões, responde vagamente, "Não sei", e permanece deitada lá em uma autoconsciência angustiada, enquanto a gritaria continua. A jovem convidada não tem ideia do motivo pelo qual sua amiga começa a evitá-la depois disso.

A convidada é evitada por ter testemunhado o segredo da família e, por esse motivo, servir como um lembrete do que sua amiga preferiria negar. Acontecimentos constrangedores, como a briga dos pais durante essa visita, são tão dolorosos que a filha se sente muito mais confortável negando a realidade e passa a evitar cada vez mais o que ou quem ameace desmantelar sua defesa contra a dor. Ela não quer sentir medo, raiva, desamparo, pânico, desespero, pena, ressentimento e desgosto. Mas como essas emoções fortes e conflitantes são o que teria de enfrentar se ela se permitisse sentir alguma coisa, *prefere não sentir nada*. Essa é a fonte de sua necessidade de controlar as pessoas e os acontecimentos em sua vida para criar uma sensação de segurança para si mesma. Sem choques, sem surpresas, *sem sentimentos*.

Todos em uma situação desconfortável tentam controlá-la o máximo possível. Essa reação natural se torna exagerada nos membros de uma família doentia, porque há muito sofrimento. Lembre-se da história de Lisa, quando seus pais a pressionaram a tirar notas melhores na escola: havia uma esperança realista de que o trabalho escolar pudesse ser melhorado, mas pouca chance de que o hábito de beber da mãe pudesse ser mudado. Por isso, em vez de enfrentar as implicações devastadoras de sua impotência em relação ao alcoolismo da mãe, eles preferiam acreditar que a vida familiar melhoraria se e quando Lisa se saísse melhor na escola.

Lembre-se de que Lisa também tentava melhorar (controlar) a situação "sendo boa". Seu bom comportamento não era de modo algum uma expressão saudável de satisfação com sua família e com o fato de estar viva. Muito pelo contrário. Cada tarefa que Lisa realizava sem que lhe pedissem representava uma tentativa desesperada de corrigir a situação insuportável da família, pela qual ela, como criança, se sentia responsável.

As crianças inevitavelmente se sentem culpadas e responsáveis pelos problemas sérios que afetam suas famílias. Isso porque, em sua fantasia de onipotência, acreditam que são a causa da situação familiar e que têm o poder de mudá-la, por bem ou por mal. Como Lisa, muitas crianças têm a má sorte de ser culpadas por seus pais ou outros membros da família por problemas sobre os quais elas não têm nenhum controle. Mas mesmo sem ser culpada verbalmente pelos outros, uma criança assumirá grande parte da responsabilidade pelos problemas de sua família.

Não é fácil ou confortável considerarmos que o comportamento abnegado, "ser boa" e os esforços para ajudar podem ser, na verdade, tentativas de controle e não uma motivação altruísta. Vi essa dinâmica representada simples e sucintamente pela placa na porta de uma sala em uma agência em que certa vez trabalhei. Era um círculo de duas cores, cuja metade superior era um sol nascente amarelo vivo e a metade inferior era preta. Na placa estava escrito: A Ajuda é o Lado Ensolarado do Controle. Servia para lembrar a nós, terapeutas, assim como a nossos clientes, que devemos examinar constantemente os motivos por trás de nossa necessidade de mudar os outros.

Quando os esforços para ajudar são feitos por pessoas que vêm de famílias infelizes, ou estão atualmente em relacionamentos estressantes, sempre se deve suspeitar da necessidade de controle. Quando fazemos para outra pessoa o que ela pode fazer para si mesma, planejamos seu futuro ou suas atividades, motivamos, aconselhamos, lembramos, prevenimos ou adulamos alguém que não é uma criança, quando não conseguimos suportar que enfrente as consequências dos seus atos e, por isso, tentamos mudar suas atitudes ou evitar suas consequências, isso é controlar. Nossa esperança é a de que, se pudermos controlá-la, poderemos controlar nossos próprios sentimentos no ponto em que nossa vida toca a dessa pessoa. E, é claro, quanto mais tentamos controlá-la, menos o conseguimos. Mas não podemos parar.

Uma mulher que habitualmente pratica a negação e o controle será arrastada para situações que exijam essas características. A negação, mantendo-a fora de contato com a realidade de sua situação e seus sentimentos com respeito a essa realidade, a levará para relacionamentos repletos de dificuldades. Então ela empregará toda a sua capacidade de ajudar/controlar para tornar a situação mais tolerável, ao mesmo tempo negando o quanto realmente é ruim. A negação alimenta a necessidade de controlar, e o fracasso inevitável em controlar alimenta a necessidade de negar.

Essa dinâmica é ilustrada nas histórias a seguir. Essas mulheres obtiveram muitos insights de seus comportamentos por meio de terapia e, quando apropriado devido à natureza de seus problemas, de envolvimento em outros grupos de apoio. Elas conseguiram reconhecer que seu comportamento prestativo na verdade era uma tentativa com motivações subconscientes de negar sua própria dor controlando a daqueles que lhes eram mais próximos. A intensidade do desejo de cada mulher de ajudar seu parceiro indica muito mais uma necessidade do que uma escolha.

Connie: 32 anos; divorciada e com um filho de 11 anos

Antes da terapia eu não conseguia me lembrar de nenhum dos motivos das brigas dos meus pais. Só conseguia me lembrar de que eles sempre brigavam. Todos os dias, durante todas as refeições, em quase todos os minutos. Eles se criticavam, discordavam um do outro e se insultavam, enquanto meu irmão e eu assistíamos. Meu pai ficava fora de casa, no trabalho ou em qualquer outro lugar o máximo que podia, mas mais cedo ou mais tarde tinha de voltar e então aquilo começava de novo. Meu papel nisso tudo era primeiro fingir que não havia nada de errado e depois tentar distrair um deles ou ambos sendo divertida. Eu balançava a cabeça, dava um grande sorriso e fazia uma piada ou alguma coisa boba que achasse que poderia atrair a atenção deles. Na verdade, por dentro estava apavorada, mas o medo me levava a apresentar um bom show. Então eu fazia palhaçadas e brincava, e logo ser engraçadinha se tornou um trabalho em tempo integral. Adquiri tanta prática quando estava em casa que depois de algum tempo também comecei a agir assim em outros lugares. Estava sempre aperfeiçoando minha encenação. Basicamente, meu papel era o seguinte: se algo estivesse errado eu o ignorava, e ao mesmo tempo tentava encobri-lo. Essa última frase resume o que aconteceu em meu casamento.

Conheci Kenneth na piscina do meu prédio, quando eu tinha vinte anos. Ele era muito bonito, bronzeado e parecia um surfista. O fato de estar interessado o suficiente em mim para querer viver comigo pouco depois de nos conhecermos me fez sentir que tínhamos um futuro muito promissor. Além disso, ele era bastante animado, como eu, por isso achei que tínhamos tudo para ser felizes juntos.

Kenneth era um pouco vago, indeciso sobre sua carreira e o que queria fazer na vida, e eu o incentivei muito nesse ponto. Tinha certeza de que o ajudaria a progredir dando-lhe o apoio e a orientação de que precisava. Desde o início, também tomei todas as decisões sobre nós como um casal, mas ainda assim de alguma maneira ele só fazia o que queria. Eu me sentia forte e ele se sentia livre para se apoiar em mim.

Vivíamos juntos há três ou quatro meses quando uma ex-namorada do trabalho de Kenneth telefonou lá para casa. Ela ficou muito surpresa ao saber que eu vivia com ele. Disse-me que Kenneth nunca mencionara que estava envolvido com outra pessoa, embora a visse pelo menos duas ou três vezes por semana no trabalho. Descobri tudo isso quando ela ficou hesitante, tentando se desculpar por telefonar. Bem, fiquei um pouco abalada e indaguei a Kenneth sobre isso. Ele me disse que não achara importante dizer a ela. Lembro-me do medo e da dor que senti, mas só me senti assim por um instante. Então reprimi esses sentimentos e me tornei muito racional. Só tinha duas opções: brigar com Kenneth ou deixar para lá e não esperar que ele visse as coisas como eu via. Sem hesitar, escolhi a segunda e encarei aquela coisa toda como uma brincadeira. Prometera a mim mesma que nunca, *nunca* brigaria como meus pais brigavam. Na verdade, a ideia de ficar zangada literalmente me nauseava. Como eu me ocupara tanto em divertir todos quando era criança, sem ousar sentir nenhuma emoção intensa, àquela altura os sentimentos fortes realmente me assustavam e desequilibravam. Além disso, eu gostava de manter as coisas tranquilas, por isso aceitei o que Kenneth disse e sepultei minhas dúvidas sobre a sinceridade do compromisso dele comigo. Casamo-nos alguns meses depois.

Doze anos se passaram rapidamente e, um dia, por sugestão de uma amiga do trabalho, vi-me no consultório de uma terapeuta. Eu achava que ainda tinha o total controle de minha vida, mas minha amiga disse que estava preocupada comigo e insistiu para que eu procurasse ajuda.

Kenneth e eu tínhamos sido casados durante aqueles doze anos, e achei que éramos felizes, mas agora estávamos separados, por sugestão minha. A terapeuta me sondou. O que dera errado? Falei sobre muitas coisas diferentes. No meio das minhas divagações, mencionei que ele saía de casa à noite, no início uma ou duas vezes por semana, depois três ou quatro vezes por semana e, finalmente, durante aproximadamente os últimos cinco anos, seis ou sete vezes. Finalmente eu havia dito a Kenneth que, já que parecia que ele realmente queria estar em outro lugar, talvez fosse melhor ir embora.

A terapeuta me perguntou se eu sabia onde Kenneth estivera todas aquelas noites e respondi que não, nunca havia perguntado. Lembro-me de como ela pareceu surpresa. "Todas aquelas noites, durante todos aqueles anos, e você *nunca* perguntou?" Respondi que não, nunca, porque achava que os casais tinham de se dar espaço. Contudo, eu falava com ele que deveria passar mais tempo com nosso filho, Thad. Ele sempre concordava comigo e depois saía do mesmo modo à noite, e de vez em quando se juntava a nós para fazermos algo juntos no domingo. Preferi considerá-lo alguém não muito brilhante, que precisava de infinitas preleções minhas para se manter na linha como um bom pai. Nunca consegui admitir para mim mesma que ele fazia exatamente o que queria fazer e eu não poderia mudá-lo. De fato, aquilo piorou cada vez mais com o passar dos anos, apesar das minhas tentativas de ter um comportamento perfeito. Naquela primeira sessão, a terapeuta me perguntou o que eu achava que ele havia feito nas horas em que não estava em casa. Fiquei aborrecida. Simplesmente não queria pensar nisso, porque se não pensasse não me magoaria.

Agora sei que Kenneth era incapaz de ficar com apenas uma mulher, embora gostasse da segurança de um relacionamento estável. Dera-me milhares de pistas de seu comportamento antes e depois de nos casarmos: nos piqueniques da empresa, quando desaparecia durante horas, ou nas festas, quando começava a conversar com uma mulher e depois saía com ela. Naquelas situações, sem nem mesmo pensar no que fazia, eu usava meu charme para distrair as pessoas do que estava acontecendo e mostrar que tinha espírito esportivo... e, talvez, provar que era digna de amor, não uma pessoa de quem um namorado ou marido desejaria se afastar, se pudesse.

Precisei de muito tempo na terapia para conseguir me lembrar de que outras mulheres também foram o problema no casamento dos meus pais. Eles brigavam porque meu pai saía e não voltava para casa, e minha mãe, embora não dissesse isso diretamente, sugeria que ele era infiel e depois o censurava por negligenciar todos nós. Eu achava que ela o havia afastado, e decidi bastante conscientemente que nunca me comportaria dessa maneira. Então aguentava tudo e tentava sempre sorrir. Foi isso que me levou para a terapia. Eu ainda estava sorrindo e alegre um dia após meu filho de nove anos tentar o suicídio. Levei aquilo na brincadeira, o que realmente alarmou minha amiga no trabalho. Eu mantinha há muito tempo aquela crença mágica em que, se fosse agradável e nunca me zangasse, tudo terminaria bem.

O fato de eu considerar Kenneth não muito brilhante também ajudou. Eu tinha de lhe fazer preleções e tentar organizar sua vida, o que para ele provavelmente foi um preço pequeno a pagar para que alguém cozinhasse e limpasse sem lhe perguntar nada, enquanto ele fazia exatamente o que queria.

Minha negação de que algo estava errado era tão grande que só consegui superá-la depois de obter ajuda. Meu filho estava muito infeliz, e eu simplesmente não registrava esse fato. Tentava distraí-lo e brincava com isso, o que provavelmente o fazia se sentir pior. Também me recusava a admitir para qualquer um que nos conhecesse que havia algo errado. Kenneth tinha saído de casa há seis meses e eu ainda não conseguia contar a ninguém que estávamos separados, o que dificultou as coisas para meu filho. Ele também tinha de guardar segredo e esconder sua dor. Eu não queria falar com ninguém a esse respeito e, por isso, também não o deixava falar. Não percebia o quão desesperadamente ele precisava revelar esse segredo. A terapeuta realmente insistiu para que eu começasse a contar às pessoas que meu casamento perfeito estava terminado. Ah, era muito difícil admitir isso. Acho que a tentativa de suicídio de Thad foi apenas o modo de ele dizer: "Ei, todo mundo! Algo *está* errado!"

Bem, nós estamos melhor agora. Thad e eu ainda estamos fazendo terapia juntos e separadamente, aprendendo como falar um com o outro e a sentir o que sentimos. Há uma regra em minha terapia de que não posso levar na brincadeira nada que surja naquela hora. É muito difícil para mim abandonar essa defesa e sentir o que acontece comigo quando a abandono, mas estou muito melhor nisso. Quando vou a um encontro às vezes penso que aquele homem precisa de mim para acertar alguns pequenos detalhes de sua vida para ele, mas sei que é melhor não me entregar a esse tipo de pensamento por muito tempo. Críticas muito ocasionais a essa necessidade doentia de "ajudar" são as únicas piadas que atualmente posso fazer na terapia. É bom rir do quanto esse comportamento era doentio, em vez de rir para encobrir tudo que estava errado.

✦ ✧ ✦

No início Connie usou o humor para desviar sua atenção, e a de seus pais, da realidade ameaçadora do relacionamento instável deles. Usando todo o seu charme e talento, conseguia desviar a atenção deles um do outro para ela, e dessa forma parar a briga, pelo menos temporariamente. Sempre que isso acontecia, ela se sentia como a cola que mantinha esses dois combatentes juntos, com toda a responsabilidade que esse papel envolvia. Essas interações geraram sua necessidade de controlar os outros para se sentir segura e protegida, e ela exercia seu controle distraindo com humor. Aprendeu a ser extremamente sensível a sinais de raiva e hostilidade naqueles que a cercavam, e a evitar suas expressões com um gracejo oportuno ou um sorriso que desarmava as pessoas.

Ela tinha dois motivos para negar seus sentimentos: em primeiro lugar, a ideia do possível rompimento dos pais era assustadora demais para que a suportasse e, em segundo, qualquer emoção de sua parte só dificultaria sua boa atuação. Logo ela estava negando seus sentimentos automaticamente, assim como tentava manipular e controlar aqueles ao seu redor automaticamente. Sua efervescência superficial sem dúvida afastava algumas pessoas, mas outras, como Kenneth, que só desejavam se relacionar em um nível muito superficial, eram atraídas por esse estilo.

O fato de Connie ter conseguido viver anos com um homem que se ausentava por horas com cada vez mais frequência, e que finalmente começou a desaparecer todas as noites, sem *nunca* questioná-lo sobre suas atividades ou seu paradeiro durante essas ausências, mostra sua grande capacidade de negação e o medo proporcional por trás disso. Ela não queria saber, não queria brigar ou confrontar e, acima de tudo, não queria sentir o velho terror infantil de que a discórdia faria todo o seu mundo desabar.

Foi muito difícil fazer Connie assumir um compromisso com um processo terapêutico que exigia que ela desistisse de sua principal defesa, o humor. Foi como se alguém estivesse lhe pedindo para desistir de respirar; de alguma maneira, ela estava certa de que não sobreviveria sem isso. O apelo desesperado de seu filho para que ambos começassem a enfrentar a realidade dolorosa da situação mal conseguira penetrar nas sólidas defesas de Connie. Ela estava fora de contato com a realidade, quase ao ponto de ficar realmente louca e, por um longo tempo na terapia, insistiu em falar apenas sobre os problemas de Thad, negando que ela tivesse seus próprios. Sempre "a forte", Connie não desistiria dessa posição sem brigar. Mas pouco a pouco, à medida que se tornava mais disposta a experimentar o pânico que vinha à tona quando não recorria a gracejos, começou a se sentir mais segura. Aprendeu que tinha à sua disposição, como adulta, mecanismos mais saudáveis para lidar com a situação do que aqueles que usara tanto na infância. Começou a questionar, confrontar, se expressar e tornar suas necessidades conhecidas – a aprender a ser mais honesta do que fora em muitos, muitos anos, consigo mesma e com os outros. E finalmente pôde recuperar seu humor, que agora incluía rir saudavelmente de si própria.

Pam: 36 anos; divorciada duas vezes e mãe de dois adolescentes

Cresci em um lar tenso e infeliz. Meu pai abandonou minha mãe antes de eu nascer, e ela se tornou o que me parecia a "mãe solteira" original. Ninguém que eu conhecia tinha pais divorciados e, morando onde morávamos, em uma cidade de classe média nos anos 1950, nos sentíamos estranhos.

Eu me esforçava muito na escola e era uma criança bastante bonita, por isso os professores gostavam de mim, o que ajudava muito. Pelo menos academicamente poderia ser bem-sucedida. Meu desempenho superava as expectativas, e tirei notas altas durante toda a escola primária. No ginásio a pressão emocional aumentou tanto que eu não conseguia mais realmente me concentrar, por isso minhas notas começaram a cair, embora eu nunca tivesse ousado me sair muito mal. Sempre tinha a sensação de que minha mãe estava desapontada comigo, e temia envergonhá-la.

Minha mãe trabalhava duro como secretária para nos sustentar, e agora percebo que ela estava exausta o tempo todo. Além disso, era muito orgulhosa, e acho que sentia uma vergonha profunda de ser divorciada. Ela ficava muito desconfortável quando outras crianças vinham à nossa casa. Éramos pobres, lutávamos para equilibrar nosso orçamento e, contudo, tínhamos uma terrível necessidade de manter as aparências. Bem, isso seria mais fácil se as pessoas nunca vissem onde morávamos. Por esse motivo, as visitas não eram bem-vindas, para dizer o mínimo. Quando amigas me convidavam para dormir na casa delas, minha mãe me dizia: "Elas não querem realmente que você vá." Agia assim em parte porque não queria ter de retribuir o convite, mas é claro que eu não sabia disso na época; acreditava no que ela me dizia, que eu era alguém com quem as pessoas não queriam estar.

Cresci acreditando que havia algo muito errado comigo. Não sabia ao certo o que era, mas devia ter a ver com ser inaceitável e indigna de amor. Não havia nenhum amor em nossa casa, apenas deveres. A pior parte disso era que nunca podíamos falar sobre a mentira que vivíamos. Quando estávamos fora, no mundo, tentávamos parecer melhor do que éramos – mais felizes, saudáveis e bem-sucedidas. A pressão para fazer isso era muito forte, mas raramente verbalizada. E nunca achei que conseguiria fazê-lo. Tinha muito medo de que a qualquer momento ficaria claro que eu não era tão boa quanto os outros. Embora soubesse como me vestir bem e ter um bom desempenho escolar, sempre me sentia uma fraude. Em meu íntimo, sabia que eu era um fracasso. Se as pessoas gostavam de mim, era porque as enganava. Se me conhecessem bem, se afastariam.

Crescer sem um pai tornou isso pior, acho que porque nunca aprendi a ter um relacionamento com os homens de dar e receber. Eles eram animais exóticos, ameaçadores e ao mesmo tempo fascinantes. Minha mãe nunca me falou muito sobre meu pai, mas o pouco que disse me fez sentir que ele não era alguém de quem devia me orgulhar. Então não fiz perguntas, temendo o que pudesse descobrir. Ela não gostava nem um pouco dos homens, e insinuava que eles eram basicamente perigosos, egoístas e não confiáveis. Mas eu não podia deixar de achá-los fascinantes, a começar pelos garotinhos em meu primeiro dia no jardim da infância. Eu procurava o que faltava em minha vida, mas não sabia o que era. Acho que queria muito estar próxima de alguém, dar e receber afeição. Sabia que homens e mulheres, maridos e esposas, deveriam se amar, mas minha mãe me dizia, de modos sutis e nem tanto, que os homens não tornam você feliz, tornam você infeliz, abandonando-a, fugindo com sua melhor amiga ou a traindo de outra maneira. Esses eram os tipos de histórias que eu ouvia dela enquanto crescia. Provavelmente decidi muito cedo que encontraria alguém que não me abandonaria, não poderia ir embora, talvez alguém que ninguém mais quisesse. Então acho que me esqueci de que tomei essa decisão. Só continuei a agir de acordo com ela.

Nunca consegui expressar isso em palavras enquanto estava crescendo, mas só sabia estar com alguém, especialmente um homem, se ele precisasse de mim. Assim não me deixaria, porque eu o estaria ajudando e ele seria grato.

Não admira que meu primeiro namorado fosse um deficiente físico. Ele havia sofrido um acidente de carro e fraturado a coluna. Usava aparelho ortopédico nas pernas e muletas de aço para andar. Eu rezava à noite para que Deus tirasse minha capacidade de andar, em vez de a dele. Íamos a bailes juntos e eu ficava sentada ao seu lado a noite toda. Ele era um bom rapaz e certamente uma garota apreciaria estar em sua companhia. Mas eu tinha outro motivo. Estava com ele porque isso era *seguro*; como estava lhe fazendo um favor, não seria rejeitada e magoada. Aquilo era como ter uma apólice de seguro contra a dor. Realmente era louca por esse rapaz, mas agora sei que o escolhi porque, como eu, ele tinha algo de errado. Sua deficiência física era evidente, por isso eu me sentia confortável com toda aquela dor e pena *dele*. Sem dúvida ele foi o namorado mais saudável que tive. Depois vieram delinquentes juvenis e fracassados – todos os tipos de perdedores.

Quando eu tinha 17 anos, conheci meu primeiro marido. Ele tinha problemas na escola e foi reprovado. Seus pais eram divorciados, mas ainda brigavam um com o outro. Comparado com seu passado, o meu parecia *bom*! Pude relaxar um pouco, não me sentir tão envergonhada. E, é claro, sentia pena dele. Ele era bastante rebelde, mas eu achava que era porque ninguém antes de mim realmente o compreendera.

Além disso, meu QI era no mínimo vinte pontos acima do dele. E eu precisava dessa vantagem. Precisava de tudo isso e muito mais para começar a acreditar que estava à altura dele, e que ele não me deixaria por alguém melhor.

Durante todo o relacionamento, e ficamos casados durante 12 anos, recusei-me a aceitar quem ele era e tentei transformá-lo no que pensava que deveria ser. Estava certa de que ele seria muito mais feliz e se sentiria bem melhor em relação a si mesmo se apenas me deixasse lhe mostrar como ser o pai dos nossos filhos, como gerir seu negócio e se relacionar com sua família. Eu havia continuado a estudar e, naturalmente, me formara em psicologia. Toda a minha vida estava fora de controle, era muito infeliz, e lá estava eu, aprendendo a cuidar dos outros. Para ser justa comigo mesma, realmente me esforçava muito para procurar respostas, mas achava que o segredo para a minha felicidade era fazer com que *ele* mudasse. Ele obviamente precisava da minha ajuda. Não pagava suas contas ou seus impostos. Não cumpria as promessas que fazia a mim e às crianças. Enfurecia seus clientes, que telefonavam para *mim* se queixando de que não havia completado os serviços que iniciara.

Só consegui deixá-lo quando finalmente percebi quem ele era, em vez de quem eu queria que fosse. Passei os últimos três meses do casamento apenas observando – não fazendo minhas intermináveis preleções, apenas calada e observando. Foi quando percebi que não poderia viver com a pessoa que ele era. Sempre esperara ser capaz de amar o homem maravilhoso que achava que, com minha ajuda, poderia se tornar. Somente minha esperança de que ele mudaria me mantivera com ele durante todos aqueles anos.

Contudo, ainda não estava claro para mim que eu tinha um padrão de escolher homens que não considerava bons como eram, mas que achava que precisavam da minha ajuda. Só percebi isso depois de vários outros relacionamentos com homens impossíveis: um era viciado em maconha; outro impotente; e outro ainda, com quem finalmente tive um relacionamento longo, supostamente era muito infeliz em seu casamento. Quando esse envolvimento terminou (desastrosamente), não pude continuar a acreditar que aquilo tudo era má sorte. Sabia que eu devia ter um papel no que me acontecera.

Àquela altura eu era uma psicóloga licenciada, e toda a minha vida girava em torno de ajudar as pessoas. Agora sei que minha área está cheia de gente como eu, que ajuda os outros o dia inteiro no trabalho e ainda sente necessidade de "ajudar" em seus relacionamentos pessoais. Meu método de me relacionar com meus filhos se resumia em lembrá-los de coisas, incentivá-los, instruí-los e me preocupar com eles. Tudo que eu sabia sobre amar era tentar ajudar as pessoas e me preocupar com elas. Não tinha a menor ideia de como aceitá-las como eram, porque nunca me aceitara.

A vida me fez um grande favor nesse ponto. Tudo começou a desabar. Quando meu caso com o homem casado terminou, meus dois filhos tinham problemas com a lei e minha saúde estava totalmente abalada. Foi o agente da condicional de meu filho que me disse que era melhor eu começar a cuidar de mim mesma. E, de algum modo, consegui ouvi-lo. Depois de todos aqueles anos envolvida com a psicologia, foi ele que finalmente conseguiu me fazer perceber isso. Foi preciso que toda a minha vida desabasse para eu olhar para dentro de mim mesma e ver a profundidade de minha autoaversão.

Uma das piores coisas que tive de enfrentar foi o fato de que minha mãe realmente não desejara a responsabilidade de me criar, não me quisera e ponto-final. Agora, como adulta, entendo como isso deve ter sido difícil para ela. Mas todas aquelas mensagens que ela me transmitia sobre outras pessoas não me quererem por perto na verdade a descreviam. E, quando eu era criança, até certo ponto sabia disso, mas não conseguia encarar o fato, por isso acho que o ignorava. Logo passei a ignorar muitas coisas. Não me permitia ouvir as críticas que minha mãe constantemente me fazia, ou perceber o quanto ela ficava zangada se eu me divertia. Era ameaçador demais me permitir experimentar toda a hostilidade que minha mãe dirigia a mim, por isso parei de sentir e reagir e dediquei toda a minha energia a ser boa e ajudar os outros. Enquanto cuidasse dos outros, não teria tempo para prestar atenção em mim mesma, sentir minha própria dor.

Foi difícil superar meu orgulho, mas entrei para um grupo de autoajuda composto por mulheres que tinham problemas parecidos com os meus. O grupo era do tipo que eu orientaria profissionalmente, e agora era apenas uma humilde participante. Embora isso fosse um golpe no meu ego, o grupo me ajudou a examinar minha necessidade de dirigir e controlar os outros e a parar de fazer isso. Comecei a me curar por dentro. Em vez de cuidar dos outros, finalmente estava cuidando de mim mesma. E, no que dizia respeito a isso, havia muito o que fazer. Quando passei a me concentrar em desistir de endireitar todos em minha vida, praticamente tive que parar de falar! Durante muito tempo, tudo que havia dito fora "útil". Foi um choque terrível para mim saber o quanto eu dirigia e controlava os outros. Mudar meu comportamento também fez meu trabalho profissional mudar radicalmente. Agora sou muito mais capaz de dar apoio aos meus clientes enquanto eles resolvem seus problemas. Antes, achava que tinha a enorme responsabilidade de resolvê-los. Agora é mais importante que eu os compreenda.

Algum tempo se passou e então surgiu um bom homem. Ele não precisava de mim. Não havia nada de errado com ele. No início foi muito desconfortável aprender a *estar* com ele, em vez de tentar mudá-lo totalmente. Afinal de contas, esse havia sido meu único modo de me relacionar com as pessoas. Mas aprendi a não fazer nada além de ser eu mesma, e isso parece estar dando certo. Sinto que minha vida começou a fazer sentido. E continuo no grupo para não recair em meus velhos hábitos. Às vezes tudo em mim ainda quer dirigir o espetáculo, mas sei que é melhor não me deixar mais levar por essa necessidade.

✧ ✦ ✧

Como tudo isso se relaciona com a negação e o controle?

Pam começou negando a realidade da raiva e da hostilidade de sua mãe em relação a ela. Não se permitiu sentir o que significava ser indesejada em vez de ser uma criança amada por sua família. Não se permitiu sentir e ponto-final, porque isso doía muito. Mais tarde, essa incapacidade de perceber e experimentar suas emoções a tornou incapaz de se envolver com os homens que escolhia. Seu sistema de alarme emocional, que normalmente a afastaria deles, estava inoperante no início de cada relacionamento devido à sua grande negação. Como ela não podia sentir como era, emocionalmente, estar com esses homens, só conseguia vê-los como pessoas que precisavam de sua compreensão e ajuda.

O padrão de Pam de se envolver em relacionamentos em que seu papel era compreender, encorajar e melhorar seu parceiro é uma fórmula frequentemente empregada pelas mulheres que amam demais, e em geral produz o resultado oposto ao desejado. Em vez de um parceiro grato e fiel ligado a ela por devoção e dependência, essa mulher logo descobre que tem alguém cada vez mais rebelde, ressentido e crítico. Devido à necessidade que esse homem tem de manter sua autonomia e autoestima, ele para de ver a mulher como a solução para todos os seus problemas, e em vez disso a enxerga como a fonte de muitos, se não a maioria deles.

Quando isso acontece e o relacionamento termina, a mulher mergulha no mais profundo sentimento de fracasso e desespero. Se não consegue nem fazer alguém tão carente e inadequado amá-la, como pode esperar conquistar e manter o amor de um homem mais saudável e adequado? Isso explica por que frequentemente essas mulheres, quando terminam um relacionamento ruim, começam outro ainda pior: porque a cada fracasso se sentem com menos valor.

Isso também torna claro como será difícil para essa mulher quebrar esse padrão, a menos que consiga entender a necessidade básica que a move. Pam, como muitas mulheres em profissões voltadas para a ajuda, usou sua carreira para reforçar seu amor-próprio frágil. Ela só podia se relacionar com a carência alheia, inclusive a de seus clientes, filhos, maridos e outros parceiros. Em todas as áreas de sua vida, procurava modos de evitar seu profundo sentimento de inadequação e inferioridade. Somente quando

Pam começou a experimentar as fortes propriedades curativas de compreensão e aceitação que obteve de suas *iguais* no grupo, sua autoestima aumentou e ela pôde começar a se relacionar saudavelmente com os outros, inclusive com um homem saudável.

Celeste: 45 anos; divorciada, mãe de três filhos que moram com o pai no exterior

Provavelmente estive com mais de cem homens em minha vida e, olhando para trás, vejo que todos eram muito mais novos do que eu, vigaristas, dependentes de drogas ou álcool, gays ou malucos. Uma centena de homens impossíveis? Como encontrei todos eles?

Meu pai era um capelão do Exército. Isso significava que fingia ser um homem gentil e amoroso em todos os lugares, menos em casa, onde não se dava ao trabalho de ser nada além do que era – mesquinho, exigente, crítico e egoísta. Ele e minha mãe acreditavam que nós, seus filhos, existíamos para ajudá-lo a manter sua farsa profissional. Devíamos ser perfeitos tirando as melhores notas na escola, sendo cativantes nos ambientes sociais e nunca nos metendo em encrencas. O clima em nosso lar tornava isso impossível. A tensão era palpável quando meu pai estava em casa. Ele e minha mãe não eram nada próximos. Ela ficava furiosa o tempo todo. Não brigava com ele em voz alta, só fervia de raiva em silêncio. Sempre que meu pai fazia algo que ela pedia, fazia malfeito de propósito. Uma vez havia algo de errado com a porta da frente e ele a consertou com pregos enormes, estragando a coisa toda. Todos nós aprendemos a deixá-lo em paz.

Quando meu pai se aposentou passou a ficar em casa todos os dias e todas as noites, sentado em sua cadeira, carrancudo. Não falava muito, mas o simples fato de estar ali tornava a vida difícil para todos. Eu realmente o odiava. Naquela época não conseguia perceber que ele tinha problemas e nós também, pelo modo como reagíamos a ele e o deixávamos nos controlar com sua presença.

Aquilo era uma competição contínua: quem controlaria quem? E ele sempre vencia, passivamente.

De qualquer maneira, há muito tempo eu já havia me transformado na rebelde da família. Tinha raiva, assim como minha mãe, e o único modo de poder expressá-la era rejeitar todos os valores que meus pais representavam, sair e tentar ser o oposto de tudo e todos em minha família. Acho que o que me enfurecia mais era o fato de parecermos tão normais vistos de fora. Eu queria gritar para todos ouvirem como minha família era horrível, mas ninguém mais parecia notar. Minha mãe e minhas irmãs estavam dispostas a me ver como a problemática, e eu colaborava exercendo muito bem o meu papel.

Na escola secundária, fundei um jornal *underground*, o que me causou muitos problemas. Depois saí de casa para frequentar a universidade e assim que pude deixei o país. Quanto mais longe de casa, melhor para mim. Externamente eu era muito rebelde, mas internamente só havia confusão.

Minha primeira experiência sexual ocorreu quando eu estava na Europa, e não foi com um norte-americano. Foi com um jovem estudante africano. Ele estava ansioso por aprender sobre os Estados Unidos, e eu me senti como sua professora – mais forte, mais sábia e mais cosmopolita. O fato de eu ser branca e ele negro causou muitos problemas. Não me importei; aquilo reforçava minha visão de mim mesma como rebelde.

Alguns anos depois, ainda na universidade, conheci um inglês e nós nos casamos. Ele era um intelectual e vinha de uma família rica. Respeitei isso. Tinha 27 anos e ainda era virgem. Fui novamente a professora, o que fez com que eu me sentisse forte e independente. E no controle.

Ficamos casados durante sete anos, vivendo no exterior, e eu me sentia terrivelmente inquieta e infeliz, mas não sabia por quê. Então conheci um jovem estudante órfão e comecei um caso realmente tempestuoso com ele, durante o qual deixei meu marido e meus dois filhos. Esse jovem só havia se envolvido sexualmente com homens até me conhecer. Vivemos juntos por dois anos em meu apartamento. Ele também tinha amantes do sexo masculino, mas eu não me importava. Experimentamos todos os tipos de coisas sexualmente, quebramos todas as regras. Aquilo foi uma aventura para mim, mas depois de algum tempo fiquei inquieta de novo, e o tirei de minha vida como amante, embora sejamos amigos até hoje. Depois veio uma longa série de envolvimentos com tipos realmente baixos. Todos eles, sem exceção, foram morar comigo. A maioria me pediu dinheiro emprestado, às vezes milhares de dólares, e alguns me arrastaram para esquemas muito ilegais.

Eu não imaginava que tinha um problema, mesmo com tudo isso acontecendo. Como cada um desses homens obtinha algo de mim, eu me sentia forte, no controle das coisas.

Então voltei para os Estados Unidos e me envolvi com um homem que provavelmente foi o pior de todos. Ele bebia tanto que sofrera dano cerebral. Era facilmente levado a ter um comportamento violento, raramente tomava banho, não trabalhava e cumpria pena por delitos relacionados com seu alcoolismo. Fui com esse homem à organização onde ele participava de um programa para motoristas presos que dirigiram bêbados e o orientador sugeriu que eu procurasse um dos conselheiros, porque estava claro que eu também tinha problemas. Estava claro para o orientador da turma de motoristas bêbados, mas não para mim; eu achava que era meu parceiro quem tinha problemas, não eu. Mas fui a uma sessão de aconselhamento e logo a conselheira me fez falar sobre como eu me relacionava com os homens. Eu nunca tinha olhado para minha vida desse ângulo. Decidi continuar com o aconselhamento, e foi isso que me ajudou a começar a ver o padrão que eu criara.

Quando eu era criança, havia reprimido tantos sentimentos que precisava de todo o drama que esses homens forneciam para me sentir viva. Problemas com a polícia, envolvimento com drogas, esquemas financeiros, pessoas perigosas, sexo desvairado – tudo se tornara comum para mim. De fato, mesmo com tudo isso eu ainda não conseguia sentir muita coisa.

Continuei com o aconselhamento e, por sugestão da conselheira, comecei a participar de um grupo de mulheres. Lá, pouco a pouco fui aprendendo algumas coisas sobre mim mesma, minha atração por homens doentios ou inadequados que eu podia dominar com meus esforços a fim de ajudá-los. Embora eu tivesse feito análise na Inglaterra durante anos e anos, falando sem parar sobre a raiva que sentia de meu pai e minha mãe, nunca a havia relacionado com minha obsessão por homens impossíveis. Apesar de sempre ter achado que a análise me beneficiou muito, nunca me ajudou a mudar meus padrões. Na verdade, ao examinar meu comportamento, vejo que só piorei naqueles anos.

Agora, no aconselhamento e no grupo de mulheres, à medida que melhoro meus relacionamentos com os homens também se tornam um pouco mais saudáveis. Um tempo atrás me envolvi com um diabético que não tomava sua insulina, e lá estava eu querendo ajudá-lo com preleções sobre o risco que corria e fazendo tentativas para melhorar sua autoestima. Pode parecer estranho, mas meu envolvimento com ele foi um *progresso*! Pelo menos ele não era um completo viciado. Mesmo assim, eu representava meu papel familiar de mulher forte responsável pelo bem-estar de um homem. Não quero saber de homens por algum tempo porque finalmente percebi que não quero cuidar de ninguém, e esse ainda é o único modo que conheço de me relacionar com eles. Os homens têm sido minha forma de evitar cuidar de mim mesma. Estou tentando aprender a me amar, cuidar de mim para variar e abandonar todas essas distrações, porque é isso que os homens têm sido em minha vida. Porém, isso é assustador, porque eu era muito melhor em cuidar deles do que sou em cuidar de mim mesma.

✧ ✦ ✧

Mais uma vez, vemos os temas gêmeos da negação e do controle. A família de Celeste estava em um caos emocional, mas esse caos nunca foi reconhecido ou expressado abertamente. Até mesmo a rebeldia de Celeste contra as regras e normas da família só era sugerida sutilmente no núcleo familiar muito problemático. Ela gritava, mas ninguém ouvia. Frustrada e isolada, Celeste desligou seus sentimentos, exceto um, a raiva: raiva de seu pai por não estar lá para ela e do resto da família por se recusar a reconhecer os problemas ou a dor. Mas a raiva de Celeste era vaga; ela não entendia que provinha de sua incapacidade de mudar a família que adorava e da qual precisava. Nesse ambiente, não conseguiu satisfazer nenhuma de suas necessidades emocionais, por isso procurou relacionamentos que *pudesse* controlar, com pessoas menos educadas, experientes ou bem-sucedidas financeira e socialmente do que ela. A extrema inadequação de seu último parceiro, que estava no último estágio do alcoolismo e muito perto de se encaixar no estereótipo do vagabundo, revela o quanto Celeste precisava desse padrão de relacionamento. E, apesar de brilhante, sofisticada, educada e cosmopolita, ela não viu nenhuma das pistas do quanto essa ligação era doentia e inapropriada. Sua negação dos próprios sentimentos e percepções e a necessidade de controlar o outro e o relacionamento sobrepujaram sua inteligência. Grande parte da recuperação de Celeste envolveu sua desistência de analisar a si mesma e a própria vida intelectualmente e começar a sentir a forte dor emocional resultante do enorme isolamento que sempre sofrera. Seus envolvimentos sexuais numerosos e exóticos só foram possíveis porque ela se sentia muito pouco conectada com outros seres humanos e com seu próprio corpo. De fato, esses envolvimentos evitaram que ela tivesse de se arriscar a ter uma verdadeira intimidade com os outros. O drama e a excitação substituíram a intensidade ameaçadora da intimidade. A recuperação significava ficar quieta consigo mesma, sem alguém para distraí-la. Também significava ter outras mulheres que entendiam seus comportamentos e sentimentos, apoiando seus esforços para mudar. A recuperação de Celeste exige que ela aprenda a se relacionar com outras mulheres e confiar nelas, assim como se relacionar consigo mesma e confiar em si própria.

Celeste precisa desenvolver um relacionamento consigo mesma para poder se relacionar saudavelmente com um homem, e ainda tem muito trabalho duro a fazer nessa área. Basicamente, todos os seus encontros eram meramente reflexos da raiva, do caos e da rebeldia em seu íntimo, e suas tentativas de controlar esses homens também eram tentativas de dominar as forças interiores e os sentimentos que a moviam. Seu trabalho é consigo mesma, e quando ela obtiver mais estabilidade interior isso se refletirá em suas interações com os homens. Enquanto Celeste não aprender a se amar e a confiar em si mesma, não conseguirá amar um homem ou confiar nele, ou que ele a ame e confie nela.

Muitas mulheres cometem o erro de procurar pessoas com quem se relacionar sem primeiro ter um relacionamento consigo mesmas; correm de uma pessoa para outra em busca do que falta dentro delas. A busca deve começar em casa, dentro de si mesma. Ninguém pode nos amar o suficiente para nos satisfazer se não nos amamos, porque quando, em nosso vazio, buscamos amor, só conseguimos encontrar mais vazio. O que manifestamos em nossa vida é um reflexo do que está bem no fundo de nós: nossas crenças sobre nosso valor, nosso direito à felicidade e nosso merecimento. Quando essas crenças mudam, nossa vida também muda.

Janice: 38 anos; casada e com dois filhos adolescentes

Às vezes, quando você se esforça muito para manter as aparências, é praticamente impossível mostrar a qualquer pessoa o que de fato ocorre internamente. É difícil até mesmo se conhecer. Durante muitos anos escondi o que acontecia em casa, e fiz uma ótima encenação em público. Desde cedo, quando era uma garota na escola, comecei a assumir responsabilidades, candidatar-me a postos, estar no comando. Sentia-me maravilhosa. Às vezes acho que poderia ter ficado na escola secundária para sempre. Lá, podia ser bem-sucedida. Fui rainha do baile, capitã da equipe de dança e vice-representante da minha turma. Robbie e eu chegamos a ser eleitos o casal mais bonito do álbum do ano.

Em casa as coisas também pareciam bem. Meu pai era vendedor e ganhava muito dinheiro. Tínhamos uma casa grande e bonita com piscina e quase tudo que queríamos em termos materiais. O que faltava era algo interior, invisível.

Meu pai viajava praticamente o tempo todo. Adorava ficar em motéis e pegar mulheres em bares. Sempre que estava em casa com minha mãe, eles tinham brigas terríveis. Então ela ou quem quer que estivesse em casa na hora tinha de ouvi-lo compará-la com todas as outras mulheres que ele conhecia. Também havia agressões físicas. Quando isso acontecia, meu irmão tentava separá-los ou eu tinha de chamar a polícia, o que era realmente horrível.

Depois que meu pai viajava de novo, minha mãe costumava ter longas conversas com meu irmão e eu, perguntando-nos se deveria abandoná-lo. Nenhum de nós queria ser responsável por essa decisão, embora odiássemos suas brigas, por isso evitávamos responder. Mas minha mãe nunca foi realmente embora, porque tinha muito medo de perder o apoio financeiro que meu pai fornecia. Em vez disso, ela começou a ir muitas vezes ao médico e a tomar pílulas para suportar aquilo. Então deixou de ligar para o que meu pai fazia. Simplesmente ia para o quarto dela, tomava mais uma ou duas pílulas e ficava lá com a porta fechada. Quando ela estava em seu quarto, eu tinha de assumir muitas das suas responsabilidades, mas de certo modo não me importava. Aquilo era melhor do que ouvir a briga.

Quando conheci meu futuro marido, realmente era boa em assumir responsabilidades dos outros.

Robbie já tinha um problema com a bebida quando nos conhecemos, no penúltimo ano da escola secundária. Ele até tinha um apelido, "Burgie", porque bebia muita cerveja Burgermeister. Mas isso não me incomodava. Estava certa de que poderia reverter quaisquer maus hábitos que Robbie tivesse. Sempre me disseram que eu era madura para minha idade, e eu acreditava nisso.

    Havia algo muito doce em Robbie que me atraiu imediatamente. Ele me lembrava de um cocker spaniel, bonito e afável, com grandes olhos castanhos. Começamos a namorar quando deixei transparecer para seu melhor amigo que eu estava interessada nele. Praticamente arranjei sozinha a coisa toda. Achei que tinha de fazer isso porque ele era muito tímido. Daí em diante namoramos firme. De vez em quando Robbie não comparecia a um encontro, e no dia seguinte se desculpava muito por ter bebido e se esquecido. Eu lhe passava um sermão e depois o perdoava. Ele quase parecia grato por me ter por perto para mantê-lo na linha. Sempre fui para ele mãe e namorada ao mesmo tempo. Fazia bainha em suas calças, o lembrava dos aniversários de seus parentes e o aconselhava sobre o que fazer na escola e em sua carreira. Os pais de Robbie eram bons, mas tinham seis filhos. Seu avô, doente, também morava com eles. Todos eram um pouco distraídos por toda aquela pressão, e eu estava mais do que disposta a compensar a atenção que Robbie não recebia em casa.

    Alguns anos depois de sair da escola secundária, Robbie foi convocado para o serviço militar. Foi no início do conflito do Vietnã, e se um jovem fosse casado era dispensado do serviço. Eu não suportava a ideia do que lhe aconteceria no Vietnã. Poderia dizer que temia que fosse ferido ou morto, mas, para ser sincera, tenho de admitir que ainda tinha mais medo de que ele amadurecesse enquanto estivesse lá e não precisasse mais de mim quando voltasse.

    Deixei muito claro que estava disposta a me casar com ele para que fosse dispensado do serviço, e foi o que fiz. Nós nos casamos quando ambos tínhamos vinte anos. Lembro-me de que Robbie ficou tão bêbado na recepção do casamento que tive de dirigir para podermos partir em nossa lua de mel. Aquilo foi uma grande piada.

Depois que nossos filhos nasceram, o problema de Robbie com a bebida piorou. Ele me dizia que precisava escapar de toda aquela pressão, e que havíamos nos casado jovens demais. Ia a muitas viagens de pescaria e passava várias noites fora com os rapazes. Nunca fiquei realmente zangada, porque sentia muita pena dele. Sempre que Robbie bebia, arranjava desculpas para ele e me esforçava mais para tornar as coisas melhores em casa.

Acho que poderíamos ter continuado assim para sempre, com as coisas piorando a cada ano, se o problema de Robbie com a bebida não tivesse sido finalmente notado no trabalho. Seus colegas e seu chefe o confrontaram e lhe deram a opção de se tornar sóbrio ou perder seu emprego. Bem, ele se tornou sóbrio.

Foi quando os aborrecimentos começaram. Em todos aqueles anos em que Robbie havia bebido e arrumado confusão eu sabia de duas coisas: a primeira era que ele precisava de mim, e a segunda era que ninguém mais o aguentaria. E esse era meu único modo de me sentir segura. Sim, eu tinha de aguentar muito, mas tudo bem. Viera de um lar em que meu pai fizera coisas bem piores do que Robbie algum dia fez. Meu pai batia em minha mãe e tinha muitos casos com mulheres que conhecia em bares. Portanto, ter um marido que apenas bebia demais realmente não era tão difícil para mim. Além disso, eu podia dirigir a casa como queria e quando Robbie realmente saía da linha eu o repreendia e chorava, e ele se endireitava por uma semana ou duas. Eu realmente não queria mais do que isso.

É claro que eu não sabia de nada disso até ele se tornar sóbrio. De repente meu pobre e desamparado Robbie estava indo às reuniões do AA todas as noites, fazendo amizades e tendo conversas sérias pelo telefone com pessoas que eu não conhecia. Então ele arranjou um padrinho no AA e era a esse homem que ele recorria sempre que tinha um problema ou uma dúvida. Senti-me como se tivesse sido demitida do meu emprego, e fiquei furiosa! Novamente, para ser sincera, tenho de admitir que gostava mais de toda a situação quando ele bebia. Antes da sobriedade eu costumava telefonar para seu chefe e arranjar desculpas quando a ressaca de Robbie era forte demais para ele ir trabalhar. Menti para sua família e seus amigos sobre o problema que arranjou no trabalho ou sobre o fato de dirigir bêbado. Em geral, interferia na vida dele. Agora não podia nem mesmo entrar no jogo. Sempre que Robbie tinha de lidar com algo difícil, telefonava para seu padrinho, que insistia em que ele enfrentasse o problema de frente. Então ele enfrentava, fosse o que fosse, e depois telefonava para seu padrinho de novo para lhe fazer um relatório. Eu era deixada fora disso tudo.

Apesar de eu ter vivido durante anos com um homem irresponsável, não confiável e muito desonesto, foi quando Robbie estava sóbrio há nove meses e melhorando em todas as áreas que nos vimos brigando mais do que nunca. O que me deixou mais zangada foi ele telefonar para seu padrinho no AA para descobrir como lidar *comigo*! Parecia que *eu* era a maior ameaça à sobriedade dele!

Eu estava me preparando para pedir o divórcio quando a esposa do padrinho dele me telefonou e perguntou se poderíamos nos encontrar para tomar um café. Concordei, muito relutantemente, e ela abriu o jogo. Falou sobre como havia sido difícil para ela quando seu marido se tornou sóbrio, porque não podia mais conduzi-lo, assim como todos os aspectos de sua vida. Falou sobre o quanto se ressentira de suas reuniões no AA, e especialmente de seu padrinho, e que considerava um milagre eles ainda estarem casados, para não mencionar o fato de serem realmente felizes. Disse que o Al-Anon a ajudara muito e insistiu em que eu fosse a algumas reuniões.

Bem, só ouvi parte do que ela disse. Ainda acreditava que estava bem e que Robbie me devia muito por aguentá-lo durante todos aqueles anos. Achava que ele deveria estar tentando me compensar por isso, em vez de ir a reuniões o tempo todo. Não tinha a menor ideia de como era difícil para ele permanecer sóbrio e ele não ousaria me dizer porque eu lhe diria como fazê-lo – como se eu soubesse algo a esse respeito!

Mais ou menos nessa época, um de nossos filhos começou a roubar e ter outros problemas na escola. Robbie e eu fomos a uma reunião de pais e de algum modo veio à tona que Robbie era alcoólatra e se mantinha sóbrio frequentando o AA. A conselheira recomendou firmemente que nosso filho fosse ao Alateen e perguntou se eu estava no Al-Anon. Senti-me encurralada, mas aquela mulher tinha muita experiência com famílias como a nossa e foi muito gentil comigo. Todos os nossos filhos começaram a ir ao Alateen, mas eu ainda me mantive fora do Al-Anon. Continuei com o processo de divórcio e me mudei com meus filhos para um apartamento. Na hora de acertar todos os detalhes, meus filhos me disseram tranquilamente que queriam morar com o pai. Fiquei arrasada. Depois que deixei Robbie, concentrei toda a minha atenção neles, e preferiam o pai a mim! Tive de deixá-los ir. Tinham idade suficiente para decidir. Isso me deixou sozinha comigo mesma. E eu nunca estivera sozinha comigo mesma. Fiquei ao mesmo tempo apavorada, deprimida e histérica.

Depois de alguns dias totalmente sem ação, telefonei para a esposa do padrinho de Robbie. Quis culpar seu marido e o AA por toda a minha dor. Ela me ouviu gritar por um longo tempo. Depois veio à minha casa e se sentou comigo enquanto eu chorava sem parar. No dia seguinte, fui com ela para uma reunião do Al-Anon e ouvi o que as pessoas diziam, embora estivesse terrivelmente zangada e assustada. Comecei, muito devagar, a ver o quanto estava doente. Fui a reuniões todos os dias durante três meses. Depois fui três ou quatro vezes por semana durante um longo tempo.

Sabe, nessas reuniões realmente aprendi a rir das coisas que levara tão a sério, como tentar mudar os outros e dirigir e controlar a vida alheia. Outras pessoas falarem sobre o quanto era difícil para elas cuidar de si mesmas em vez de concentrar toda a sua atenção no alcoólatra. Isso também se aplicava a mim. Não tinha a mínima ideia do que precisava para ser feliz. Sempre achara que seria feliz assim que todos os outros estivessem bem. Vi pessoas lindas ali, e algumas tinham parceiros que ainda bebiam. Elas aprenderam a deixar para lá e seguir com sua própria vida. Mas também ouvi de todas elas que era difícil abandonar os velhos hábitos de cuidar de tudo e todos, e agir como mãe do alcoólatra. Ouvir algumas dessas pessoas falarem sobre como superaram o problema da solidão e a sensação de vazio também me ajudou a encontrar meu caminho. Aprendi a parar de sentir pena de mim mesma e a ser grata pelo que tinha em minha vida. Logo não estava mais chorando durante horas e descobri que tinha muito tempo em mãos, por isso fui trabalhar em regime de meio expediente. Isso também ajudou. Comecei a me sentir bem fazendo algo totalmente sozinha. Não demorou muito para Robbie e eu falarmos sobre voltar a viver juntos. Eu estava morrendo de vontade de fazer isso, mas seu padrinho o aconselhou a esperar um pouco. A esposa de seu padrinho disse o mesmo para mim. Naquela época não entendi o motivo, mas todas as outras pessoas no programa concordaram com eles, e então esperamos. Agora vejo por que isso foi necessário. Era importante para mim esperar até haver alguém dentro de mim antes de voltar para Robbie.

No início eu estava tão vazia que me sentia como se o vento soprasse através de mim. Mas a cada decisão que tomava sozinha esse lugar vazio ia sendo preenchido aos poucos. Tive de descobrir quem eu era, do que gostava e do que não gostava, o que queria para mim mesma e minha vida. Só poderia descobrir essas coisas se ficasse um tempo só, sem ninguém mais em quem pensar e com quem me preocupar, porque quando outra pessoa estava por perto eu preferia dirigir a vida dela a viver a minha.

Quando começamos a pensar em voltar a viver juntos vi-me telefonando para Robbie por qualquer motivo bobo, querendo encontrá-lo e discutir cada detalhe. Sentia-me andando para trás a cada vez que falava com ele. Por isso, quando precisava conversar com alguém, passei a ir a uma reunião ou telefonar para uma pessoa do programa. Isso foi como perder um vício, mas eu sabia que tinha de aprender a deixar as coisas fluírem entre nós, em vez de interferir o tempo todo e forçá-las a ser como eu queria. Esse recuo foi incrivelmente difícil para mim. Acho que deve ter sido muito mais difícil deixar Robbie em paz do que foi para ele deixar o álcool. Mas eu sabia que era preciso, caso contrário eu assumiria novamente todos os velhos papéis. É engraçado: finalmente percebi que só depois de *gostar* de viver sozinha estaria pronta para retomar o casamento. Quase um ano se passou, e em algum momento nesse período Robbie, nossos filhos e eu voltamos a viver juntos. Ele nunca quis se divorciar, embora hoje eu não consiga entender por quê. Eu era muito controladora. Seja como for, melhorei e agora os deixo mais em paz, e estamos realmente bem. Os garotos vão às reuniões do Alateen, Robbie vai às do AA e eu vou às do Al-Anon. Acho que todos nós estamos mais saudáveis do que nunca porque cada qual vive sua própria vida.

✧ ✦ ✧

Há pouco a acrescentar à história de Janice. Sua tremenda necessidade de ser necessária, ter um homem fraco e inadequado e controlar a vida desse homem foram modos de negar e evitar o inevitável vazio em seu íntimo, surgido nos primeiros anos de convivência com sua família. Já foi observado que crianças em famílias disfuncionais se sentem responsáveis pelos problemas familiares, e por sua solução. Há basicamente três modos pelos quais essas crianças tentam "salvar" suas famílias: sendo invisíveis, más ou boas.

Ser invisível significa nunca pedir nada, nunca causar problemas, nunca fazer nenhum tipo de exigência. A criança que escolhe esse papel evita cuidadosamente acrescentar algum peso à sua família já estressada. Permanece em seu quarto ou se funde com o papel de parede; fala pouquíssimo e quando o faz é de um modo vago. Na escola não é boa e nem má – na verdade, raramente é lembrada. Sua contribuição para a família é não existir. Ela é insensível à sua própria dor, não sente nada.

Ser má significa ser rebelde, delinquente juvenil, acenar uma bandeira vermelha. Essa criança se sacrifica concordando em ser o bode expiatório e o problema da família. Torna-se o foco do sofrimento, do medo, da raiva e da frustração familiar. O relacionamento de seus pais pode estar se desintegrando, mas ela lhes fornece um assunto que podem discutir seguramente juntos. Eles podem perguntar, "O que faremos em relação a você, Joanie?", em vez de "O que faremos em relação ao nosso casamento?". É assim que ela tenta "salvar" a família. E só tem um sentimento: raiva. A raiva encobre sua dor e seu medo.

Ser boa é ser o que Janice era, uma realizadora no mundo, cujas conquistas visavam redimir a família e preencher o vazio interior. Parecer feliz, brilhante e entusiasmada serve para encobrir a tensão, o medo e a raiva interior. Parecer boa se torna muito mais importante do que se sentir boa – do que sentir qualquer coisa.

Janice acabou precisando acrescentar o cuidado dispensado a outra pessoa à sua lista de realizações e Robbie, reproduzindo o alcoolismo de seu pai e a dependência passiva de sua mãe, era uma escolha provável. Ele (e depois de sua partida, os filhos) se tornou sua carreira, seu projeto, seu modo de evitar os próprios sentimentos.

Sem poder mais concentrar sua atenção no marido ou nos filhos, um colapso era inevitável, porque eles tinham sido o principal meio pelo qual ela pôde evitar sua dor, seu vazio e seu medo. Sem eles, seus sentimentos a dominaram. Janice sempre se considerara uma pessoa forte, que ajudava, incentivava e aconselhava aqueles ao seu redor. Porém, na verdade o marido e os filhos tinham um papel mais importante para ela do que ela tinha para eles. Embora eles não tivessem sua "força" e "maturidade", podiam funcionar sem ela. Janice não podia funcionar sem eles. O fato de essa família ter sobrevivido intacta se deve em grande parte à sua sorte de encontrar um conselheiro experiente e à honestidade do padrinho de Robbie e da esposa dele. Todas essas pessoas perceberam que a doença de Janice era tão debilitante quanto a de Robbie, e que sua recuperação era igualmente importante.

Ruth: 28 anos; casada e com duas filhas

Eu sabia, antes mesmo de nos casarmos, que Sam tinha problemas de desempenho sexual. Havíamos tentado fazer amor algumas vezes, e aquilo nunca realmente dera certo, mas ambos púnhamos a culpa disso no fato de não sermos casados. Partilhávamos convicções religiosas muito fortes – na verdade, nos conhecemos em um curso noturno em uma escola religiosa e saímos juntos durante dois anos antes de ao menos tentarmos ter relações sexuais. Àquela altura estávamos noivos, com a data do casamento marcada, por isso interpretamos a impotência de Sam como o modo de Deus evitar que pecássemos antes de nos casarmos. Pensei que Sam era apenas um jovem muito tímido e que eu conseguiria ajudá-lo a superar isso quando estivéssemos casados. Ansiava por conduzi-lo naquilo tudo. Só que não foi isso o que aconteceu.

Em nossa noite de núpcias, Sam estava pronto para ir em frente, e então perdeu a ereção e me perguntou em voz baixa: "Você ainda é virgem?" Quando não lhe respondi imediatamente, ele disse: "Não achei que fosse." Ele se levantou, foi para o banheiro e fechou a porta. Nós dois choramos nos lados opostos daquela porta. Foi uma noite longa e desastrosa, a primeira de muitas outras.

Antes de conhecer Sam, eu havia sido noiva de um homem de quem nem mesmo gostava muito, mas ele me seduziu e fizemos amor. Depois disso, senti que tinha de me casar com ele para me redimir. Ele acabou se cansando de mim e simplesmente foi embora. Eu ainda usava minha aliança de noivado quando conheci Sam. Acho que esperava ficar solteira para sempre depois daquela experiência. Mas Sam era muito gentil e nunca me pressionou sexualmente, por isso me senti segura e aceita. Dava para ver que Sam era menos sofisticado e mais conservador do que eu na área sexual, e isso fez com que eu me sentisse no controle da situação. Esse fato, junto com nossas convicções religiosas, garantiu-me que éramos perfeitos um para o outro.

Depois do nosso casamento, devido à culpa que eu sentia, assumi toda a responsabilidade de curar a impotência de Sam. Lia todos os livros que encontrava, enquanto ele se recusava a ler ao menos um. Guardei todos aqueles livros na esperança de que os lesse. Mais tarde descobri que ele realmente lia todos, quando eu não estava olhando. Também estava louco por respostas, mas eu não sabia, porque Sam não falava sobre isso. Ele me perguntou se eu concordava em que fôssemos apenas amigos e menti, dizendo que sim. A pior parte para mim não foi a falta de sexo na minha vida; de qualquer modo eu não ligava muito para isso. Foi minha culpa, minha sensação de que de alguma maneira arruinara tudo, desde o começo.

A terapia era algo que eu ainda não havia tentado. Perguntei-lhe se ele iria comigo. Ele respondeu que de modo algum. Àquela altura eu estava obcecada pela sensação de que *eu* o privara da maravilhosa vida sexual que ele poderia ter se não tivesse se casado comigo. Ainda sentia que talvez houvesse algo que um terapeuta pudesse me dizer que me ajudaria, algo que os livros não disseram. Estava desesperada para ajudar Sam. E ainda o amava. Agora percebo que grande parte do meu amor por Sam naquele tempo era uma combinação de culpa e pena, mas eu realmente sentia carinho por ele. Sam era um homem bom, doce e gentil.

De qualquer maneira, fui à minha primeira consulta, com uma terapeuta recomendada pelo Planned Parenthood por ser especializada em sexualidade humana. Só fui até lá para ajudar Sam, e disse isso à terapeuta. Ela observou que não poderíamos ajudá-lo porque ele não estava ali, mas poderíamos trabalhar comigo e com meus sentimentos sobre o que estava acontecendo e deixando de acontecer entre Sam e eu. Eu não estava nem um pouco preparada para falar sobre meus sentimentos. Nem mesmo sabia que os tinha. Passamos toda aquela primeira hora comigo tentando voltar o assunto para Sam, e ela me conduzindo gentilmente de volta para mim mesma e meus sentimentos. Pela primeira vez, percebi o quanto eu era boa em me evitar. Principalmente por minha terapeuta ser tão honesta comigo, decidi vê-la de novo, embora não tivéssemos trabalhado no que eu estava certa que era o *verdadeiro* problema – Sam.

Entre nossa segunda e terceira sessões, tive um sonho muito vívido e perturbador, no qual era perseguida e ameaçada por uma figura cujo rosto não conseguia ver. Quando contei à minha terapeuta sobre isso ela me ajudou a trabalhar com o sonho até que percebi que a figura ameaçadora era meu pai. Esse foi o primeiro passo em um longo processo que finalmente permitiu que eu me lembrasse de que meu pai me molestara sexualmente com frequência quando eu tinha entre 9 e 15 anos. Eu havia enterrado todo esse aspecto da minha vida, e quando as lembranças começaram a voltar só pude deixá-las vir para minha consciência um pouco de cada vez, porque eram devastadoras.

Meu pai frequentemente saía ao anoitecer e só voltava para casa tarde. Minha mãe, acho que para puni-lo, o trancava do lado de fora do quarto deles naquelas noites. Meu pai deveria dormir no sofá, mas depois de algum tempo começou a vir para a minha cama. Ele me adulava e ameaçava caso eu contasse isso, e nunca contei porque tinha muita vergonha. Estava certa de que o que acontecia entre nós era minha culpa. Em nossa família os assuntos sexuais nunca eram discutidos, mas de algum modo a atitude geral transmitia que sexo era sujo. Eu certamente me sentia suja, e não queria que ninguém soubesse.

Quando tinha 15 anos, arranjei um emprego em que trabalhava à noite, nos fins de semana e nos verões. Ficava fora de casa o máximo possível e comprei um ferrolho para minha porta. Na primeira vez em que tranquei meu pai do lado de fora, ele ficou lá, batendo na minha porta. Fingi que não sabia o que estava acontecendo: minha mãe acordou e lhe perguntou o que ele estava fazendo. Ele respondeu: "Ruth trancou a porta do quarto!" Minha mãe disse: "E daí? Vá dormir!" Foi o fim de tudo. Sem perguntas por parte de minha mãe e sem mais visitas de meu pai.

Precisei reunir toda a minha coragem para pôr um ferrolho na minha porta. Tinha medo de que aquilo não funcionasse e que meu pai entrasse furioso por eu tê-lo trancado do lado de fora. Quase preferia continuar do mesmo modo a correr o risco de alguém descobrir o que estivera acontecendo.

Aos 17 anos, saí de casa para a universidade e conheci o homem de quem fiquei noiva aos 18. Eu dividia um apartamento com duas garotas e uma noite elas receberam alguns amigos que eu não conhecia. Fui para a cama cedo, principalmente para evitar a cena do grupo fumando maconha. Embora praticamente todos os estudantes quebrassem as regras muito rígidas da universidade sobre bebidas e drogas, nunca realmente me acostumei a presenciar ou fazer aquilo. De qualquer modo, meu quarto ficava ao lado do banheiro, no final do corredor. Um dos rapazes na festa procurou o banheiro e entrou por engano onde eu estava. Quando viu o que havia feito, em vez de ir embora perguntou se poderia conversar comigo. Não consegui dizer não. É difícil explicar isso, mas simplesmente não consegui. Bem, ele se sentou ao meu lado na cama e conversou comigo. Então disse para eu me virar para fazer uma massagem nas minhas costas. Logo estava na minha cama fazendo amor comigo. E foi assim que acabei noiva dele. Independentemente de ele fumar maconha ou não, acho que era quase tão conservador quanto eu e, como eu, acreditava que o fato de termos feito amor significava que tínhamos de ficar juntos. Nós saímos juntos por uns quatro meses até que, como eu disse, ele simplesmente sumiu. Conheci Sam pouco mais de um ano depois. Como nós nunca falamos sobre sexo, presumi que o evitávamos devido às nossas convicções religiosas. Não percebi que o evitávamos porque ambos tínhamos sido muito magoados sexualmente. Eu gostava da sensação de ajudar Sam, trabalhar muito com ele para superarmos nosso problema e poder engravidar. Gostava de me sentir útil, compreensiva, paciente – e no controle. Qualquer coisa menos do que total controle teria revivido todas as velhas sensações de meu pai se aproximando de mim e me acariciando em todas aquelas noites, durante todos aqueles anos.

Quando o que houve entre meu pai e eu começou a vir à tona na terapia, minha terapeuta me recomendou firmemente que eu fosse às reuniões do Daughters United, um grupo de autoajuda de filhas que sofreram abusos sexuais dos pais. Resisti durante muito tempo, mas finalmente entrei para o grupo. Isso foi realmente uma bênção. Saber que havia muitas mulheres que tiveram experiências similares e, frequentemente, muito piores do que a minha, era reconfortante e restaurador. Várias dessas mulheres também tinham se casado com homens com problemas sexuais. Esses homens também formavam um grupo de autoajuda, e de algum modo Sam encontrou coragem para se juntar a eles.

Os pais de Sam tinham sido obcecados em criá-lo para ser, nas palavras deles, um "garoto puro e limpo". Se ele pusesse as mãos no colo à mesa de jantar, ordenavam-lhe que as mantivesse na mesa "onde podemos ver o que você está fazendo". Se Sam ficasse tempo demais no banheiro, seus pais batiam na porta e gritavam: "O que você está fazendo aí dentro?" Isso era constante. Eles procuravam revistas nas gavetas e manchas nas roupas de Sam. Ele passou a temer tanto qualquer sensação ou experiência sexual que acabou não conseguindo ter nenhuma, mesmo se tentasse.

Quando começamos a melhorar, de algum modo a vida se tornou mais difícil para nós como casal. Eu ainda tinha uma tremenda necessidade de controlar todas as expressões da sexualidade de Sam (como seus pais fizeram), porque qualquer agressividade sexual por parte dele era muito ameaçadora para mim. Se Sam me procurava espontaneamente eu me esquivava, virava para o outro lado, me afastava ou começava a falar ou fazer outra coisa para evitar seus avanços. Não suportava tê-lo inclinado sobre mim quando eu estava na cama porque isso me lembrava muito do modo como meu pai me abordava. Mas a recuperação de Sam exigia que ele passasse a ter total controle sobre seu corpo e seus sentimentos. Tive de parar de controlá-lo para ele poder, literalmente, experimentar sua própria potência. Contudo, meu medo de ser subjugada também era um grande problema. Aprendi a dizer, "Estou ficando com medo agora", e Sam respondia, "O que você precisa que eu faça?". Em geral isso era suficiente – saber que ele se importava com meus sentimentos e que me ouviria.

Resolvemos esse assunto alternando quem comandava o que acontecia entre nós sexualmente. Ambos podíamos dizer não a qualquer coisa de que não gostássemos ou que não quiséssemos fazer, mas basicamente um de nós orquestrava todo o encontro. Essa foi uma das melhores ideias que já tivemos, porque satisfazia a necessidade de cada um de ter o controle do próprio corpo e do que fazia com ele sexualmente. Realmente aprendemos a confiar um no outro e a acreditar que poderíamos dar e receber amor com nossos corpos. Além disso, tínhamos nossos grupos de apoio. Os problemas e sentimentos de todos eram tão parecidos que realmente ajudavam a manter nossos conflitos em perspectiva. Um dia nossos dois grupos se reuniram e passamos a noite discutindo nossas reações pessoais às palavras *impotente* e *frígida*.

Houve lágrimas, risos e muita compreensão e participação. Aquilo tirou muita da vergonha e dor de todos nós.

Talvez porque àquela altura Sam e eu já tivéssemos partilhado tanto e pelo fato de haver muita confiança entre nós, a parte sexual de nosso relacionamento começou a dar certo. Agora temos duas filhas lindas e estamos muito felizes com elas, com nós mesmos e um com o outro. Para Sam, sou muito menos mãe e mais parceira. Ele está menos passivo e mais assertivo. Não precisa de mim para esconder o segredo de sua impotência do mundo, e não preciso dele para ser assexuada. Agora temos muitas escolhas e escolhemos livremente um ao outro!

✧ ✧ ✧

A história de Ruth ilustra outra faceta da negação e da necessidade de controlar. Como tantas mulheres que se tornaram obcecadas com os problemas de seus parceiros, Ruth sabia antes de seu casamento exatamente quais eram os problemas de Sam. Por isso, não se surpreendeu com a incapacidade de desempenho sexual conjunto. Na verdade, esse fracasso, de certo modo, era uma garantia de que ela nunca mais teria de se sentir sem o controle de sua sexualidade. Poderia tomar a iniciativa, ser a pessoa no controle, em vez de assumir o que para ela era o único outro papel no sexo – o de vítima.

Novamente, esse casal teve a sorte de receber ajuda sob medida para seus problemas. Para Ruth, o grupo de apoio adequado foi o Daughters United, uma ramificação do Parents United, formado para ajudar a promover a recuperação em famílias nas quais ocorrera incesto. Felizmente, um grupo correspondente fora formado pelos maridos dessas vítimas de incesto, e nesse clima de compreensão, aceitação e experiências partilhadas, todas as pessoas afetadas puderam avançar cautelosamente na direção da expressão sexual saudável.

Para cada mulher neste capítulo, a recuperação exigiu o enfrentamento da dor, passada e presente, que ela tentara evitar. Na infância, cada uma desenvolvera um método para sobreviver que incluía negação e tentativa de obter controle. Mais tarde, na idade adulta, esses métodos foram prejudiciais para essas mulheres. De fato, suas defesas contribuíram muito para sua dor.

Para a mulher que ama demais, a prática da negação, descrita de um modo magnânimo como "deixar passar as falhas do outro" ou "manter uma atitude positiva", evita convenientemente o aspecto cúmplice de como as falhas de seu parceiro permitem a ela assumir seus papéis familiares. Quando seu impulso de controlar usa a máscara de "ser útil" e "dar incentivo", esse tipo de interação novamente ignora sua necessidade de superioridade e poder.

Precisamos reconhecer que a negação e o controle, sejam como forem chamados, em última análise não melhoram nossa vida ou nosso relacionamento. Em vez disso, o mecanismo da negação nos leva a relacionamentos que nos permitem reencenar nossos antigos conflitos, e a necessidade de controle nos mantém neles, tentando mudar outra pessoa em vez de a nós mesmas.

Agora voltemos ao conto de fadas ressaltado no início do capítulo. Como já foi observado, *A Bela e a Fera* pareceria ser um meio de perpetuar a crença de que uma mulher tem o poder de transformar alguém se o amar com devoção. Nesse nível de interpretação, a história parece defender a negação e o controle como métodos para alcançar a felicidade. Bela, amando o temível monstro inquestionavelmente (negação), parece ter o poder de mudá-lo (controlá-lo). Tal interpretação *parece* certa, porque se encaixa nos papéis sexuais que nossa cultura impõe. Contudo, acho que essa interpretação simplista ignora em grande parte o significado dessa história consagrada pelo tempo. Ela não perdura porque reforça os preceitos culturais e os estereótipos de uma era. Perdura porque incorpora uma lei metafísica profunda, uma lição vital de como viver bem e com sabedoria. É como se a história contivesse um mapa secreto que, se decifrado e seguido com inteligência e coragem suficientes, nos levaria a um rico tesouro escondido – nosso próprio "felizes para sempre".

Então qual é o ponto principal de *A Bela e a Fera*? É a *aceitação*. A aceitação é a antítese da negação e do controle. É uma disposição de perceber qual é a realidade e deixá-la existir, sem necessidade de mudá-la. Nisso reside uma felicidade que não provém de manipular condições externas ou pessoas, mas de desenvolver paz interior mesmo diante de desafios e dificuldades.

Lembre-se de que no conto de fadas a Bela não tinha nenhuma necessidade de mudar a Fera. Ela o estimava realisticamente, o aceitava como era e apreciava suas boas qualidades. Não tentou transformar um monstro em um príncipe. Não disse: "Ficarei feliz quando ele não for mais um animal." Não sentiu pena dele por ser o que era ou tentou mudá-lo. E aí é que está a lição. Devido à atitude de aceitação da Bela, a Fera ficou *livre* para se transformar em seu próprio melhor eu. O fato de seu verdadeiro eu ser um belo príncipe (e um parceiro perfeito para ela) demonstra simbolicamente que *ela* foi muito bem recompensada por sua aceitação. Sua recompensa foi uma vida rica e gratificante, feliz para sempre com o príncipe.

A verdadeira aceitação de um indivíduo como ele é, sem tentar mudá-lo por meio de incentivo, manipulação ou coerção, é uma forma elevada de amor muito difícil de ser praticada pela maioria de nós. No fundo de todos os nossos esforços para mudar outra pessoa há um motivo basicamente egoísta, uma crença em que se a mudarmos seremos felizes. Não há nada de errado em querer ser feliz, mas colocar a fonte dessa felicidade fora de nós, nas mãos de outra pessoa, significa evitar nossa capacidade e responsabilidade de mudar nossa própria vida para melhor.

Ironicamente, é essa mesma prática de aceitação que permite a outra pessoa mudar, se ela quiser. Vamos examinar como isso funciona. Se, por exemplo, o parceiro de uma mulher é um workaholic e ela reclama das longas horas que passa fora de casa e lhe implora para não fazer mais isso, qual costuma ser o resultado? Ele passa o mesmo tempo ou mais longe dela, sentindo que tem o direito de fazer isso para fugir de suas intermináveis lamentações. Em outras palavras, ao reclamar, implorar e tentar mudá-lo, na verdade a mulher lhe permite acreditar que o problema entre eles não é sua compulsão por trabalho, mas os resmungos dela. De fato, a compulsão da mulher por mudá-lo pode contribuir tanto para a distância emocional entre eles quanto a compulsão por trabalho dele. Em seus esforços para forçá-lo a ficar mais perto dela, a mulher na verdade o afasta mais.

A compulsão por trabalho é um distúrbio sério, como o são todos os comportamentos compulsivos. Serve a um objetivo na vida do marido, provavelmente evitar que ele experimente a intimidade que teme e o afloramento de várias sensações desagradáveis, principalmente ansiedade e desespero. (A compulsão por trabalho é um meio de evitação que homens de famílias disfuncionais frequentemente usam, assim como amar demais é um dos principais meios de evitação usados por mulheres desses tipos de famílias.) O preço que se paga pela evitação é uma existência unidimensional que o impede de aproveitar grande parte do que a vida tem a oferecer. Mas somente ele pode decidir se o preço é alto demais e tomar as medidas e correr os riscos necessários para mudar. A tarefa de sua esposa não é endireitar a vida do marido, mas melhorar a dela.

A maioria de nós tem a capacidade de experimentar muito mais felicidade e realização pessoal do que imagina. Frequentemente não reivindicamos essa felicidade porque acreditamos que o comportamento de *outra pessoa* nos impede de fazer isso. Ignoramos nossa obrigação de nos desenvolvermos enquanto tramamos, manobramos e manipulamos para mudar outra pessoa, e ficamos zangadas, desanimadas e deprimidas quando nossos esforços falham. Tentar mudar outra pessoa é frustrante e deprimente, mas exercer nosso poder de efetuar mudanças em nossa própria vida é revigorante.

Para a esposa de um workaholic ficar livre para ter uma vida própria satisfatória, independentemente do que seu marido faça, ela deve passar a acreditar que o problema é dele e não dela, e que não está ao seu alcance e nem é seu dever ou direito mudá-lo. Deve aprender a respeitar o direito dele de ser quem é, embora preferisse que ele fosse diferente.

Quando ela faz isso, fica livre – livre de ressentimento pela indisponibilidade dele, livre de culpa por não ser capaz de mudá-

-lo e livre do peso de tentar sempre mudar o que não pode. Com menos ressentimento e culpa ela pode começar a sentir uma maior afeição por ele e as qualidades nele que realmente aprecia.

Quando ela desistir de tentar mudá-lo e redirecionar sua energia para desenvolver seus próprios interesses, experimentará felicidade e satisfação, não importa o que ele faça. Pode acabar descobrindo que seus objetivos são suficientemente satisfatórios para ela ter uma vida própria rica e gratificante, sem grande companheirismo por parte de seu marido. Ou, à medida que ela for se tornando cada vez menos dependente dele para sua felicidade, pode chegar à conclusão de que seu compromisso com um homem ausente é sem sentido e decidir seguir com sua própria vida livre do constrangimento de um casamento insatisfatório. Nenhum desses caminhos é possível enquanto a mulher precisar que o homem mude para ela ser feliz. Até que o *aceite* como é, ficará paralisada em um desenho animado interrompido, esperando que ele mude para poder começar a viver sua vida.

Quando uma mulher que ama demais desiste de sua cruzada para mudar o homem em sua vida, ele reflete sobre as consequências de seu próprio comportamento. Como ela não está mais frustrada e infeliz, mas cada vez mais animada com a vida, o contraste com a própria existência dele se intensifica. Ele pode escolher tentar se livrar de sua obsessão e se tornar mais disponível física e emocionalmente. *Ou não.* Mas independentemente do que ele decida fazer, ao aceitar o homem em sua vida exatamente como ele é, de um modo ou outro a mulher se torna livre para viver sua própria vida – feliz para sempre.

8

Quando um vício alimenta outro

Há muita dor na vida e talvez a única que pode ser evitada seja a que provém de tentar evitá-la.

– R. D. Laing

Na pior das hipóteses nós, mulheres que amamos demais, somos viciadas em relacionamentos, "viciadas em alguém", acostumadas com a dor, com o medo e com o desejo. Como se isso não fosse ruim o suficiente, às vezes essa pessoa não é nosso único vício. Para bloquear os sentimentos mais profundos da infância, algumas mulheres que amam demais também se tornam dependentes de substâncias viciantes. Na juventude ou mais tarde, na idade adulta, começam a abusar de álcool, de outras drogas ou, mais tipicamente, de comida. Comem demais, deixam de comer ou fazem essas duas coisas para se desligar da realidade, se distrair e reduzir seu imenso vazio emocional interior.

Nem todas as mulheres que amam demais também comem ou bebem demais, ou abusam de drogas, mas para as que fazem isso a recuperação do vício no relacionamento deve andar de mãos dadas com a recuperação do vício na droga. Eis o porquê: quanto mais dependemos de álcool, drogas ou comida, mais sentimos culpa, vergonha e raiva de nós mesmas. Cada vez mais solitárias e isoladas, podemos nos tornar desesperadas pelo apoio que um relacionamento parece prometer. Como nos sentimos péssimas em relação a nós mesmas, queremos alguém que faça com que nos sintamos melhor. Como não conseguimos nos amar, precisamos que o outro nos convença de que somos dignas de amor. Até dizemos a nós mesmas que com a pessoa certa não precisaremos tanto de comida, álcool ou drogas. Usamos os relacionamentos do mesmo modo como usamos a substância viciante: para acabar com nossa dor. Quando um relacionamento nos desaponta, voltamo-nos mais freneticamente para a substância de que abusamos em busca de alívio. Cria-se um círculo vicioso quando a dependência física de uma substância é exacerbada pelo estresse de um relacionamento doentio, e a dependência de um relacionamento é intensificada pelos sentimentos caóticos produzidos pelo vício físico. Usamos o fato de estarmos sem alguém ou com a pessoa errada para explicar e desculpar nosso vício físico. De modo inverso, o uso contínuo da substância viciante nos permite tolerar o relacionamento doentio atenuando nossa dor e nos roubando a motivação necessária para mudarmos. Culpamos um pelo outro. E nos tornamos cada vez mais presas a ambos.

Enquanto tendermos a fugir de nós mesmas e evitar nossa dor, permaneceremos doentes. Quanto mais procurarmos meios de fuga, mais doentes ficaremos, porque combinaremos vícios com obsessões. Acabaremos descobrindo que nossas soluções se tornaram nossos problemas mais sérios. Precisando desesperadamente de alívio e não encontrando nenhum, às vezes começamos a ficar um pouco loucas.

✧ ✦ ✧

– Estou aqui porque meu advogado me disse para vir. – Brenda estava quase sussurrando ao fazer essa confissão em nossa primeira consulta. – Eu... eu... bem, peguei algumas coisas e fui presa, e ele achou que seria uma boa ideia procurar alguém para me aconselhar. – Ela continuou, em um tom conspiratório: – Quando eu voltasse ao tribunal, seria muito melhor se eles achassem que estou obtendo ajuda para resolver meus problemas.

Mal tive tempo de assentir com a cabeça, antes de ela continuar.

— Só que, bem, eu acho que realmente não tenho nenhum *problema*. Peguei algumas coisas naquela pequena farmácia e me esqueci de pagar. É horrível que eles pensem que as roubei, mas realmente foi apenas um descuido. A pior coisa nisso tudo é o constrangimento. Mas não tenho nenhum problema *real*, como algumas pessoas têm.

Brenda me apresentava um dos maiores desafios na terapia: uma cliente pouco motivada a procurar ajuda sozinha, que na verdade nega precisar de alguma e, contudo, está ali no consultório, enviada por outra pessoa que acha que a terapia seria benéfica.

Enquanto ela falava, mal parando para respirar, desliguei-me das palavras que chegavam rapidamente até mim. Estudei a mulher em si. Era alta, medindo no mínimo 1,75 metro, magra como uma modelo, e pesava no máximo 52 quilos. Usava um vestido em tom coral forte, elegantemente simples, e joias pesadas de marfim e ouro. Com cabelos louro-mel e olhos verdes da cor do mar, devia ter sido bonita. Os ingredientes estavam todos ali, mas faltava alguma coisa. Suas sobrancelhas eram cronicamente franzidas, criando uma ruga vertical profunda entre elas. Ela prendia muito a respiração e suas narinas estavam constantemente dilatadas. E seus cabelos, embora cuidadosamente cortados e penteados, estavam secos e quebradiços. Sua pele era fina como papel e macilenta, apesar de um bronzeado atraente. Seus lábios teriam sido grandes e cheios, mas ela os apertava constantemente, fazendo-os parecer esticados e finos. Quando sorria era como se puxasse cuidadosamente uma cortina sobre os dentes, e quando falava mordia muito os lábios. Comecei a suspeitar que ela praticava farras alimentares e depois induzia o vômito (bulimia) e/ou se recusava a comer (anorexia), devido à qualidade de sua pele, de seus cabelos e à sua extrema magreza.

As mulheres com distúrbios alimentares frequentemente apresentam episódios de roubo compulsivo, o que era outra pista. Também tive fortes suspeitas de que ela fosse uma coalcoólatra. Em minha clínica, quase todas as mulheres que atendi que tinham distúrbios alimentares eram filhas de um ou dois alcoólatras (especialmente as mulheres bulímicas), ou de um alcoólatra e uma pessoa com compulsão alimentar. Pessoas com compulsão alimentar e alcoólatras se casam com muita frequência, o que não é de admirar, já que tantas são filhas de alcoólatras e filhas de alcoólatras tendem a se casar com alcoólatras. A pessoa com compulsão alimentar está determinada a controlar sua comida, seu corpo e seu parceiro por meio do poder de sua vontade. Brenda e eu certamente tínhamos muito trabalho à nossa frente.

– Fale-me sobre você – pedi o mais gentilmente que pude, embora soubesse o que viria.

Conforme o esperado, a maior parte do que ela me disse naquele primeiro dia foi mentira: estava bem e feliz, não sabia o que tinha acontecido na loja, não conseguia se lembrar de nada e nunca fizera aquilo. Depois disse que seu advogado era muito gentil, como eu obviamente também era, e não queria que ninguém mais soubesse daquele incidente porque ninguém o entenderia como o advogado e eu entendíamos. A bajulação era calculada para me fazer concordar com ela em que realmente não havia nada errado, apoiá-la em seu mito de que a prisão fora um erro, uma pequena trama inconveniente do destino e nada mais.

Felizmente, havia bastante tempo entre a primeira consulta e a data em que seu caso seria finalmente julgado, e como ela sabia que eu mantinha contato com seu advogado, tentava ser uma "boa cliente". Comparecia a todas as consultas e depois de algum tempo começou, pouco a pouco, a ser mais sincera. E felizmente, quando isso aconteceu, ela experimentou o alívio proveniente de deixar de viver uma mentira. Logo estava na terapia tanto por si mesma quanto pelo efeito que isso poderia ter no juiz que julgaria seu caso. Quando foi sentenciada (a seis meses de reclusão e total restituição do que roubara, e mais quarenta horas de serviço comunitário que cumpriu no Girls' Club, uma instituição social para meninas carentes), ela estava se esforçando tanto para ser sincera quanto se esforçara para esconder quem era e o que tinha feito.

A verdadeira história de Brenda, que no início ela revelou muito hesitante e cautelosamente, começou a surgir durante nossa terceira consulta. Ela parecia muito cansada e tensa, e quando eu lhe disse isso admitiu ter tido dificuldade em dormir naquela semana. Perguntei-lhe o que havia acontecido para lhe tirar o sono.

Primeiro ela culpou o futuro julgamento, mas essa explicação não me soou totalmente verdadeira, por isso insisti:

– Você está preocupada com mais alguma coisa esta semana?

Ela esperou um pouco, mordendo de um modo determinado e sistemático seus lábios, indo do superior ao inferior, e depois novamente ao superior. Então falou claramente:

– Finalmente pedi ao meu marido para ir embora, e agora gostaria de não ter feito isso. Não consigo dormir, não consigo trabalhar, estou com os nervos em frangalhos. Odiava o que ele fazia, sair tão descaradamente com aquela garota do trabalho, mas viver sem ele é mais difícil do que aceitar tudo. Agora não sei que rumo tomar, e me pergunto se isso tudo de algum modo não foi culpa minha. Ele sempre disse que foi, que eu era muito fria e distante, que não era mulher suficiente para ele. E acho que estava certo. Eu *era* muito mal-humorada e retraída, mas era assim porque ele me criticava demais. Eu lhe dizia: "Se quer que eu seja carinhosa com você, tem de ser carinhoso comigo e me dizer coisas agradáveis, em vez de me dizer o quanto sou terrível, burra ou feia."

Então ela imediatamente ficou assustada, com as sobrancelhas se elevando ainda mais em sua testa, e começou a minimizar tudo que acabara de dizer. Acenando suas mãos com unhas bem-feitas, se contradisse:

– Não estamos realmente separados, só dando um tempo longe um do outro. E Rudy realmente não é tão crítico. Acho que mereço isso. Às vezes estou cansada quando volto para casa do trabalho e não quero cozinhar, principalmente porque ele não gosta da minha comida. Prefere a comida da mãe e às vezes se levanta para ir à casa dela e só volta às duas da manhã. Simplesmente não tenho vontade de me esforçar muito para fazê-lo feliz quando nada adianta. Mas isso não é assim tão ruim. Muitas mulheres passam por coisas piores.

– O que ele faz até as duas da manhã? Não pode ficar com a mãe dele esse tempo todo – observei.

– Nem quero saber. Acho que sai com a namorada. Mas não me importo. Acho melhor quando sai e me deixa em paz. Muitas vezes, quando ele finalmente voltava para casa, ficava puxando briga, e foi mais pelo fato de que essas brigas me deixavam muito cansada para trabalhar no dia seguinte do que por ele sair que acabei pedindo que fosse embora.

Ali estava uma mulher determinada a não sentir ou revelar suas emoções. O fato de elas estarem quase gritando para se fazerem ouvir só a fazia criar mais situações difíceis em sua vida a fim de sufocá-las.

Depois de nossa terceira sessão telefonei para o advogado dela e lhe disse para reiterar cuidadosamente a Brenda o quanto era importante ela continuar na terapia. Eu arriscaria a sorte com ela e não queria perdê-la. No início de nossa quarta sessão, interferi.

– Fale-me sobre você e a comida, Brenda – pedi-lhe, o mais gentilmente que pude.

Seus olhos verdes se arregalaram, alarmados, sua pele macilenta perdeu ainda mais um pouco de cor e ela recuou visivelmente. Depois apertou os olhos e sorriu de modo tranquilizador.

– O que quer dizer, com sobre mim e a comida? Essa é uma pergunta boba!

Eu lhe disse que sua aparência me alertara e falei sobre a etiologia dos distúrbios alimentares. Identificar o distúrbio como uma doença partilhada por muitas mulheres ajudou Brenda a pôr seu comportamento compulsivo em uma perspectiva melhor. Não demorou tanto quanto eu temi para fazê-la falar.

A história de Brenda era longa e complicada, e ela precisou de um tempo para separar a realidade de sua necessidade de distorcer, encobrir e fingir. Tinha se tornado tão boa em dissimular que fora apanhada em sua própria rede de mentiras. Brenda se esforçara muito para aperfeiçoar uma imagem para apresentar ao mundo, uma imagem que mascararia seu medo, sua solidão e seu terrível vazio interior. Era muito difícil para ela avaliar sua situação de modo a poder dar passos na direção de suprir as próprias necessidades. E sua carência era o motivo de roubar e comer compulsivamente, vomitar e comer de novo, e mentir compulsivamente em uma tentativa desesperada de encobrir todas as suas atitudes.

A mãe de Brenda também tinha compulsão alimentar, obesa desde que Brenda podia se lembrar. Seu pai, um homem magro, forte e enérgico, há muito desestimulado pela aparência e pela religiosidade excêntrica de sua esposa, descumprira abertamente durante anos seus votos conjugais. Ninguém na família duvidava de que ele fosse infiel e ninguém jamais falou sobre isso. Sabê-lo era uma coisa, mas admiti-lo era outra, uma violação do acordo tácito familiar: o que não admitimos em voz alta não existe para nós como uma família e, portanto, não pode nos magoar. Aquela era uma regra que Brenda aplicava rigorosamente à própria vida. Se ela não admitisse que algo estava errado, nada estaria errado. Os problemas não existiriam, a menos que ela os expressasse em palavras. Não admira que se agarrasse tenazmente às mesmas mentiras e invenções que a estavam destruindo. E não admira que fosse tão difícil para ela estar na terapia.

Brenda cresceu magra e forte como o pai, e imensamente aliviada por poder comer muito e não engordar como a mãe. Quando ela fez 15 anos, seu corpo subitamente começou a mostrar os efeitos da enorme quantidade de comida que ingeria. Ao completar 18, Brenda pesava 108 quilos e estava mais infeliz do que jamais fora. O pai agora dizia coisas cruéis para aquela jovem que fora sua filha favorita sobre como ela estava ficando igualzinha à mãe. A verdade é que ele não diria essas coisas se não tivesse bebido, mas o fato era que ele agora bebia durante a maior parte do tempo, mesmo quando estava em casa, o que era raro. A mãe não parava de rezar e louvar a Deus, o pai não parava de beber e sair e Brenda não parava de comer, tentando não sentir o pânico crescendo dentro de si.

Quando Brenda saiu de casa pela primeira vez rumo à universidade, estava terrivelmente só e sem o conforto dos mesmos pais que deplorava, e então fez uma descoberta incrível. Sozinha em seu quarto, no meio de uma farra alimentar, percebeu que podia vomitar quase tudo que comera e não ser penalizada com ganho de peso pelo enorme consumo de alimento. Logo estava tão fascinada pelo controle que agora tinha sobre seu peso que começou a jejuar e vomitar tudo que comia. Estava passando do estágio bulímico para o anoréxico de seu distúrbio alimentar compulsivo.

Nos anos seguintes, Brenda teve vários períodos de obesidade intercalados com períodos de extrema magreza. O que ela nunca teve durante esse tempo foi um único dia sem sua obsessão por comida. Acordava todas as manhãs com a esperança de que hoje seria diferente de ontem, e ia para a cama todas as noites com a resolução de ser "normal" amanhã, frequentemente acordando no meio da noite pronta para outra farra alimentar. Brenda realmente não entendia o que estava acontecendo consigo. Não sabia que tinha um distúrbio alimentar tão comum em filhas de alcoólatras quanto em filhas de pessoas com compulsão alimentar. Não entendia que ela e a mãe sofriam de um vício-alergia a certos alimentos, principalmente carboidratos refinados, que quase se igualava ao vício-alergia do pai ao álcool. Nenhum deles podia ingerir seguramente quantidades mínimas da substância viciante sem sentir uma ânsia por consumir cada vez mais. E como a relação do pai com o álcool, a relação de Brenda com a comida, especialmente os doces, consistia em uma longa e contínua batalha para controlar a substância que a controlava.

Brenda continuou a induzir o próprio vômito durante anos depois da vez em que "inventou" isso pela primeira vez, na universidade. Seu isolamento e sigilo se tornaram cada vez mais intrincados e extremos, e de muitos modos esse comportamento foi fomentado por sua família, assim como por sua doença. A família de Brenda não queria ouvir nada dela a que não pudesse responder: "Ah, isso é bom, querida." Não havia espaço para dor, medo, solidão e honestidade, para a verdade sobre ela mesma e sua vida. Como a família evitava constantemente a verdade, estava implícito que Brenda deveria fazer o mesmo, e não virar a mesa. Tendo os pais como cúmplices silenciosos, ela afundou mais na mentira que era sua vida, certa de que, se conseguisse parecer bem externamente, tudo ficaria bem – ou pelo menos silenciado – internamente.

Até mesmo quando Brenda mantinha sua aparência sob controle durante longos períodos a confusão em seu íntimo não podia ser ignorada. Embora ela fizesse tudo que podia para tornar sua aparência boa – usando roupas de grife combinadas com a última moda em maquiagem e cortes de cabelo – isso ainda não era suficiente para apaziguar seu medo e preencher seu vazio. Em parte devido a todas as emoções que ela se recusava a reconhecer e em parte devido à devastação em seu sistema nervoso produzida por sua desnutrição autoimposta, o estado mental de Brenda era confuso, ansioso, mórbido e obsessivo.

Ao tentar se livrar dessa confusão interior, Brenda, seguindo o padrão de sua mãe, buscou consolo em um grupo de religiosos fervorosos que se reunia no campus. Foi dentro desse círculo que, no último ano da faculdade, conheceu seu futuro marido, Rudy, um tipo obscuro que a fascinou mais por seu mistério. Brenda estava acostumada com segredos, e ele tinha muitos. Nas histórias que Rudy contava e nos nomes que deixava escapar havia indícios de que ele participara de atividades que envolviam apostas em cavalos e loterias em Nova Jersey, sua cidade natal. Fazia alusões a grandes quantias que ganhara e gastara, carros e mulheres deslumbrantes, boates, bebidas e drogas. E lá estava ele, metamorfoseado em um estudante sério vivendo no campus de uma universidade tranquila do Meio-Oeste dos Estados Unidos, participando ativamente de um grupo religioso para jovens, deixando seu passado para trás em busca de algo melhor. O fato de Rudy ter cortado relações com a família sugeria que ele saíra de Nova Jersey às pressas e sob pressão, mas Brenda ficou tão impressionada com seu passado obscuro e misterioso e com suas tentativas aparentemente sinceras de mudar, que não sentiu necessidade de pedir explicações detalhadas sobre essas proezas. Afinal de contas, ela também guardava seus próprios segredos.

Então essas duas pessoas que fingiam ser o que não eram, ele um fora da lei disfarçado de rapaz do coro e ela uma pessoa com compulsão alimentar disfarçada de seguidora da última moda, naturalmente se apaixonaram – pela ilusão que cada um deles projetava. O fato de alguém amar o que ela fingia ser selou o destino de Brenda. Agora ela tinha de manter cuidadosamente a ilusão. Mais pressão, mais estresse, mais necessidade de comer, vomitar e esconder.

A abstinência de Rudy de cigarros, álcool e drogas durou até sua família lhe informar que se mudara para a Califórnia. Aparentemente concluindo que com distância geográfica suficiente entre ele e seu passado poderia voltar seguramente à sua família e ao seu velho modo de ser, ele fez as malas e foi com sua esposa, Brenda, para o Oeste. Assim que Rudy atravessou a primeira fronteira do Estado, sua persona começou a se alterar, voltar ao que fora antes de Brenda conhecê-lo. A camuflagem de Brenda durou mais, até que ela e Rudy começaram a viver com os pais dele. Com tantas pessoas na casa, Brenda não podia continuar a induzir o próprio vômito livremente. As farras alimentares, agora mais difíceis de esconder, aumentaram sob o estresse da atual situação, e Brenda começou a engordar. Ganhou rapidamente 22 quilos, e a bela esposa loura de Rudy desapareceu nas dobras matronais de um corpo cada vez mais gordo. Sentindo-se enganado e zangado, Rudy a deixava em casa e saía para beber e procurar alguém cuja aparência o satisfizesse como a de Brenda um dia o fizera. Em desespero, Brenda comia cada vez mais, jurando para si mesma e para Rudy que tudo de que precisava para voltar a ser magra era de um lugar só deles. Quando finalmente conseguiram uma casa na cidade, o peso de Brenda começou a diminuir tão rápido quanto aumentara, mas Rudy raramente estava em casa para notar. Ela engravidou, e quatro meses depois sofreu um aborto espontâneo sozinha, enquanto Rudy passava a noite em outro lugar.

Àquela altura Brenda tinha certeza de que tudo o que estava acontecendo era culpa dela. O homem que um dia fora saudável e feliz, e que partilhara com ela valores e crenças agora era outra pessoa, alguém que ela não conhecia e de quem não gostava. Eles discutiam devido ao comportamento dele e aos resmungos dela. Ela tentava não resmungar, esperando que o comportamento dele mudasse. Brenda não era gorda como a mãe e, contudo, Rudy saía de casa como o pai. A falta de ajuda para pôr sua vida em ordem a apavorava.

Brenda havia roubado na adolescência, não com amigos em um assalto planejado, mas sozinha, em segredo, raramente ou nunca usando ou nem mesmo ficando com os objetos que roubava. Agora, em seu casamento infeliz com Rudy, começou a roubar de novo, tirando simbolicamente do mundo o que não lhe era dado: amor, apoio, compreensão e aceitação. Mas seus roubos só a isolavam mais, lhe forneciam outro segredo para guardar, outra fonte de vergonha e culpa. Enquanto isso, a aparência externa de Brenda se tornava novamente sua maior defesa contra ser vista como era – uma pessoa compulsiva, medrosa, vazia e solitária. Mais uma vez ela estava magra. Tinha um emprego, principalmente para poder comprar as roupas caras pelas quais ansiava. Desfilava com algumas, e esperava que isso fizesse Rudy se orgulhar dela. Embora ele se gabasse de sua esposa, a modelo, nunca realmente se deu ao trabalho de vê-la andar em uma única passarela.

Como Brenda procurava em Rudy reconhecimento e validação, a incapacidade dele de lhe dar isso tornava sua autoestima, já frágil, ainda mais baixa. Quanto menos ele lhe dava, mais ela precisava dele. Brenda se esforçava para aperfeiçoar sua aparência, mas sentia que lhe faltava algum elemento misteriosamente atraente que as mulheres de cabelos escuros com quem Rudy saía pareciam ter naturalmente. Esforçava-se ainda mais para emagrecer, porque ser mais magra significava ser mais perfeita. Também se tornou perfeccionista em relação ao serviço doméstico, e logo estava totalmente ocupada com seus vários comportamentos obsessivo-compulsivos: limpar, roubar, comer e vomitar. Enquanto Rudy ficava fora, bebendo e se encontrando com mulheres, Brenda limpava a casa até tarde da noite, correndo para a cama culposamente e fingindo dormir se ouvia o carro dele entrar na garagem lá embaixo.

Rudy reclamava de sua meticulosidade em relação à casa e, bastante agressivamente, desfazia os efeitos de sua limpeza cuidadosa todas as noites quando chegava em casa, cedo ou tarde. O resultado era que Brenda mal podia esperar para vê-lo sair e poder limpar e arrumar tudo que ele havia bagunçado. Quando ele saía para beber e farrear à noite, ela sentia alívio. Tudo estava ficando cada vez mais louco.

A prisão de Brenda na farmácia sem dúvida foi uma bênção, porque criou uma crise que a levou à terapia, onde ela começou a ver o que sua vida se tornara. Durante muito tempo havia desejado fugir de Rudy, mas não conseguira deixar de lado sua compulsão de consertar o relacionamento. Ironicamente, quanto mais ela se afastava dele, mais ele a perseguia com flores, telefonemas e aparecendo em seu local de trabalho com ingressos para um concerto. As colegas de trabalho de Brenda, que o conheceram quando ele estava representando esse papel, achavam que Brenda era uma tola por deixar um homem tão adorável e dedicado. Ela precisou de duas reconciliações cheias de esperança, seguidas por rompimentos dolorosos, para perceber que Rudy só queria o que não podia ter. Quando eles viviam juntos, o lado mulherengo dele logo vinha à tona. No segundo rompimento, Brenda lhe disse que achava que ele tinha um problema com bebida e drogas. Ele foi procurar ajuda para provar que não tinha. Durante dois meses ficou limpo e sóbrio. Eles se reconciliaram e, alguns dias depois, quando tiveram sua primeira briga, Rudy bebeu e ficou fora a noite toda. Quando isso aconteceu, Brenda, com a ajuda da terapia, viu o padrão a que ambos estavam presos. Rudy usava a turbulência deliberada de seu relacionamento com Brenda para camuflar e justificar seu vício em álcool, drogas e mulheres. Ao mesmo tempo, Brenda usava a enorme tensão gerada pelo relacionamento como uma desculpa para se entregar à bulimia e a outros comportamentos compulsivos. Um usava o outro para evitar lidar consigo mesmo e seus próprios problemas. Quando Brenda finalmente reconheceu isso, perdeu a esperança de que poderia ter um casamento feliz.

A recuperação de Brenda envolveu três elementos muito importantes e necessários. Ela permaneceu na terapia, frequentou o Al-Anon para lidar com o coalcoolismo de sua vida inteira e, finalmente, com o alívio que vem com a rendição, entrou para o grupo dos Comedores Compulsivos Anônimos (CCA), onde recebeu ajuda e apoio para lidar com seu distúrbio alimentar. O envolvimento com o CCA foi o fator mais importante para a recuperação de Brenda, e aquele a que ela inicialmente resistiu mais. Seu problema mais sério e arraigado, seu processo doentio básico, consistia em comer compulsivamente, vomitar e passar fome. A obsessão por comida roubava toda a energia de que ela precisava para ter qualquer tipo de relacionamento saudável consigo mesma e com os outros. Até conseguir parar de ficar obcecada com seu peso, sua ingestão de alimentos, calorias, dietas e assim por diante, ela não pôde sentir nenhuma emoção verdadeira relacionada com nada além de comida, e tampouco ser honesta consigo ou com os outros.

Enquanto seus sentimentos estavam embotados por seu distúrbio alimentar, ela não pôde começar a cuidar de si mesma, tomar decisões sábias sozinha ou realmente viver a própria vida. Em vez disso, a comida era sua vida e, de muitos modos, a única vida que ela desejava. Sua luta para controlar a comida era desesperada, mas menos ameaçadora do que a luta consigo mesma, sua família e seu marido. Apesar do fato de ter estabelecido limites, a cada hora, sobre o que comeria ou não, Brenda nunca estabelecera limites sobre o que os outros podiam fazer ou dizer para ela. Para se recuperar, teve de começar a definir o ponto em que os outros terminavam e ela, uma pessoa autônoma, começava. Também teve de se permitir ficar zangada com os outros, não apenas consigo mesma, o que fora seu estado crônico.

No CCA, Brenda começou a praticar a honestidade pela primeira vez em muitos, muitos anos. Afinal de contas, de que adiantava mentir sobre seu comportamento para pessoas que entendiam e aceitavam quem ela era e o que fez? Em troca de sua honestidade, Brenda obteve o poder curativo da aceitação de seus semelhantes. Isso lhe deu coragem para levar essa honestidade para um círculo mais amplo, fora do programa do CCA – para sua família, seus amigos e possíveis parceiros.

O Al-Anon a ajudou a ver as raízes do problema em sua família de origem, e também lhe deu ferramentas para entender tanto os distúrbios compulsivos de seus pais quanto a forma como as doenças deles a afetaram. Lá aprendeu a se relacionar com os pais de um modo mais saudável.

Rudy se casou de novo no momento em que o processo de divórcio terminou, mesmo declarando pelo telefone na noite anterior à cerimônia que realmente só desejava Brenda. Aquela conversa fez Brenda entender melhor a incapacidade de Rudy de honrar seus compromissos e sua necessidade de procurar constantemente um modo de evitar qualquer relacionamento em que estivesse. Como o pai dela, ele era um peregrino que também gostava de ter uma esposa e um lar.

Brenda logo aprendeu que também precisava manter uma boa distância, geográfica e emocionalmente, entre ela e sua família. Duas visitas à casa dos pais, que temporariamente reativaram sua compulsão por comer e vomitar, lhe ensinaram que ainda não podia ficar perto de sua família sem recorrer aos seus velhos modos de lidar com a tensão.

Permanecer saudável se tornou sua principal prioridade, mas ela continua a se surpreender com o quanto esse desafio é difícil e com as poucas habilidades que possui para enfrentá-lo. Preencher sua vida com um trabalho agradável, assim como novos amigos e interesses, tem sido um processo lento, passo a passo. Sabendo pouco sobre como é estar feliz, confortável e em paz, ela tem de evitar rigorosamente criar problemas que lhe permitiriam sentir a velha loucura familiar.

Brenda continua a ir ao CCA, ao Al-Anon e, ocasionalmente, às sessões de terapia quando sente necessidade. Não é mais tão magra quanto um dia foi, mas também não tão gorda. "Sou normal!", grita ela, rindo de si mesma e sabendo que nunca será. Seu distúrbio alimentar é uma doença crônica que exige respeito, embora não afete mais sua saúde ou sanidade.

A recuperação de Brenda ainda é frágil. É preciso um longo tempo para que os novos estilos de vida mais saudáveis pareçam certos, em vez de forçados. Ela poderia voltar a evitar a si mesma e a seus sentimentos comendo compulsivamente ou se tornando obcecada por um relacionamento doentio. Como sabe disso, hoje interage com os homens cautelosamente, como por exemplo nunca marcando um encontro que a faria faltar a uma reunião do CCA ou do Al-Anon. A recuperação é algo extremamente precioso para ela, e não deseja colocar isso em risco. Em suas palavras:

– Tornei um hábito não guardar mais segredos, pois foi porque os guardei que fiquei doente. Agora, quando conheço um homem, se parece que o relacionamento pode chegar a algum lugar, sempre lhe falo sobre essa doença e a importância dos programas Anônimos em minha vida. Se ele não puder suportar a verdade sobre mim ou me compreender, considerarei isso um problema *dele*, não meu. Não vou mais me desdobrar para agradar um homem. Hoje minhas prioridades são muito diferentes. Minha recuperação tem de vir primeiro, caso contrário não me restará nada para oferecer a ninguém.

9

Morrer por amor

Estamos todos, cada um de nós, cheios de pavor.
Se você vai se casar para se livrar do seu pavor, só conseguirá
casá-lo com o pavor de outra pessoa; os dois pavores se
casarão, você sangrará e chamará isso de amor.
– Michael Ventura, *Shadow Dancing in the Marriage Zone*

Fumando um cigarro após o outro e com os ombros eretos, Margo balançava rapidamente sua perna cruzada para frente e para trás, com o pé dando uma sacudida extra a cada oscilação. Estava sentada com o corpo rígido na beira de sua cadeira, olhando pela janela da sala de espera para uma das vistas mais bonitas do mundo. Os telhados vermelhos de Santa Barbara subiam as colinas azuis e púrpuras acima do oceano, mas o cenário, suavemente tingido de rosa e dourado naquela tarde de verão, não emprestava ao rosto de Margo nem um pouco da tranquilidade de uma paisagem espanhola. Ela parecia uma mulher com pressa, e de fato estava.

Quando lhe indiquei o caminho, Margo entrou rapidamente no meu consultório, os saltos de seus sapatos batendo no chão. Sentou-se, novamente na beira da cadeira, e olhou penetrantemente para mim.

– Como vou saber se você pode me ajudar? Nunca fiz isso antes, falar com alguém sobre minha vida. Como vou saber se não vou perder tempo e dinheiro?

Eu sabia que ela também estava tentando me perguntar: "Como vou saber se posso acreditar que você se importará comigo se eu deixá-la saber quem realmente sou?" Então tentei responder às duas perguntas de uma vez só.

– A terapia realmente exige um compromisso de tempo e dinheiro. Mas as pessoas nunca vêm à primeira consulta se algo muito assustador ou doloroso não estiver acontecendo na vida delas, algo com que já tentaram muito lidar, mas não conseguiram. Ninguém vem por acaso a um terapeuta. Estou certa de que você pensou nisso durante muito tempo antes de decidir vir.

A exatidão dessa afirmativa pareceu aliviá-la um pouco, e ela se permitiu recostar na cadeira, com um pequeno suspiro.

– Provavelmente eu devia ter feito isso 15 anos atrás, ou talvez até mesmo antes, mas como ia saber que precisava de ajuda? Achei que estava me saindo bem. De algum modo estava e ainda estou. Tenho bons empregos e salário como agente de custódia. – De repente ela parou e depois continuou, mais pensativamente. – Às vezes é como se eu tivesse duas vidas. Saio para o trabalho e sou brilhante, eficiente e muito respeitada. As pessoas me pedem conselhos, me dão muitas responsabilidades e me sinto adulta, capaz e autoconfiante. – Ela olhou para o teto e engoliu em seco para controlar a voz. – Então volto para casa e minha vida é como um romance longo e ruim. É tão ruim que, se fosse um livro, eu não o leria. Muito chinfrim, sabe? Mas aqui estou eu, vivendo-o. Já me casei quatro vezes e só tenho 35 anos. *Só!* Meu Deus, eu me sinto muito velha. Estou começando a ficar com medo de nunca dar um jeito na minha vida, e o tempo está passando. Não sou jovem como antes e também não tão bonita. Tenho medo de que ninguém mais me queira, de já ter esgotado todas as minhas chances e de ficar sozinha para sempre. – O medo em sua voz combinava com as rugas de preocupação em sua testa enquanto ela expressava isso. Engoliu em seco várias vezes e piscou os olhos com força. – Seria difícil para mim dizer qual casamento foi o pior. Todos foram muito desastrosos, mas de modos diferentes.

"Casei-me com meu primeiro marido quando tinha vinte anos. Quando o conheci, percebi que era louco. Ele me traiu antes de nos casarmos e depois também. Achei que estar casada faria diferença, mas nunca fez. Quando nossa filha nasceu, eu estava certa de que ele ficaria mais em casa, mas o efeito foi o oposto. Passou a ficar mais tempo fora. Quando estava em casa, era mesquinho. Eu podia tolerar ele gritando comigo, mas quando começou a punir a pequena Autumn por qualquer coisa à toa, interferi. Quando isso não adiantou, nós duas saímos de lá. Não foi fácil, porque ela era muito pequena e eu precisava encontrar trabalho. Ele nunca nos pagou nenhuma pensão, e eu tinha tanto medo de que criasse problemas para nós que não a pedi judicialmente e nem fiz nada. Não podia voltar para a casa de meus pais, porque lá era igual ao meu casamento. Minha mãe sofreu muitos abusos físicos e verbais de meu pai, assim como todos nós, seus filhos. Eu estava sempre fugindo enquanto crescia. Finalmente me casei para sair dali e, por isso, com certeza não voltaria.

"Demorei dois anos, após sair de casa, para ter coragem de me divorciar de meu primeiro marido. Realmente só consegui deixá-lo quando arranjei outro homem, que acabou sendo o advogado que fez meu divórcio. Ele era bem mais velho do que eu e recém-divorciado. Não acho que eu realmente o amava, mas queria amar, e pensei que ali estava alguém que poderia cuidar de mim e Autumn. Ele falava muito que queria recomeçar sua vida, iniciar uma nova família com alguém que pudesse realmente amar. Acho que fiquei lisonjeada por ele se sentir dessa maneira em relação a mim. Nós nos casamos um dia depois que meu divórcio foi concluído. Eu estava certa de que agora tudo ficaria bem. Coloquei Autumn em uma boa pré-escola e voltei a estudar. Passava as tardes com minha filha e depois preparava o jantar e ia assistir às aulas noturnas. Dwayne ficava em casa à noite com Autumn, trabalhando em seus processos. Então uma manhã, quando estávamos sozinhas, Autumn disse coisas que me fizeram perceber que algo horrível e sexual estava acontecendo entre ela e Dwayne. Eu suspeitava que estivesse grávida, mas esperei até o dia seguinte, como se tudo estivesse normal, e depois que Dwayne foi trabalhar peguei minha filha e tudo nosso que pude colocar no carro e fui embora. Escrevi um bilhete para Dwayne contando o que Autumn havia dito e o avisei que se tentasse nos encontrar eu tornaria público o que fizera com ela. Tive tanto medo de que Dwayne de algum modo nos encontrasse e nos fizesse voltar que decidi, caso estivesse grávida, não lhe contar e nunca lhe pedir nada. Só queria que ele nos deixasse em paz.

"Ele descobriu onde morávamos, é claro, e me enviou uma carta, sem nenhuma referência a Autumn. Em vez disso, culpou-me por ser fria e indiferente a ele, deixá-lo sozinho enquanto ia para a escola à noite. Durante muito tempo achei que o que havia acontecido a Autumn era culpa minha. Eu pensava que estava tornando tudo seguro para minha filha, quando só a pusera em uma situação terrível."

Uma expressão de assombro surgiu no rosto de Margo quando ela se lembrou daquele tempo.

– Felizmente, encontrei um quarto em uma casa com outra jovem mãe. Ela e eu tínhamos muito em comum. Ambas nos casamos novas demais e viemos de lares infelizes. Nossos pais eram muito parecidos, assim como nossos primeiros maridos. Contudo, ela só tinha um ex-marido. – Margo balançou a cabeça e continuou. – Nós nos ajudávamos nos cuidados com as crianças, e isso nos permitia continuar a estudar e também a sair. Eu me sentia mais livre do que nunca em minha vida, apesar de ter descoberto que estava grávida. Dwayne ainda não sabia, e nunca lhe contei. Lembrei-me de todas aquelas histórias de advogado que ele contava sobre como poderia causar problemas para pessoas usando meios legais, e sabia que poderia causá-los a mim também. Antes de nos casarmos, esse tipo de conversa me fizera achar que ele estava errado. Agora só me fazia ter medo dele.

"Susie, minha colega de quarto, me instruiu para eu ter minha segunda filha, Darla, com parto normal. Parece loucura, mas aquela foi uma das melhores épocas da minha vida. Éramos muito pobres, estudávamos, trabalhávamos, cuidávamos dos nossos bebês, comprávamos roupas em lojas baratas e comida com o vale-alimentação fornecido pelo governo a pessoas de baixa renda. Mas éramos felizes à nossa própria maneira."

Ela encolheu os ombros.

– Mas eu ainda estava muito inquieta. Queria um homem em minha vida. Continuava a esperar encontrar alguém que tornasse minha vida o que eu queria que fosse. Ainda me sinto assim. É por isso que estou aqui. Quero aprender a encontrar uma pessoa boa para mim. Até agora não me saí muito bem nisso.

O rosto tenso de Margo, ainda bonito apesar de aflitivamente magro, me pareceu suplicante. Eu poderia ajudá-la a encontrar e manter o Sr. Maravilha? Essa era a pergunta escrita em seu rosto, sua razão para fazer terapia.

Margo prosseguiu com sua saga. O próximo jogador em sua roleta conjugal foi Giorgio, que dirigia uma Mercedes-Benz conversível e ganhava a vida fornecendo cocaína para alguns dos narizes mais ricos de Montecito. Desde o início, o relacionamento com Giorgio foi como uma montanha-russa, e logo Margo não conseguia mais distinguir a química da droga que ele lhe fornecia tão liberalmente da química do relacionamento com aquele homem tão obscuro e perigoso. De repente sua vida era leviana e glamourosa. Também era difícil física e emocionalmente. Ela se tornou irritadiça. Ralhava com os filhos por ninharias. Suas brigas frequentes com Giorgio se tornaram físicas. Depois de reclamar sem parar com sua colega de quarto da desatenção, da infidelidade e das práticas ilegais de Giorgio, Margo ficou chocada quando Susie finalmente lhe deu um ultimato. Esqueça Giorgio ou saia desta casa. Susie não queria mais ouvir ou ver aquilo. Não era bom para Margo e para nenhuma das crianças. Margo, irritada, correu para os braços de Giorgio. Ele permitiu que ela e as filhas se mudassem para a casa onde fazia a maior parte de suas transações, com a condição de que isso fosse temporário. Logo depois, foi preso por venda de drogas. Antes de seu julgamento, Giorgio e Margo se casaram, embora naquela época suas interações quase sempre chegassem ao ponto de ebulição.

O motivo que Margo deu para a decisão de se casar pela terceira vez foi a pressão de Giorgio para que se tornasse sua esposa e, como tal, não pudesse ser chamada para testemunhar contra ele. A tentação de testemunhar era claramente uma possibilidade, dada a natureza inflamada de suas interações e a persistência do promotor. Depois que eles se casaram, o ingrato Giorgio se recusou a ter relações sexuais com ela porque, nas palavras dele, se sentia preso em uma armadilha. O casamento acabou sendo anulado, mas não antes de Margo conhecer o quarto marido, um homem quatro anos mais novo do que ela que nunca havia trabalhado porque sempre estudara. Disse a si mesma que aquele estudante sério era justamente do que precisava, após sua catástrofe com Giorgio e, àquela altura, estava com pavor de ficar só. Margo trabalhou e sustentou ambos, até ele a deixar para se juntar a uma comunidade religiosa. Durante esse quarto casamento, Margo havia recebido uma quantia considerável de herança de um parente, e a colocou à disposição do marido, esperando, com esse gesto, demonstrar sua lealdade, confiança e amor por ele (que ele constantemente questionava). Ele deu a maior parte do dinheiro para a comunidade e depois deixou claro para Margo que não queria mais ficar com ela e nem que participasse da comunidade, culpando o "materialismo" dela pelo fracasso do casamento.

Margo tinha sido muito afetada por esses acontecimentos e, contudo, desejava desesperadamente encontrar o quinto marido, acreditando que desta vez daria certo se encontrasse o homem ideal. Ela veio para a terapia pálida e com os olhos fundos, temendo ter perdido sua boa aparência e não conseguir atrair outro homem. Estava totalmente fora de contato com o padrão de sua vida inteira de se relacionar com homens impossíveis, homens em quem não confiava ou de quem nem mesmo gostava. Embora admitisse ter sido infeliz em sua escolha de maridos, não tinha consciência de como suas próprias necessidades a levaram a cada desastre conjugal.

O quadro que Margo apresentava era alarmante. Além de estar muito abaixo do peso (suas úlceras tornavam a alimentação uma tortura autoimposta nas raras ocasiões em que tinha apetite), Margo apresentava vários outros sintomas nervosos relacionados com o estresse. Estava pálida (confirmou que tinha anemia), com as unhas muito roídas e secas e os cabelos quebradiços. Descreveu problemas de eczema, diarreia e insônia. Sua pressão arterial era muito alta para sua idade e seu nível de energia estava assustadoramente baixo.

— Às vezes tudo que consigo fazer é me levantar para ir trabalhar. Já tirei todas as minhas licenças por motivo de doença e as usei para ficar em casa e chorar. Sinto-me culpada chorando quando minhas filhas estão em casa, por isso é um alívio poder chorar quando estão na escola. Realmente não sei por quanto tempo mais conseguirei continuar assim.

Ela contou que suas duas filhas estavam tendo problemas na escola, acadêmica e socialmente. Em casa brigavam constantemente uma com a outra, e sua paciência com elas estava acabando. Margo ainda recorria frequentemente à cocaína para sentir a "euforia" que se acostumara a obter dela em seus tempos com Giorgio; uma euforia que lhe custava caro, financeira e fisicamente.

Contudo, nenhum desses fatores incomodava tanto Margo quanto o fato de estar sozinha. Desde a adolescência nunca estivera sem um homem em sua vida. Na infância, tivera conflitos com o pai e, na idade adulta, de um modo ou outro os tinha com todos os homens com quem se unia. Agora, sozinha há quatro meses, sua história de infelicidade a fazia relutar tanto em procurar outro homem quanto em ficar quieta consigo mesma.

Muitas mulheres, devido a realidades econômicas opressivas, sentem que precisam de um homem para apoiá-las financeiramente, mas esse não era o caso de Margo. Ela tinha um emprego bem remunerado e do qual gostava. Nenhum de seus quatro maridos dera apoio financeiro a ela ou às filhas. Sua necessidade de outro homem seguia um rumo diferente. Ela era viciada em relacionamentos e, pior ainda, em maus relacionamentos.

Em sua família de origem, sua mãe, seus irmãos e ela própria tinham sofrido abusos. Foram problemas de dinheiro, insegurança e sofrimento. A tensão emocional desse tipo de infância deixara marcas profundas em sua psique.

Para começar, Margo sofria de uma depressão intensa latente, com frequência presente em mulheres com histórias parecidas. Ironicamente, devido a essa depressão, assim como aos papéis familiares que ela era capaz de representar com cada parceiro, Margo se sentia atraída por homens impossíveis: abusivos, imprevisíveis, irresponsáveis ou insensíveis. Esses relacionamentos incluíam muitas discussões, até mesmo brigas violentas, saídas dramáticas e períodos de espera tensa e temerosa no meio – às vezes problemas sérios com dinheiro ou até mesmo a lei. Muito drama. Muito caos. Muita agitação. Muito estímulo.

Isso parece exaustivo, não é? É claro que a longo prazo é, mas como acontece com o uso de cocaína ou qualquer outro poderoso estimulante, a curto prazo esses relacionamentos fornecem um meio de fuga, uma grande distração e certamente uma máscara muito eficaz para a depressão. É quase impossível experimentarmos depressão quando estamos muito excitados, positiva ou negativamente, devido aos altos níveis de adrenalina que estão sendo liberados e nos estimulando. Mas uma superexposição a forte excitação esgota a capacidade do corpo de reagir, e o resultado é uma depressão ainda mais profunda, desta vez com uma base física, assim como emocional.* Muitas mulheres como Margo, devido às suas histórias emocionais de episódios de estresse constantes e/ou seve-

---

* Há dois tipos de depressão, a exógena e a endógena. A depressão exógena ocorre em reação a acontecimentos externos e está intimamente ligada ao pesar. A depressão endógena resulta de um desequilíbrio bioquímico e parece estar geneticamente relacionada com compulsão alimentar e/ou vício em álcool e drogas. De fato, essas podem ser expressões diferentes dos mesmos distúrbios bioquímicos ou de distúrbios bioquímicos similares.

ros na infância (e também porque frequentemente herdaram uma vulnerabilidade bioquímica à depressão de pais alcoólatras ou de outro modo ineficientes bioquimicamente), são basicamente depressivas antes mesmo de começarem seus relacionamentos amorosos na adolescência e na idade adulta. Essas mulheres buscam inconscientemente o poderoso estímulo de um relacionamento difícil e dramático para suas glândulas liberarem adrenalina – algo parecido com chicotear um cavalo exausto de tanto trabalhar para fazer o pobre animal andar mais alguns quilômetros. É por isso que, quando o forte estimulante do envolvimento em um relacionamento doentio é removido, ou porque o relacionamento termina ou porque a pessoa começa a se recuperar de seus problemas e a se relacionar com ela de um modo mais saudável, esse tipo de mulher geralmente afunda na depressão. Quando está sem alguém, tenta reviver o último relacionamento fracassado ou procura freneticamente outra pessoa difícil em quem se concentrar, porque precisa muito do estímulo que ele fornecerá. Se o(a) parceiro(a) começar a cuidar seriamente dos próprios problemas de um modo mais saudável, ela subitamente poderá ansiar por alguém mais excitante e estimulante que lhe permita evitar enfrentar seus próprios sentimentos e problemas.

Mais uma vez, as semelhanças com o uso de drogas e a fuga são óbvias. Para evitar seus próprios sentimentos ela literalmente se "fixa" em alguém usando-o como a droga que lhe fornece um meio de fuga. Para se recuperar, deve obter apoio para ficar quieta e deixar os sentimentos dolorosos aflorarem. A essa altura, suas emoções e seu corpo precisam de cura. Não é nenhum exagero comparar esse processo com o de um viciado em heroína que se abstém da droga. O medo, a dor e o desconforto são proporcionais, e a tentação de recorrer a outra pessoa ou a outra dose, é igualmente grande.

A mulher que usa seus relacionamentos como uma droga negará tanto esse fato quanto qualquer viciado em uma substância química, e apresentará igual resistência e medo em relação a abandonar seu pensamento obsessivo e o modo altamente emocional de interagir com o outro. Mas em geral, se ela for confrontada gentil e firmemente, reconhecerá até certo ponto a força do seu vício no relacionamento e saberá que está presa a um padrão sobre o qual perdeu o controle.

O primeiro passo para tratar uma mulher com esse problema é ajudá-la a perceber que, como qualquer viciado, sofre de um *processo de doença* que é identificável, progressivo se não tratado e responde bem a tratamento específico. Ela precisa saber que é viciada na dor e na familiaridade de um relacionamento insatisfatório, e que isso é uma doença que aflige muitas mulheres e tem suas raízes em relacionamentos doentios na infância.

Esperar que alguém como Margo descubra sozinha que é uma mulher que ama demais cuja doença está se tornando cada vez mais grave e, em última análise, podendo custar-lhe a vida, é tão inadequado quanto ficar atento a todos os sintomas típicos de qualquer outra doença e depois esperar que a paciente descubra sua condição e seu tratamento. Indo mais diretamente ao ponto, é tão improvável que Margo, com sua doença e a negação que a acompanha, possa se autodiagnosticar corretamente quanto é improvável que um alcoólatra igualmente doente possa se autodiagnosticar corretamente. Nenhum deles poderia esperar se recuperar sozinho ou apenas com a ajuda de um médico ou terapeuta, porque a recuperação exige que eles parem de fazer o que parece lhes dar alívio.

A terapia sozinha não oferece uma alternativa de apoio adequada para a dependência do alcoólatra da droga ou a dependência da mulher de seu relacionamento. Quando alguém tenta parar com seu vício, um vácuo enorme é criado nessa pessoa – grande demais para ser preenchido em uma sessão de uma hora uma ou duas vezes por semana com um terapeuta. Devido à tremenda ansiedade gerada quando a pessoa se abstém da droga ou substância, o acesso a apoio, tranquilização e compreensão deve estar constantemente disponível. Isso é conseguido melhor com semelhantes que passaram pelo mesmo processo doloroso de abstinência.

Outra falha da terapia tradicional no tratamento de qualquer tipo de vício é a tendência a vê-lo, seja em uma substância ou em um relacionamento, apenas como um *sintoma*, em vez de como o processo de doença primário que deve ser tratado *primeiro* a fim de que a terapia continue e progrida. Em vez disso, geralmente é permitido ao paciente continuar a ter seu vício enquanto as sessões de terapia são dedicadas a descobrir os "motivos" desse comportamento. Essa abordagem é totalmente ultrapassada e em geral totalmente ineficaz. Quando alguém está em uma situação de alcoolismo, o problema básico é o vício em álcool, e é isso que deve ser tratado. Isto é, a pessoa deve parar de beber para que outros aspectos de sua vida possam começar a melhorar. Procurar motivos ocultos para o ato de beber na esperança de que descobrir a "causa" faça o abuso de álcool parar *não funciona*. A "causa" disso é que esse paciente tem a doença do alcoolismo. Somente a enfrentando primeiro haverá uma chance de recuperação.

Para a mulher que ama demais, a doença primária é seu vício na dor e na familiaridade de um relacionamento insatisfatório. É verdade que isso provém de padrões que remontam à infância, mas primeiro de tudo ela *deve* lidar com seus padrões no presente para a recuperação começar. Não importa o quanto o outro seja doente, cruel ou desamparado, ela, junto com seu médico ou terapeuta, deve entender que todas as suas tentativas de mudá-lo, ajudá-lo, controlá-lo ou culpá-lo são manifestações da doença *dela*, e que ela deve parar de ter esses comportamentos para que outras áreas de sua vida possam melhorar. Seu único trabalho legítimo é consigo mesma. No capítulo a seguir descreveremos os passos específicos que uma mulher viciada em um relacionamento deve dar para se recuperar. As tabelas a seguir, descrevendo as características das fases ativa e de recuperação de alcoólatras e mulheres viciadas em relacionamentos tornam claras as semelhanças comportamentais entre essas doenças em ambas as fases. É tão difícil se recuperar da dependência do relacionamento (ou de amar demais) quanto se recuperar do alcoolismo. E para quem sofre de qualquer uma dessas doenças, a recuperação pode fazer a diferença entre a vida e a morte.

CARACTERÍSTICAS DA FASE ATIVA

Alcoólatras	Mulheres viciadas em relacionamentos
obsessão por álcool	obsessão pelo relacionamento
negação da extensão do problema	negação da extensão do problema
mentir para esconder a quantidade de álcool ingerida	mentir para esconder o que está acontecendo no relacionamento
evitar pessoas para esconder problemas com a bebida	evitar pessoas para esconder problemas com o relacionamento
tentativas repetidas para controlar a bebida	tentativas repetidas para controlar o relacionamento
alterações de humor inexplicáveis	alterações de humor inexplicáveis
raiva, depressão, culpa	raiva, depressão, culpa
ressentimento	ressentimento
atos irracionais	atos irracionais
violência	violência
acidentes devido à intoxicação	acidentes devido à preocupação
raiva de si mesmo/autojustificação	raiva de si mesma/autojustificação
doença física devido ao abuso de álcool	doença física devido a doenças relacionadas com o estresse

CARACTERÍSTICAS DA FASE DE RECUPERAÇÃO

Alcoólatras	Mulheres viciadas em relacionamentos
admitir a impotência perante a doença	admitir a impotência perante a doença
parar de culpar os outros pelos seus problemas	parar de culpar os outros pelos seus problemas
concentrar-se em si mesmo, assumir a responsabilidade pelos *próprios* atos	concentrar-se em si mesmo, assumir a responsabilidade pelos *próprios* atos
procurar a ajuda de semelhantes para a recuperação	procurar a ajuda de semelhantes para a recuperação
começar a lidar com os *próprios* sentimentos em vez de evitá-los	começar a lidar com os *próprios* sentimentos em vez de evitá-los
criar um círculo de boas amizades, interesses saudáveis	criar um círculo de boas amizades, interesses saudáveis

Quando estamos gravemente doentes, frequentemente nossa recuperação exige a identificação correta do processo específico da doença para que o tratamento adequado seja feito. Se consultamos profissionais, parte da responsabilidade deles é estar familiarizados com os sinais e sintomas de doenças comuns e específicas para poder diagnosticá-las e nos tratar corretamente, usando os meios disponíveis mais eficazes.

Quero insistir na aplicação do conceito de doença ao padrão de amar demais. Isso não é fácil e, se você hesitar em aceitar minha proposta, espero que pelo menos veja a forte analogia entre uma doença como o alcoolismo, que é um vício em uma substância, e o que ocorre nas mulheres que amam demais, viciadas como são nos relacionamentos em suas vidas. Estou totalmente convencida de que o que aflige as mulheres que amam demais não é *como* um processo de doença; *é* um processo de doença que exige diagnóstico e tratamento específicos.

Primeiro vamos examinar o que significa, literalmente, a palavra *doença*: qualquer afastamento da saúde com um conjunto de sintomas específicos e progressivos identificáveis em suas vítimas, que podem reagir a formas de tratamento específicas.

Essa definição não exige a presença de um determinado vírus, micróbio ou outra causa física, mas somente que a vítima piore cada vez mais de um modo reconhecível e previsível unicamente para essa doença, e que a recuperação possa ser possível após certas intervenções adequadas.

Contudo, esse é um conceito difícil de ser aplicado por muitos na profissão médica quando a doença, em seus estágios iniciais e intermediários, tem manifestações comportamentais em vez de físicas. Esse é um dos motivos pelos quais a maioria dos médicos só consegue reconhecer o alcoolismo se a vítima estiver nos estágios finais, quando a deterioração física é óbvia.

Talvez seja ainda mais difícil reconhecer o amor demasiado como uma doença, porque o vício não é em uma substância, mas em uma pessoa. Contudo, o maior obstáculo ao seu reconhecimento como uma condição patológica que exige tratamento é que médicos, terapeutas e o resto das pessoas têm certas crenças profundamente arraigadas sobre as mulheres e o amor. Todos nós tendemos a acreditar que o sofrimento é um sinal do verdadeiro amor, que se recusar a sofrer é egoísmo e que se o outro tem um problema, a mulher deve ajudá-lo a mudar. Essas atitudes ajudam a perpetuar as duas doenças – o alcoolismo e o amor demasiado.

Tanto o alcoolismo quanto o amor demasiado são doenças sutis em seus estágios iniciais. Quando é óbvio que algo muito destrutivo está acontecendo, a tentação é examinar e tratar as manifestações físicas – o fígado ou pâncreas do alcoólatra, a irritação ou hipertensão da mulher viciada em relacionamentos – sem avaliar o quadro geral. É vital ver esses "sintomas" no contexto geral dos processos de doença que os causaram, e reconhecer essas doenças o mais cedo possível para cessar a destruição contínua de saúde emocional e física.

O paralelo entre a progressão da doença do alcoolismo e a progressão da doença de amar demais é claramente delineado nos gráficos a seguir. Cada gráfico demonstra como um relacionamento infeliz acaba afetando todas as áreas da vida da pessoa viciada de um modo progressivamente desastroso. Os efeitos vão da esfera emocional à física, envolvendo não só outros indivíduos (filhos, vizinhos, amigos, colegas de trabalho), mas também outro processo de doença, como a compulsão por comer, roubar ou trabalhar. Os gráficos também descrevem os processos paralelos de recuperação para pessoas viciadas em substâncias químicas e relacionamentos. Convém mencionar que o gráfico da progressão e recuperação da doença do alcoolismo provavelmente é um pouco mais representativo do que acontece quando o alcoólatra é um homem, e o gráfico do vício em relacionamentos é mais representativo do processo da doença e da recuperação de uma mulher, em vez de um homem, que ama demais. As variações devido ao sexo não são importantes e talvez possam ser facilmente imaginadas ao se examinar os dois gráficos, mas este livro não visa explorar detalhadamente essas diferenças. O objetivo principal aqui é entender mais claramente como as mulheres que amam demais adoecem e podem se curar.

Lembre-se também de que a história de Margo não foi baseada no gráfico, e o gráfico não foi criado para refletir sua história. Ela, com vários parceiros, passou pelos mesmos estágios progressivos da doença que outra mulher que ama demais passaria com apenas um(a) parceiro(a). Se o vício em relacionamentos, ou amar demais, é uma doença semelhante ao alcoolismo, então seus estágios são igualmente identificáveis e sua progressão também é previsível.

O capítulo a seguir examinará em detalhes o lado da recuperação do gráfico, mas agora vamos nos concentrar brevemente nos sentimentos e comportamentos descritos no gráfico que indicam a presença e a piora da doença de amar demais.

Conforme indicado em cada história apresentada neste livro, as mulheres que amam demais vêm de famílias em que foram muito solitárias, isoladas, rejeitadas ou sobrecarregadas de responsabilidades inadequadamente grandes, por isso se tornaram excessivamente protetoras e abnegadas. Ou foram submetidas a um caos perigoso que as fez desenvolver uma necessidade irresistível de controlar as pessoas ao seu redor e as situações em que se encontram. É claro que uma mulher que sente necessidade de proteger, controlar ou ambas as coisas só pode fazer isso com um(a) parceiro(a) que permita, se não estimule, esse tipo de comportamento. Inevitavelmente ela se envolverá com alguém irresponsável em pelo menos algumas áreas importantes da vida, porque ele claramente precisa da ajuda, da proteção e do controle dela. Então a mulher começa sua luta para mudá-lo por meio do poder e da persuasão de seu amor.

É esse ponto inicial que prenuncia a insanidade posterior do relacionamento, quando a mulher começa a negar a realidade. Lembre-se de que a negação é um processo inconsciente que ocorre automática e espontaneamente. O sonho da mulher de como o relacionamento poderia ser e seus esforços para mudá-lo distorcem sua percepção de como *é*. Cada desapontamento, fracasso e traição é ignorado ou racionalizado. "Não é tão ruim assim." "Você não entende como ele realmente é." "Ele não teve a intenção." "Não é culpa dele." Essas são apenas algumas das frases feitas que a mulher que ama demais usa nesse ponto de seu processo de doença para defender o(a) parceiro(a) e o relacionamento.

Enquanto o outro a desaponta e frustra, ela se torna cada vez mais dependente dele emocionalmente. Isso ocorre porque já se tornou muito focada nele, em seus problemas e seu bem-estar e, talvez mais importante ainda, em seus sentimentos por ela. Quando continua a tentar mudá-lo, ele absorve grande parte da energia dela. Logo ele se torna a fonte de todas as coisas boas na vida dela. Se estar com ele não é bom, ela tenta consertá-lo ou se consertar para que seja bom. Não procura gratificação emocional em outro lugar.

Vício em álcool e recuperação

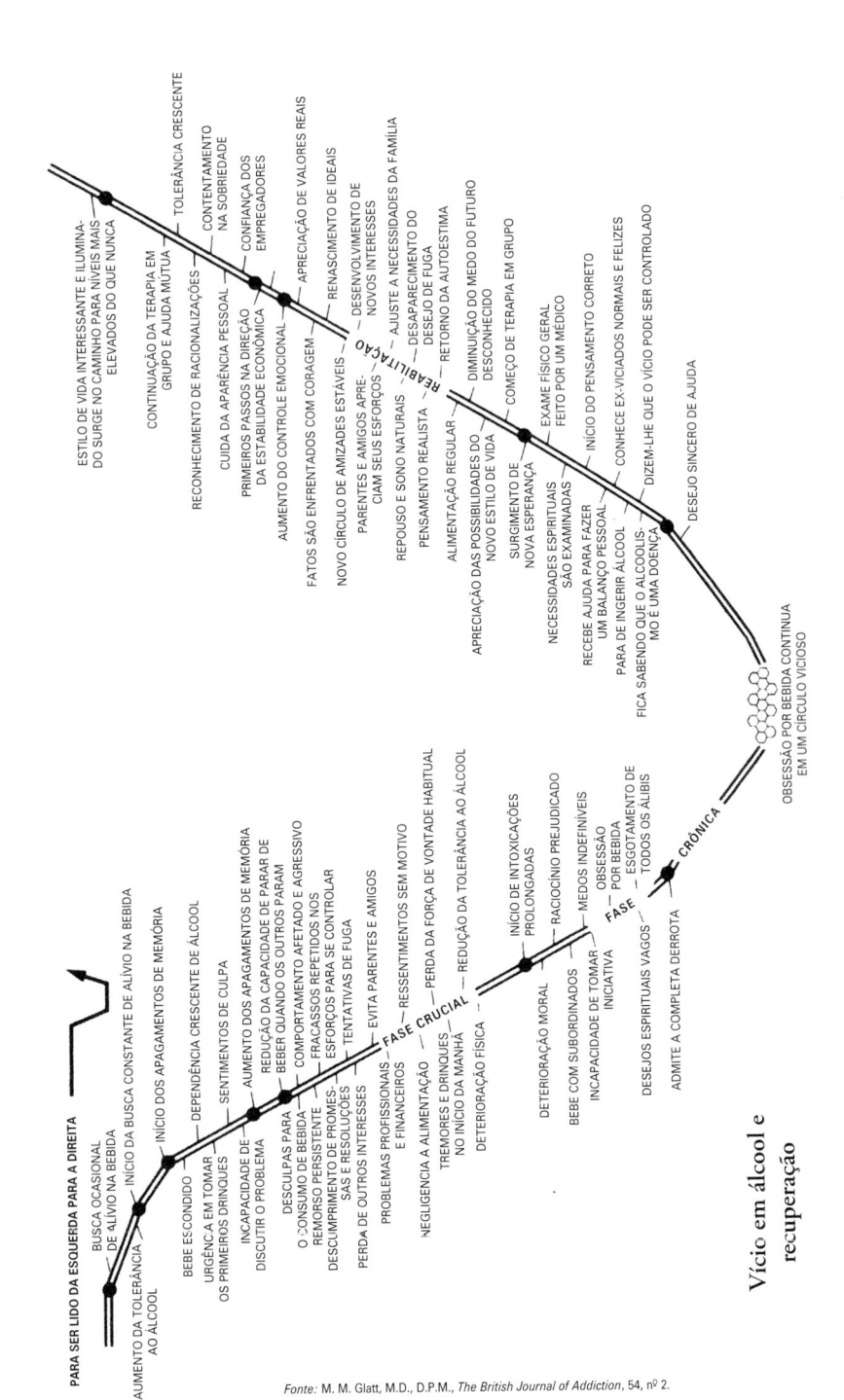

PARA SER LIDO DA ESQUERDA PARA A DIREITA

- AUMENTO DA TOLERÂNCIA AO ÁLCOOL
- BUSCA OCASIONAL DE ALÍVIO NA BEBIDA
- INÍCIO DA BUSCA CONSTANTE DE ALÍVIO NA BEBIDA
- INÍCIO DOS APAGAMENTOS DE MEMÓRIA
- BEBE ESCONDIDO
- URGÊNCIA EM TOMAR OS PRIMEIROS DRINQUES
- DEPENDÊNCIA CRESCENTE DE ÁLCOOL
- SENTIMENTOS DE CULPA
- INCAPACIDADE DE DISCUTIR O PROBLEMA
- AUMENTO DOS APAGAMENTOS DE MEMÓRIA
- REDUÇÃO DA CAPACIDADE DE PARAR DE BEBER QUANDO OS OUTROS PARAM
- DESCULPAS PARA O CONSUMO DE BEBIDA
- COMPORTAMENTO AFETADO E AGRESSIVO
- REMORSO PERSISTENTE
- FRACASSOS REPETIDOS NOS ESFORÇOS PARA SE CONTROLAR
- DESCUMPRIMENTO DE PROMESSAS E RESOLUÇÕES
- TENTATIVAS DE FUGA
- PERDA DE OUTROS INTERESSES
- EVITA PARENTES E AMIGOS
- PROBLEMAS PROFISSIONAIS E FINANCEIROS
- RESSENTIMENTOS SEM MOTIVO
- NEGLIGENCIA A ALIMENTAÇÃO
- PERDA DA FORÇA DE VONTADE HABITUAL
- TREMORES E DRINQUES NO INÍCIO DA MANHÃ
- REDUÇÃO DA TOLERÂNCIA AO ÁLCOOL
- DETERIORAÇÃO FÍSICA

FASE CRUCIAL

- INÍCIO DE INTOXICAÇÕES PROLONGADAS
- DETERIORAÇÃO MORAL
- RACIOCÍNIO PREJUDICADO
- BEBE COM SUBORDINADOS
- MEDOS INDEFINÍVEIS
- INCAPACIDADE DE TOMAR INICIATIVA
- OBSESSÃO POR BEBIDA
- DESEJOS ESPIRITUAIS VAGOS
- ESGOTAMENTO DE TODOS OS ÁLIBIS
- ADMITE A COMPLETA DERROTA

FASE CRÔNICA

OBSESSÃO POR BEBIDA CONTINUA EM UM CÍRCULO VICIOSO

- DESEJO SINCERO DE AJUDA
- FICA SABENDO QUE O ALCOOLISMO É UMA DOENÇA
- DIZEM-LHE QUE O VÍCIO PODE SER CONTROLADO
- RECEBE AJUDA PARA FAZER UM BALANÇO PESSOAL
- PARA DE INGERIR ÁLCOOL
- CONHECE EX-VICIADOS NORMAIS E FELIZES
- NECESSIDADES ESPIRITUAIS SÃO EXAMINADAS
- INÍCIO DO PENSAMENTO CORRETO
- SURGIMENTO DE NOVA ESPERANÇA
- EXAME FÍSICO GERAL FEITO POR UM MÉDICO
- APRECIAÇÃO DAS POSSIBILIDADES DO NOVO ESTILO DE VIDA
- COMEÇO DE TERAPIA EM GRUPO
- ALIMENTAÇÃO REGULAR
- DIMINUIÇÃO DO MEDO DO FUTURO DESCONHECIDO
- PENSAMENTO REALISTA
- RETORNO DA AUTOESTIMA
- REPOUSO E SONO NATURAIS
- DESAPARECIMENTO DO DESEJO DE FUGA
- NOVO CÍRCULO DE AMIZADES ESTÁVEIS
- AJUSTE A NECESSIDADES DA FAMÍLIA
- PARENTES E AMIGOS APRECIAM SEUS ESFORÇOS
- DESENVOLVIMENTO DE NOVOS INTERESSES
- FATOS SÃO ENFRENTADOS COM CORAGEM
- RENASCIMENTO DE IDEAIS
- AUMENTO DO CONTROLE EMOCIONAL
- APRECIAÇÃO DE VALORES REAIS
- PRIMEIROS PASSOS NA DIREÇÃO DA ESTABILIDADE ECONÔMICA
- CUIDA DA APARÊNCIA PESSOAL
- CONFIANÇA DOS EMPREGADORES
- RECONHECIMENTO DE RACIONALIZAÇÕES
- CONTENTAMENTO NA SOBRIEDADE
- CONTINUAÇÃO DA TERAPIA EM GRUPO E AJUDA MÚTUA
- TOLERÂNCIA CRESCENTE
- ESTILO DE VIDA INTERESSANTE E ILUMINADO SURGE NO CAMINHO PARA NÍVEIS MAIS ELEVADOS DO QUE NUNCA

REABILITAÇÃO

Fonte: M. M. Glatt, M.D., D.P.M., *The British Journal of Addiction*, 54, nº 2.

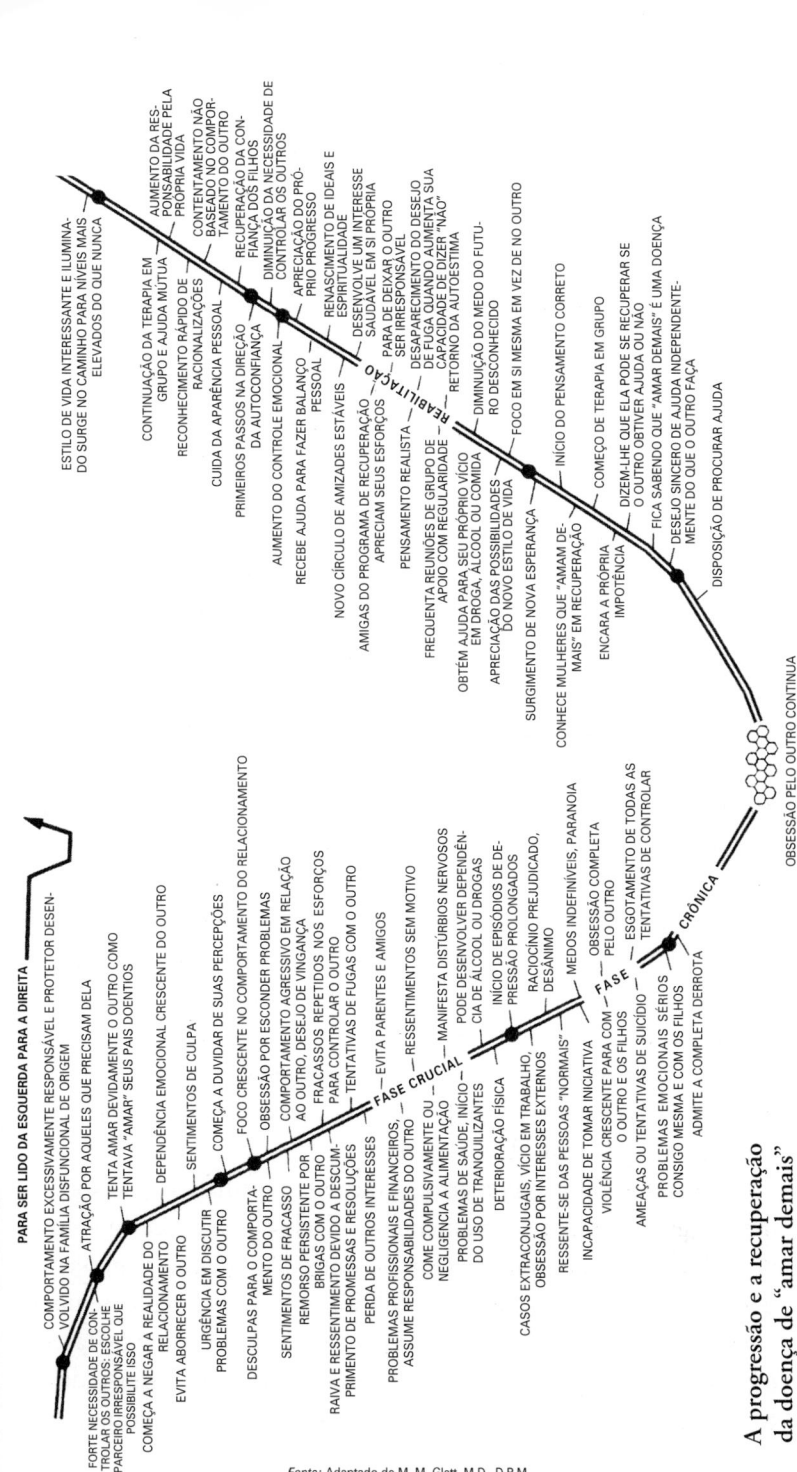

A progressão e a recuperação da doença de "amar demais"

PARA SER LIDO DA ESQUERDA PARA A DIREITA

Fase descendente

- COMPORTAMENTO EXCESSIVAMENTE RESPONSÁVEL E PROTETOR DESENVOLVIDO NA FAMÍLIA DISFUNCIONAL DE ORIGEM
- FORTE NECESSIDADE DE CONTROLAR OS OUTROS: ESCOLHE PARCEIRO IRRESPONSÁVEL QUE POSSIBILITE ISSO
- ATRAÇÃO POR AQUELES QUE PRECISAM DELA
- COMEÇA A NEGAR A REALIDADE DO RELACIONAMENTO
- EVITA ABORRECER O OUTRO
- TENTA AMAR DEVIDAMENTE O OUTRO COMO TENTAVA "AMAR" SEUS PAIS DOENTIOS
- URGÊNCIA EM DISCUTIR PROBLEMAS COM O OUTRO
- DEPENDÊNCIA EMOCIONAL CRESCENTE DO OUTRO
- SENTIMENTOS DE CULPA
- DESCULPAS PARA O COMPORTAMENTO DO OUTRO
- COMEÇA A DUVIDAR DE SUAS PERCEPÇÕES
- FOCO CRESCENTE NO COMPORTAMENTO DO RELACIONAMENTO
- OBSESSÃO POR ESCONDER PROBLEMAS
- SENTIMENTOS DE FRACASSO
- REMORSO PERSISTENTE POR BRIGAS COM O OUTRO
- COMPORTAMENTO AGRESSIVO EM RELAÇÃO AO OUTRO, DESEJO DE VINGANÇA
- RAIVA E RESSENTIMENTOS DEVIDO A DESCUMPRIMENTO DE PROMESSAS E RESOLUÇÕES
- FRACASSOS REPETIDOS NOS ESFORÇOS PARA CONTROLAR O OUTRO
- TENTATIVAS DE FUGAS COM O OUTRO
- PERDA DE OUTROS INTERESSES
- EVITA PARENTES E AMIGOS
- PROBLEMAS PROFISSIONAIS E FINANCEIROS, ASSUME RESPONSABILIDADES DO OUTRO
- RESSENTIMENTOS SEM MOTIVO
- COME COMPULSIVAMENTE OU NEGLIGENCIA A ALIMENTAÇÃO
- MANIFESTA DISTÚRBIOS NERVOSOS
- PROBLEMAS DE SAÚDE, INÍCIO DO USO DE TRANQUILIZANTES
- PODE DESENVOLVER DEPENDÊNCIA DE ÁLCOOL OU DROGAS
- DETERIORAÇÃO FÍSICA
- INÍCIO DE EPISÓDIOS DE DEPRESSÃO PROLONGADOS
- CASOS EXTRACONJUGAIS, VÍCIO EM TRABALHO, OBSESSÃO POR INTERESSES EXTERNOS
- RACIOCÍNIO PREJUDICADO, DESÂNIMO
- RESSENTE-SE DAS PESSOAS "NORMAIS"
- MEDOS INDEFINÍVEIS, PARANOIA
- INCAPACIDADE DE TOMAR INICIATIVA
- OBSESSÃO COMPLETA PELO OUTRO
- VIOLÊNCIA CRESCENTE PARA COM O OUTRO E OS FILHOS
- ESGOTAMENTO DE TODAS AS TENTATIVAS DE CONTROLAR
- AMEAÇAS OU TENTATIVAS DE SUICÍDIO
- PROBLEMAS EMOCIONAIS SÉRIOS CONSIGO MESMA E COM OS FILHOS
- ADMITE A COMPLETA DERROTA

FASE CRUCIAL — **FASE CRÔNICA**

- OBSESSÃO PELO OUTRO CONTINUA EM UM CÍRCULO VICIOSO

Fase de recuperação (REABILITAÇÃO)

- DISPOSIÇÃO DE PROCURAR AJUDA
- DESEJO SINCERO DE AJUDA INDEPENDENTEMENTE DO QUE O OUTRO FAÇA
- FICA SABENDO QUE "AMAR DEMAIS" É UMA DOENÇA
- DIZEM-LHE QUE ELA PODE SE RECUPERAR SE O OUTRO OBTIVER AJUDA OU NÃO
- ENCARA A PRÓPRIA IMPOTÊNCIA
- CONHECE MULHERES QUE "AMAM DEMAIS" EM RECUPERAÇÃO
- COMEÇO DE TERAPIA EM GRUPO
- SURGIMENTO DE NOVA ESPERANÇA
- INÍCIO DO PENSAMENTO CORRETO
- APRECIAÇÃO DAS POSSIBILIDADES DO NOVO ESTILO DE VIDA
- FOCO EM SI MESMA EM VEZ DE NO OUTRO
- OBTÉM AJUDA PARA SEU PRÓPRIO VÍCIO EM DROGA, ÁLCOOL OU COMIDA
- DIMINUIÇÃO DO MEDO DO FUTURO DESCONHECIDO
- FREQUENTA REUNIÕES DE GRUPO DE APOIO COM REGULARIDADE
- DESAPARECIMENTO DO DESEJO DE FUGA QUANDO AUMENTA SUA CAPACIDADE DE DIZER "NÃO"
- PENSAMENTO REALISTA
- RETORNO DA AUTOESTIMA
- AMIGAS DO PROGRAMA DE RECUPERAÇÃO APRECIAM SEUS ESFORÇOS
- PARA DE DEIXAR O OUTRO SER IRRESPONSÁVEL
- NOVO CÍRCULO DE AMIZADES ESTÁVEIS
- DESENVOLVE UM INTERESSE SAUDÁVEL EM SI PRÓPRIA
- RECEBE AJUDA PARA FAZER BALANÇO PESSOAL
- RENASCIMENTO DE IDEAIS E ESPIRITUALIDADE
- AUMENTO DO CONTROLE EMOCIONAL
- APRECIAÇÃO DO PRÓPRIO PROGRESSO
- PRIMEIROS PASSOS NA DIREÇÃO DA AUTOCONFIANÇA
- RECUPERAÇÃO DA CONFIANÇA DOS FILHOS
- CUIDA DA APARÊNCIA PESSOAL
- DIMINUIÇÃO DA NECESSIDADE DE CONTROLAR OS OUTROS
- RECONHECIMENTO RÁPIDO DE RACIONALIZAÇÕES
- CONTENTAMENTO NÃO BASEADO NO COMPORTAMENTO DO OUTRO
- CONTINUAÇÃO DA TERAPIA EM GRUPO E AJUDA MÚTUA
- AUMENTO DA RESPONSABILIDADE PELA PRÓPRIA VIDA
- ESTILO DE VIDA INTERESSANTE E ILUMINADO SURGE NO CAMINHO PARA NÍVEIS MAIS ELEVADOS DO QUE NUNCA

Fonte: Adaptado de M. M. Glatt, M.D., D.P.M.

Está ocupada demais tentando fazer as coisas funcionarem entre eles. Está certa de que, se puder torná-lo feliz, ele a tratará melhor, e então ela também será feliz. Em seus esforços para agradar, torna-se a guardiã cuidadosa do bem-estar dele. Sempre que ele está aborrecido, ela considera essa reação um fracasso pessoal seu e se sente culpada – pela infelicidade dele que não consegue diminuir e pelas inadequações dele que não consegue corrigir. Mas talvez, acima de tudo, se sinta culpada por sua própria infelicidade. Sua negação lhe diz que não há realmente nada de errado com *o outro*, por isso a culpa deve ser toda dela.

Em seu desespero, que a mulher julga baseado em problemas triviais e queixas insignificantes, ela começa a precisar falar sobre isso com o outro. Seguem-se longas discussões (se ele conversar com ela), mas geralmente os verdadeiros problemas não são discutidos. Se ele está bebendo demais e a negação a impede de reconhecer isso, ela lhe implora que lhe conte porque está tão infeliz, presumindo que o fato de estar bebendo não é tão importante quanto a infelicidade dele. Se ele está sendo infiel, lhe pergunta por que não se contenta com ela, aceitando a situação como culpa sua, não dele. E por aí vai.

As coisas pioram. Mas como o outro teme que ela fique desmotivada e se afaste dele, e precisa do apoio emocional, financeiro ou prático dela, diz-lhe que está errada, imaginando coisas, que a ama e a situação deles está melhorando, mas ela é negativa demais para perceber isso. E ela acredita nele, porque precisa muito acreditar. Aceita a opinião dele de que está exagerando os problemas e se afasta ainda mais da realidade.

Ele se tornou o barômetro, o radar e o avaliador emocional dela. E ela o observa constantemente. Todos os seus sentimentos são gerados pelo comportamento do outro. Ao mesmo tempo em que ela lhe dá o poder de desequilibrá-la emocionalmente, se põe entre ele e o mundo. Tenta fazê-lo parecer melhor do que é e fazer o casal parecer mais feliz do que é. Racionaliza cada fracasso dele e cada desapontamento seu, e ao esconder a verdade do mundo também a esconde de si própria. Incapaz de aceitar que ele é o que é, e que os problemas dele são dele, não dela, ela experimenta uma sensação profunda de que fracassou em todas as suas tentativas enérgicas de mudá-lo. Sua frustração se manifesta como raiva e há brigas, às vezes físicas, iniciadas por ela em sua raiva impotente do que lhe parece ser a oposição deliberada do outro aos seus melhores esforços em benefício dele. Assim como antes ela desculpava cada fracasso dele, agora leva tudo para o lado pessoal. Sente que é a única que está tentando fazer o relacionamento dar certo. Sua culpa aumenta quando ela se pergunta de onde vem essa raiva nela e por que não pode ser suficientemente digna de amor para que ele *queira* mudar por ela, por eles.

Cada vez mais determinada a produzir nele as mudanças que deseja, ela agora está disposta a tentar tudo. Eles trocam promessas. Ela não o importunará se ele não beber, não chegar tarde em casa, não a trair e assim por diante. Nenhum deles é capaz de cumprir suas promessas e ela percebe vagamente que perdeu o controle – não só dele como também de si mesma. Não consegue parar de brigar, censurar, adular e implorar. Sua autoestima despenca.

Talvez eles se mudem, achando que amigos, empregos e parentes são os culpados por seus problemas. E talvez as coisas melhorem por algum tempo – mas apenas por algum tempo. Logo todos os velhos padrões serão restabelecidos.

A essa altura ela está tão esgotada com essa luta amarga que não tem tempo ou energia para mais nada. Se tiver filhos, com certeza eles serão negligenciados emocionalmente, quiçá também fisicamente. As atividades sociais são interrompidas. Há amargor e segredos demais para que as aparições públicas se tornem algo além de uma provação. E a falta de contato social isola ainda mais a mulher que ama demais. Ela perdeu outra ligação vital com a realidade. Seu relacionamento se tornou todo o seu mundo.

Um dia a irresponsabilidade e a carência dessa pessoa a atraíram. Foi quando ela tinha certeza de que poderia mudar o outro, corrigi-lo. Agora carrega nas costas pesos que deveriam ser dele, e embora se ressinta muito do outro por essa mudança nos acontecimentos, também aprecia a sensação de administrar o dinheiro dele e ter o total controle de seus filhos.

Você notará, se estiver mantendo o gráfico em mente, que estamos bem dentro do que é chamado de "fase crucial", um período de deterioração rápida, primeiro emocional e depois física. A mulher obcecada pelo relacionamento pode agora acrescentar um distúrbio alimentar aos seus outros problemas, se é que ainda não fez isso. Tentando se recompensar por todos os seus esforços e também esconder a raiva e o ressentimento que fervilham dentro de si, pode começar a usar a comida como uma droga tranquilizante. Ou negligenciar seriamente a alimentação devido a úlceras ou problemas estomacais crônicos, talvez combinados com uma atitude de mártir, como "não tenho tempo de comer". Ou controlar rigidamente sua alimentação para compensar seus sentimentos de ausência de controle sobre a vida em geral. O abuso de álcool ou de outras "drogas recreativas" pode começar e, com frequência, medicamentos de uso controlado se tornarão parte de seu repertório para lidar com a situação insustentável em que se encontra. Os médicos, sem conseguir diagnosticar corretamente sua doença progressiva, podem exacerbá-la oferecendo tranquilizantes para reduzir a ansiedade gerada por sua situação de vida e atitude em relação a ela. Oferecer esse tipo de drogas potencialmente viciantes para uma mulher nessas circunstâncias equivale a lhe oferecer algumas doses de gim. Tanto o gim quanto o tranquilizante diminuirão temporariamente a dor, mas seu uso pode criar ainda mais problemas, sem resolver nenhum.

Inevitavelmente, quando a doença da mulher está nesse estágio da progressão, há problemas físicos, assim como emocionais. Qualquer um dos distúrbios associados à exposição prolongada a uma grande quantidade de estresse pode se manifestar. Como já foi observado, pode surgir uma dependência de comida, álcool ou outras drogas. Também pode haver problemas digestivos e/ou úlceras, bem como todos os tipos de problemas de pele, alergias, hipertensão, tiques nervosos, insônia, constipação ou diarreia ou ambas, alternadamente. Podem se iniciar períodos de depressão, ou se a depressão já for um problema, como frequentemente é o caso, os episódios podem agora se prolongar e intensificar de uma maneira alarmante.

Nesse ponto, quando o corpo começa a falhar devido aos efeitos do estresse, entramos na fase crônica. Talvez a marca registrada da fase crônica seja que a essa altura o raciocínio se tornou tão prejudicado que é difícil para a mulher avaliar objetivamente sua situação. Há uma insanidade progressiva implícita em amar demais, e nesse estágio a insanidade está totalmente desenvolvida. Agora a mulher é totalmente incapaz de ver quais são suas escolhas em termos da vida que está vivendo. Grande parte do que faz é *em reação* ao outro, inclusive casos amorosos, obsessão por trabalho ou outros interesses, ou devoções a "causas" em que ela tenta novamente ajudar/controlar as vidas e condições daqueles que a cercam.

Ela se tornou amargamente invejosa das pessoas que não têm os seus problemas e cada vez mais desconta suas frustrações naqueles ao seu redor, atacando com crescente violência a pessoa amada e, frequentemente, os filhos.

Também é esclarecedor considerar por um momento como uma criança cuja mãe sofre da doença de amar demais seria afetada. Muitas das mulheres nas histórias que você leu aqui cresceram nessas condições.

Quando a mulher que começou amando demais finalmente perceber que tentou tudo para mudar o outro e seus esforços foram em vão, talvez ela consiga entender que deve obter ajuda. Geralmente a ajuda que procura envolve se voltar para outra pessoa, talvez um profissional, em mais uma tentativa de mudar o outro. É *crucial* que essa pessoa a ajude a reconhecer que é *ela* que deve mudar, que sua recuperação deve começar por ela mesma.

Isso é muito importante, porque amar demais é uma doença progressiva, como já foi tão claramente demonstrado. Uma mulher como Margo está a caminho da morte. Talvez a morte chegue com um distúrbio relacionado ao estresse, como insuficiência cardíaca ou acidente vascular cerebral, ou qualquer doença física exacerbada pelo estresse. Ou ela pode morrer devido à violência que agora se tornou uma parte tão grande de sua vida, ou talvez em um acidente que não teria ocorrido se não tivesse se distraído com sua obsessão. Ela pode morrer bem rapidamente ou passar muitos anos em deterioração progressiva. Seja qual for a causa aparente da morte, quero reiterar que amar demais pode matar.

✦ ✧ ✦

Agora voltemos a Margo, espantada com as reviravoltas em sua vida e, pelo menos momentaneamente, tentando procurar ajuda. Margo realmente só tem duas opções. Precisa que lhe sejam claramente delineadas para depois escolher entre elas.

Margo pode continuar procurando o parceiro perfeito. Dada a sua predileção por homens hostis e não confiáveis, inevitavelmente se sentirá atraída por mais dos mesmos tipos que já conheceu. Ou pode começar a difícil e imprescindível tarefa de se conscientizar de seus padrões de relacionamentos doentios, ao mesmo tempo examinando objetivamente os fatores que contribuíram para a "atração" entre ela e vários homens. Pode começar a procurar fora de si mesma pelo homem que a fará feliz ou iniciar o lento e penoso (mas no final das contas mais compensador) processo de aprender a se amar e cuidar com a ajuda e o apoio de semelhantes.

Infelizmente, a grande maioria das mulheres como Margo escolhe continuar com seu vício, procurando a pessoa perfeita que a fará feliz ou tentando sempre controlar e melhorar a pessoa com quem estão.

Parece muito mais fácil e familiar continuar a procurar uma fonte externa de felicidade em vez de ter a disciplina necessária para criar os próprios recursos internos, aprender a preencher o vazio interior em vez de o exterior. Mas para aquelas de vocês bastante espertas, cansadas ou desesperadas para preferir ficar bem a corrigir a pessoa com quem estão ou encontrar uma nova – para aquelas que realmente desejam *mudar*, os passos para a recuperação vêm a seguir.

10
O caminho para a recuperação

*Se um indivíduo é capaz de amar produtivamente,
também ama a si mesmo; se só puder amar os outros,
não pode amar, em absoluto.*
– Erich Fromm, *A arte de amar*

Tendo lido essas páginas sobre tantas mulheres muito parecidas em seus modos doentios de se relacionar, talvez agora você acredite que isso é uma doença. Então qual é o tratamento apropriado? Como uma mulher que padece dela pode se recuperar? Como pode começar a deixar para trás aquela série interminável de conflitos com "o outro" e aprender a usar suas energias para criar uma vida rica e gratificante para si própria? E como ela difere das muitas mulheres que não se recuperam, nunca são capazes de se livrar do atoleiro e da infelicidade dos relacionamentos insatisfatórios?

Certamente não é a gravidade de seus problemas que determina se uma mulher se recuperará ou não. Antes da recuperação, as mulheres que amam demais têm naturezas muito parecidas, independentemente dos detalhes específicos das circunstâncias atuais ou de suas histórias. Mas a mulher que abandonou seu padrão de amar demais é muito diferente de quem e do que era antes da recuperação.

Talvez, até agora, tenha sido a sorte ou o destino que determinou quais dessas mulheres encontrariam seus caminhos e quais não. Contudo, tenho observado que todas as mulheres que se recuperam deram certos passos para isso. Por meio de tentativas e erros, e com frequência sem diretrizes, elas basicamente seguiram o programa de recuperação que descreverei para você. Além disso, em minha experiência pessoal e profissional, nunca vi uma mulher que deu esses passos não se recuperar, e nunca vi uma mulher que não os deu se recuperar. Se isso parece uma garantia, é. As mulheres que derem esses passos vão melhorar.

Os passos são simples, mas não são fáceis. Todos são igualmente importantes e relacionados na ordem cronológica mais típica:

1. Procurar ajuda.

2. Tornar sua própria recuperação a principal prioridade na vida.

3. Encontrar um grupo de apoio de semelhantes que a compreendam.

4. Desenvolver sua espiritualidade por meio da prática diária.

5. Parar de dirigir e controlar os outros.

6. Aprender a não entrar em jogos.

7. Enfrentar corajosamente seus próprios problemas e defeitos.

8. Cultivar o que precisa ser desenvolvido em si mesma.

9. Tornar-se "egoísta".

10. Partilhar com os outros o que você experimentou e aprendeu.

Examinaremos o que significa cada um desses passos, o que exige, por que é necessário e o que implica.

1. Procurar ajuda.

O que isso significa

O primeiro passo para procurar ajuda pode envolver qualquer coisa, desde escolher um livro sobre o assunto em uma biblioteca (o que pode exigir enorme coragem; parece que *todo o mundo* está olhando!) a marcar uma consulta com um terapeuta. Pode significar ligar anonimamente para um serviço de apoio emocional e falar sobre o que você sempre tentou muito manter em segredo, ou entrar em contato com uma entidade local especializada no tipo de problema que você está enfrentando, seja coalcoolismo, uma história de incesto, violência doméstica ou qualquer outra coisa. Pode significar descobrir onde um grupo de autoajuda se reúne e ter coragem de ir até lá, matricular-se em um curso para adultos ou ir a um centro de aconselhamento que lide com seu tipo de problema. Pode até mesmo significar chamar a polícia. Basicamente, procurar ajuda significa *fazer alguma coisa*, dar o primeiro passo, se mexer. É muito importante entender que procurar ajuda *não* significa ameaçar o outro lhe dizendo que está pensando em tomar essa atitude. Isso geralmente é uma tentativa de chantageá-lo, convencê-lo a tomar jeito para que você não tenha de dizer publicamente a pessoa horrível que ele é. Deixe-o fora disso, caso contrário, procurar ajuda (ou ameaçar fazer isso) será apenas mais uma tentativa de dirigi-lo e controlá-lo. Tente se lembrar de que está fazendo isso por *você*.

O que isso exige

Para procurar ajuda você deve, pelo menos temporariamente, abandonar a ideia de que pode lidar com isso sozinha. Deve enfrentar a realidade de que, com o passar do tempo, as coisas se tornaram piores, em vez de melhores, e perceber que apesar de seus maiores esforços não é capaz de resolver o problema. Isso significa que deve ser honesta consigo mesma sobre o quanto isso realmente é ruim. Infelizmente, para algumas de nós essa honestidade só vem quando a vida nos deu tantos golpes que caímos de joelhos, ofegantes. Como isso geralmente é uma situação temporária, no momento em que nos recuperamos tentamos recomeçar de onde paramos – sendo fortes, dirigindo, controlando e agindo sozinhas. Não se contente com o alívio temporário. Se você começar lendo um livro, precisará dar o próximo passo, que provavelmente é entrar em contato com algumas das fontes de ajuda que o livro recomenda. (Por exemplo, veja nos apêndices no final deste livro a leitura sugerida, assim como a lista de lugares onde procurar ajuda.)

Se você marcar uma consulta com um profissional, descubra se essa pessoa entende a dinâmica de seu problema. Se, por exemplo, você tiver sido vítima de incesto, alguém sem treinamento especial e experiência nessa área não será nem de longe tão útil quanto alguém que *sabe* pelo que você passou e como isso provavelmente a afetou.

Procure alguém que seja capaz de fazer perguntas sobre sua história familiar parecidas com as que foram feitas neste livro. Talvez você deseje saber se seu possível terapeuta concorda com a premissa de que amar demais é uma doença progressiva e aceita a abordagem de tratamento descrita aqui.

Tenho a forte convicção de que as mulheres deveriam procurar terapeutas do sexo feminino. Elas partilham a experiência básica do que é ser uma mulher nesta sociedade, e isso cria uma compreensão especial. Também nos torna capazes de evitar os inevitáveis jogos entre homem e mulher que poderíamos ser tentadas a jogar com um terapeuta do sexo masculino ou que, infelizmente, ele poderia ser tentado a jogar conosco.

Mas não basta se consultar com uma mulher. Ela também deve conhecer os métodos de tratamento mais eficazes, dependendo dos fatores presentes em sua história, e estar disposta a enviar você para o grupo de apoio apropriado – e, na verdade, tornar a participação nesse grupo uma parte obrigatória do tratamento.

Por exemplo, eu só aconselharei uma coalcoólatra se ela participar do Al-Anon. Se após várias consultas ela não estiver disposta a fazer isso, lhe direi que só voltarei a atendê-la se o fizer. Minha experiência me ensinou que sem uma participação no Al--Anon a pessoa não se recupera do coalcoolismo. Em vez disso, repete seus padrões de comportamento e mantém seus modos de pensar doentios, e a terapia sozinha não é suficiente para mudar isso. Contudo, com a combinação de terapia e Al-Anon a recuperação ocorre muito mais rapidamente; esses dois aspectos do tratamento se complementam muito bem.

Sua terapeuta também deveria exigir que você se juntasse a um grupo de apoio apropriado, caso contrário poderá lhe permitir se queixar de sua situação sem exigir que você faça tudo o que puder para se ajudar.

Quando você encontrar uma boa terapeuta, fique com ela e siga suas recomendações. Ninguém jamais mudou um padrão de relacionamento de uma vida inteira com apenas uma ou duas consultas.

✧ ✦ ✧

Procurar ajuda pode exigir que você gaste dinheiro ou não. Muitas entidades possuem tabelas variáveis de preços compatíveis com sua capacidade de pagar, e não há nenhuma correlação entre o terapeuta mais caro e o tratamento mais eficaz. Muitas pessoas competentes e dedicadas trabalham para essas entidades. O que você está procurando é alguém que tenha experiência e com quem se sinta confortável. Confie nos seus sentimentos e esteja disposta a se consultar com várias terapeutas, se necessário, para encontrar a certa para você.

Não é totalmente necessário que você faça terapia para se recuperar. De fato, consultar-se com a terapeuta errada lhe fará mais mal do que bem. Mas alguém que entenda o processo de doença envolvido em amar demais pode ser de inestimável ajuda para você.

✦ ✧ ✦

Procurar ajuda não exige que você esteja disposta a terminar seu relacionamento atual, se tiver um. E isso também não é exigido em nenhum momento durante todo o processo de recuperação. Quando você seguir esses passos, do primeiro ao décimo, o relacionamento cuidará de si próprio. Quando as mulheres me procuram, frequentemente querem romper seus relacionamentos antes de estar prontas para isso, o que significa que o reatarão ou iniciarão um novo, igualmente doentio. Se elas dão esses dez passos, suas perspectivas sobre se manter ou romper esses relacionamentos mudam. Estar com o outro deixa de ser O Problema e abandoná-lo deixa de ser A Solução. Em vez disso, o relacionamento se torna uma das muitas coisas a considerar no quadro geral de como vivem suas vidas.

Por que isso é necessário

É necessário porque você já se esforçou muito e nenhum de seus melhores esforços funcionou a longo prazo. Embora ocasionalmente possam ter trazido alívio temporário, o quadro geral é de deterioração progressiva. A parte difícil aqui é que você provavelmente não está em contato com o quanto isso se tornou ruim, porque sem dúvida tem muita negação operando em sua vida. Essa é a natureza da doença. Por exemplo, inúmeras vezes minhas clientes me contaram que seus filhos não sabiam que algo estava errado em casa, ou que eles dormiam nas noites de brigas. Esse é um exemplo muito comum de negação autoprotetora. Se essas mulheres enfrentassem o fato de que seus filhos estão realmente sofrendo, encheriam-se de culpa e remorso. Por outro lado, sua negação torna muito difícil para elas ver a gravidade do problema e obter a ajuda necessária.

Saiba que sua situação é pior do que você atualmente se permite admitir, e que sua doença está progredindo. Entenda que precisa de tratamento apropriado e que não pode se tratar sozinha.

O que isso implica

Uma das implicações mais temidas é que o relacionamento, se houver um, pode terminar. Isso não é necessariamente verdade, apesar de que, se você der esses passos, garanto que o relacionamento melhorará ou terminará. Nem ele nem você permanecerão os mesmos.

✧

Outra implicação temida é a revelação do segredo. Quando uma mulher procura sinceramente ajuda, é raro se arrepender de ter feito isso, mas o medo que precede tal ato pode ser monumental. Se os problemas de uma determinada mulher são desagradáveis, inconvenientes ou gravemente prejudiciais e até mesmo ameaçam sua vida, ela pode escolher procurar ajuda ou não. É a magnitude de seu medo, e às vezes também de seu orgulho, que determina se procurará ajuda, não a gravidade de seus problemas.

Para muitas mulheres, procurar ajuda nem mesmo parece ser uma opção; parece um risco desnecessário em uma situação já precária. "Eu não queria deixá-lo zangado" é a resposta clássica da mulher espancada quando lhe perguntam por que não chamou a polícia. Um medo profundo de piorar as coisas e, ironicamente, uma convicção de que ela ainda pode controlar a situação a impedem de procurar as autoridades, ou outras pessoas que poderiam ajudá-la. Isso também ocorre em uma escala menos dramática. Uma esposa frustrada pode não querer virar a mesa porque a fria indiferença do(a) parceiro(a) a ela "não é tão ruim". Ela diz a si mesma que o outro é basicamente uma boa pessoa, sem muitas das características indesejáveis que vê nos(as) parceiros(as) de suas amigas, por isso tolera a ausência de uma vida sexual, a atitude desencorajadora do outro em relação a tudo que a entusiasma e a preocupação dele com os esportes durante cada minuto do tempo em que ficam em casa juntos. Isso não é tolerância por parte da mulher. É uma falta de confiança em que o relacionamento pode sobreviver sem sua disposição de continuar esperando pacientemente pela atenção do outro, que nunca obtém e, mais especificamente, uma falta de convicção de que merece mais felicidade do que está tendo. Você merece mais do que suas circunstâncias atuais? Está disposta a melhorá-las para você? Comece pelo início, e procure ajuda.

2. Tornar sua própria recuperação a principal prioridade na vida.

O que isso significa

Tornar sua própria recuperação a principal prioridade significa decidir que, não importa o que tenha de fazer, está disposta a dar os passos necessários para se ajudar. Agora, se eles parecerem extremos, pense por um momento em até onde estaria disposta a ir para *fazer o outro* mudar, *ajudá-lo* a se recuperar. Então simplesmente redirecione essa energia para si mesma. A fórmula mágica aqui é que, embora todos os seus esforços não consigam *mudá-lo*, você *pode*, despendendo a mesma energia, se modificar. Portanto, use sua energia onde ela fará algum bem – em sua própria vida!

O que isso exige

Exige um total compromisso consigo mesma. Essa pode ser a primeira vez na sua vida em que você se considera realmente importante, digna de sua própria atenção e de seus cuidados. Provavelmente será muito difícil para você fazer isso, mas, se cumprir seu compromisso de comparecer às consultas, participar de um grupo de apoio e assim por diante, será ajudada a aprender a valorizar e promover seu próprio bem-estar. Então por um tempo apenas se mostre, e o processo de cura começará. Logo você se sentirá tão melhor que desejará continuar.

✧

Para facilitar o processo, informe-se sobre seu problema. Por exemplo, se você cresceu em uma família de alcoólatras, leia os livros sobre esse tema recomendados no Apêndice 3. Assista a palestras relevantes e descubra o que agora se sabe sobre os efeitos posteriores dessa experiência na vida. Obter essas informações pode ser desconfortável e até mesmo doloroso, mas nem de longe tanto quanto continuar a seguir seus padrões sem nenhum conhecimento de como seu passado a controla. Com o conhecimento vem a oportunidade de mudar. Portanto, quanto mais você souber, maior será sua liberdade de escolha.

✧

Isso também exige a disposição de *continuar* a gastar tempo e talvez dinheiro para melhorar. Se você hesitar e gastar tempo e dinheiro em sua própria recuperação lhe parecer um desperdício, pense no quanto gastou tentando evitar a dor de estar em seu relacionamento ou de rompê-lo. Com bebida, drogas, abuso de comida, viagens para fugir disso tudo, substituição de coisas (do outro ou suas) que você quebrou em acessos de raiva, faltas ao trabalho, telefonemas demorados ou alguém que esperava que a compreendesse, comprando presentes para ele a fim de fazer as pazes e para si mesma para se ajudar a esquecer, passando dias e noites chorando por causa dele, negligenciando sua saúde a ponto de ficar gravemente doente – a lista de como gastou tempo e dinheiro permanecendo doente provavelmente é longa o bastante para que você se sinta muito desconfortável se a examinar honestamente. A recuperação exige que esteja disposta a investir pelo menos igualmente em melhorar. E, como isso é um investimento, terá a garantia de retornos consideráveis.

✧ ✧ ✧

O total compromisso com sua própria recuperação também exige que você diminua ou suspenda completamente o uso de álcool e outras drogas durante o processo terapêutico. O uso de substâncias que alteram a mente nesse período a impede de experimentar plenamente todas as emoções que descobre, e somente experimentando-as dessa forma você obtém a cura que provém de sua liberação. Desconforto e medo desses sentimentos podem levá-la a querer entorpecê-los de algum modo (inclusive usando o alimento como uma droga), mas insisto em que não faça isso. A maior parte do "trabalho" da terapia ocorre durante as horas em que você não está no grupo ou na sessão. Segundo minha experiência com clientes, as conexões feitas durante ou entre as sessões de terapia só têm valor duradouro se a mente está em um estado inalterado quando processa esse material.

Por que isso é necessário

É necessário porque se você não tornar sua própria recuperação sua principal prioridade nunca encontrará tempo para melhorar. Ficará ocupada demais fazendo todas as coisas que a mantêm doente.

Assim como o aprendizado de um novo idioma, a recuperação frequentemente exige exposição repetida a novos sons e padrões de linguagem que contradizem os modos de falar e pensar familiares e não podem ser assimilados se essa exposição não é frequente ou é esporádica. Uma atitude ocasional hesitante de fazer algo por si mesma não será suficiente para mudar modos arraigados de pensar, sentir e se relacionar. Sem o processo terapêutico, eles seriam restabelecidos pela força do hábito.

✦ ✧ ✦

Para ajudá-la a pôr isso em perspectiva, pense nos esforços que estaria disposta a fazer se tivesse câncer e alguém lhe desse a esperança de recuperação. Esteja igualmente disposta a se esforçar para se recuperar dessa doença, que destrói a qualidade de vida e possivelmente a própria vida.

O que isso implica

Suas consultas com a terapeuta ou seu tempo no grupo vêm em primeiro lugar. São mais importantes do que estar com o(a) parceiro(a) para:

- um convite para almoçar ou jantar
- encontrar-se para discutir coisas
- evitar receber crítica ou raiva
- tornar o(a) parceiro(a) (ou qualquer outra pessoa) feliz; obter a sua aprovação (ou de outra pessoa)
- fazer uma viagem para fugir disso tudo por algum tempo (para poder voltar e suportar mais das mesmas coisas)

3. Encontrar um grupo de apoio de semelhantes que a compreendam.

O que isso significa

Encontrar um grupo de apoio de semelhantes que a compreendam pode requerer esforço. Se você está ou já esteve em um relacionamento com um alcoólatra ou viciado em drogas, vá ao Al-Anon; se for filha de um alcoólatra ou viciado em drogas, o Al-Anon também é sua melhor fonte de ajuda. Se foi estuprada ou sofreu outro tipo de abuso físico ou sexual, os recursos no Apêndice 2, no final do livro, a conduzirão para o aconselhamento e apoio certos. Se você não se encaixa em nenhuma dessas categorias ou o melhor grupo para suas necessidades não existe em sua comunidade, encontre um grupo de apoio em que as mulheres lidem com problemas de dependência emocional, ou comece seu próprio grupo. As diretrizes para formar seu próprio grupo de apoio podem ser encontradas no Apêndice 1.

Um grupo de apoio de semelhantes não é uma reunião desestruturada de mulheres que falam sobre as coisas terríveis que as pessoas lhes fizeram, ou da má sorte que tiveram na vida. É um lugar para você trabalhar em sua própria recuperação. É importante falar sobre traumas passados, mas caso você se veja, ou veja outras mulheres, recontando longas histórias com muitos "ele disse… e então eu disse…", provavelmente está no caminho errado, e talvez até mesmo no grupo errado. A empatia sozinha não leva à recuperação. Um bom grupo de apoio se dedica a ajudar todos que o frequentam a melhorar, e inclui alguns membros que atingiram certo nível de recuperação e podem revelar aos recém-chegados os princípios que seguiram para atingi-lo. Nenhum lugar é um exemplo melhor disso do que o Al-Anon. Independentemente de se o alcoolismo afetou sua vida ou não, você pode querer assistir a uma reunião ou a várias reuniões para ver como funcionam os princípios da recuperação. Eles são basicamente os mesmos para todos nós, não importa quais sejam nossas circunstâncias passadas ou atuais.

O que isso exige

Você precisa assumir um compromisso consigo mesma e o grupo de frequentar no mínimo seis reuniões antes de decidir que ele não tem nada a lhe oferecer. Isso é necessário porque você precisa desse tempo para começar a se sentir parte do grupo, aprender o jargão, caso exista, e entender o processo de recuperação. Se você for ao Al-Anon, que frequentemente tem várias reuniões por semana, tente ir em dias diferentes. Grupos diferentes terão características diferentes, embora o formato seja basicamente o mesmo. Encontre um ou dois especialmente adequados para você e permaneça neles, participando de mais reuniões quando sentir necessidade.

✧ ✦ ✧

Você terá de ir às reuniões regularmente. Embora seja importante para os outros que esteja lá, sua presença é para seu próprio bem. Para receber o que o grupo tem de oferecer, você tem de comparecer às reuniões.

✧ ✦ ✧

O ideal é que você sinta certo nível de confiança, mas, mesmo se isso for algo que ainda não consiga ter, *pode* ser honesta. Fale sobre sua falta de confiança nas pessoas em geral, no grupo e no processo; ironicamente, sua confiança começará a aumentar.

Por que isso é necessário

Quando as pessoas contarem suas histórias, você será capaz de se identificar com elas e suas experiências. Elas a ajudarão a se lembrar do que bloqueou em sua consciência – tanto fatos quanto sentimentos. Você ficará mais em contato consigo mesma.

✧ ✦ ✧

Quando você se identificar com outras pessoas e as aceitar apesar de seus defeitos e segredos, conseguirá aceitar mais esses traços e sentimentos em si mesma. Esse é o início da autoaceitação, que é absolutamente vital para a recuperação.

Quando você estiver pronta, partilhará algumas de suas próprias experiências, e ao fazer isso se tornará mais honesta e menos reservada e temerosa. Com a aceitação do que achava tão inaceitável, sua autoaceitação aumentará.

✦ ✧ ✦

Você verá outras pessoas usando, na vida delas, técnicas que dão certo e que poderá experimentar. Também verá pessoas experimentando coisas que não dão certo, e aprenderá com os erros delas.

Junto com toda a empatia e o compartilhamento de experiências que um grupo oferece, há outros elementos vitais para a recuperação. Os sorrisos compreensivos de reconhecimento de mais uma tentativa de orientar outra pessoa, os aplausos alegres quando alguém superou um obstáculo importante, o alívio das risadas perante as idiossincrasias comuns – tudo é realmente saudável.

✦ ✧ ✦

Você começará a sentir que pertence ao grupo. Isso é extremamente importante para quem vem de uma família disfuncional, porque tal experiência produz sentimentos muito fortes de isolamento. Estar com pessoas que entendem e partilham sua experiência produz a sensação de segurança e bem-estar de que você precisa.

O que isso implica

O segredo foi revelado. É claro que nem todos sabem, mas algumas pessoas sim. Quando você entra no Al-Anon, há a suposição tácita de que em algum momento, em algum lugar, foi afetada pelo alcoolismo. Quando vai para o refúgio feminino local participar de um grupo de apoio isso indica que, de algum modo, sofreu violência doméstica... e assim por diante.

O medo de os outros saberem impede muitas pessoas de obter a ajuda que poderia salvar-lhes a vida e os relacionamentos. Lembre-se de que em qualquer grupo de apoio válido, sua presença e o que é discutido ali são informações que nunca saem do grupo. Sua privacidade é respeitada e protegida. Se não for, encontre um grupo em que seja.

Por outro lado, ir apenas uma vez significa que os outros sabem de seu problema. Espero que, tendo lido este livro até aqui, entenda que deixar algumas pessoas saberem, especialmente quando elas também têm o seu problema, é um modo de sair de seu doloroso isolamento.

4. Desenvolver sua espiritualidade por meio da prática diária.

O que isso significa

Bem, significa coisas diferentes para pessoas diferentes. Algumas mulheres rejeitam imediatamente toda essa ideia. Talvez você se pergunte se pode pular esse passo. Não acredita em nada dessas coisas de "Deus". Acha essas crenças imaturas e ingênuas, e é sofisticada demais para levá-las a sério.

Outras mulheres podem já estar rezando fervorosamente para um Deus que não parece ouvi-las. Você disse a Ele o que está errado e precisa de conserto, e ainda se sente infeliz. Ou talvez tenha rezado tanto durante tanto tempo sem obter resultados visíveis que ficou irritada, desistiu ou se sentiu traída e se pergunta por que coisa horrível está sendo punida.

Acredite em Deus ou não e, se acreditar, estando de bem com Ele ou não, você ainda pode dar esse passo. Desenvolver sua espiritualidade pode muito bem significar seguir o caminho que escolheu. Mesmo se você for 100% ateia, talvez encontre prazer e consolo em uma caminhada tranquila, ou contemplando um pôr do sol ou algum aspecto da natureza. Esse passo tem tudo a ver com o que a leva além de si mesma, e a uma perspectiva mais ampla das coisas. Descubra o que lhe traz paz e serenidade e dedique algum tempo, pelo menos meia hora por dia, a essa prática. Não importa o quanto sua situação seja desanimadora, tal disciplina pode lhe dar alívio e até mesmo conforto.

Se você tem dúvidas sobre se existe um poder superior no Universo, tente agir como se acreditasse nisso, mesmo se não acredita. Começar a entregar para um poder superior o que você não consegue controlar pode trazer enorme alívio. Ou, se lhe parecer que está sendo coagida a fazer algo que não quer, que tal usar seu grupo de apoio como um poder superior? Certamente há mais força no grupo do que em qualquer um de seus membros individualmente. Permita-se usar a força e o apoio do grupo ou assuma o compromisso de entrar em contato com um de seus membros para que a ajude quando surgir um momento difícil. Saiba que você não está mais totalmente só.

Se você é uma pessoa de fé, vai à igreja com regularidade e reza frequentemente, desenvolver sua espiritualidade pode significar acreditar que o que está acontecendo em sua vida tem um motivo e seus próprios resultados, e que *Deus* é responsável pelo outro, não *você*. Dedique um momento tranquilo a meditar e rezar e peça orientação sobre como viver *sua própria vida*, enquanto deixa as pessoas ao seu redor livres para viver a delas.

✧ ✦ ✧

Desenvolver sua espiritualidade, não importa qual seja sua formação religiosa, basicamente significa *deixar de lado a teimosia*, a determinação de fazer as coisas acontecerem como você acha que deveriam acontecer. Em vez disso, você deve aceitar o fato de que talvez não saiba o que é melhor para si mesma ou outra pessoa em uma determinada situação. Podem haver consequências e soluções em que você nunca pensou, ou as que mais temia e tentou evitar podem ser exatamente o que é preciso para as coisas começarem a melhorar. Teimosia significa acreditar que só você tem todas as respostas. Deixar de lado a teimosia significa estar disposta a ficar quieta, aberta e à espera de orientação – aprender a substituir o medo (todos os "e se") e o desespero (todos os "se ao menos") por afirmações e pensamentos positivos sobre sua vida.

O que isso exige

Exige *disposição*, não fé. Frequentemente, a fé vem com a disposição. Se você não quiser fé, provavelmente não a obterá, mas ainda poderá encontrar mais serenidade do que tinha.

✦

Desenvolver sua espiritualidade também exige que você use afirmações para superar velhos padrões de pensamento e sentimento, e substituir velhos sistemas de crenças. Independentemente de se você acredita em um poder superior, as afirmações podem mudar sua vida. Use algumas das que estão listadas no Apêndice 4 ou, melhor ainda, crie suas próprias. Torne-as totalmente positivas e as repita em silêncio ou o mais alto possível, sempre que puder. Só para começar, eis uma: "Não sofrerei mais. Minha vida é cheia de alegria, prosperidade e satisfação."

Por que isso é necessário

Sem desenvolvimento espiritual, é quase impossível desistir de dirigir e controlar, e acreditar que tudo acabará sendo como deve ser.

✦

A prática espiritual acalma e ajuda você a mudar sua perspectiva de ser vitimizada para ser enaltecida.

✦ ✧ ✦

Isso é uma fonte de força na crise. Quando sentimentos ou circunstâncias a oprimem, você precisa de uma fonte maior do que si mesma à qual possa recorrer.

✦ ✧ ✦

Sem desenvolvimento espiritual, é quase impossível deixar de lado a teimosia, e sem deixá-la de lado você nunca será capaz de dar o próximo passo. Não conseguirá parar de dirigir e controlar a pessoa em sua vida porque ainda acreditará que é sua função fazer isso. Não conseguirá entregar o controle da vida dela para um poder superior.

O que isso implica

Você se livra do peso da responsabilidade de consertar tudo, controlar a pessoa em sua vida e evitar um desastre.

✦ ✧ ✦

Possui ferramentas para encontrar um alívio que não exige a manipulação de outra pessoa para que esta faça ou seja o que você deseja. Ninguém tem de mudar para que se sinta bem. Como você tem acesso a alimento espiritual, sua vida e felicidade passam a estar mais sob seu próprio controle e menos vulneráveis às ações dos outros.

5. Parar de dirigir e controlar os outros.

O que isso significa

Significa não ajudar e não dar conselhos. Por favor, presuma que esse outro adulto a quem está tentando ajudar e aconselhar tem tanta capacidade quanto você de encontrar um emprego, um apartamento, um terapeuta, uma reunião do AA ou o que quer que precise. Talvez não tenha tanta *motivação* quanto você para encontrar isso sozinho, ou resolver os próprios problemas. Mas quando você tenta resolvê-los, o exime da responsabilidade pela própria vida. Então você se responsabiliza pelo bem-estar dele, e quando seus esforços em prol dele fracassarem, será a *você* que ele culpará.

Deixe-me dar um exemplo de como isso funciona: frequentemente recebo telefonemas de esposas e namoradas querendo marcar uma consulta para os(as) parceiros(as). Sempre insisto em que esses homens, ou mulheres, marquem as próprias consultas comigo. Se quem será meu cliente não tiver motivação suficiente para escolher o próprio terapeuta e marcar a própria consulta, como terá para permanecer na terapia e trabalhar na própria recuperação? No início de minha carreira como terapeuta eu costumava aceitar marcar essas consultas, somente para receber outro telefonema da esposa ou namorada dizendo que ele tinha mudado de ideia, que não queria um terapeuta do sexo feminino ou que queria alguém com credenciais diferentes. Então essas mulheres me perguntavam se eu podia recomendar *outra pessoa* com quem pudessem marcar outra consulta para ele. Aprendi a nunca marcar consultas se não com a própria pessoa interessada e, em vez disso, pedir a essas esposas e namoradas que elas viessem se consultar.

✧ ✦ ✧

Parar de dirigir ou controlar também significa sair do papel de encorajar e elogiar. Provavelmente você já usou esses métodos para tentar forçar o outro a fazer o que gostaria que fizesse, o que significa que se tornaram modos de manipulá-lo. Encorajar e elogiar estão muito próximos de forçar e, quando você faz isso, está tentando novamente controlar a vida do outro. Pense em por que está elogiando algo que ele fez. É para ajudar a aumentar-lhe a autoestima? Isso é manipulação. É para que ele mantenha o comportamento que está elogiando? Isso é manipulação. É para que saiba o quanto você se orgulha dele? Isso pode ser um peso para o outro. Deixe-o se orgulhar das próprias realizações, caso contrário você chegará perigosamente perto de bancar a mãe dele. Ele não precisa de outra mãe (não importa o quanto a dele possa ter sido ruim!) e, mais especificamente, você não precisa de que ele seja seu filho.

✧ ✧ ✧

Isso significa parar de observar. Preste menos atenção ao que o outro está fazendo e mais à sua própria vida. Às vezes, quando você começa a deixar para lá, o outro "aumenta a aposta" para mantê-la atenta e se sentindo responsável pelo resultado. Subitamente, as coisas poderão ir de mal a pior para ele. Deixe para lá! Os problemas de seu parceiro ou parceira são dele, não seus. Deixe-o assumir total responsabilidade pelos próprios problemas e obter todo o crédito por suas soluções. Fique fora disso. (Se você estiver ocupada com sua própria vida e seu desenvolvimento espiritual, achará mais fácil tirar os olhos dele.)

Significa se desligar. O desligamento requer que você desvincule seu ego dos sentimentos do outro e, especialmente, dos atos dele e seus resultados. Requer que você o deixe enfrentar as consequências do próprio comportamento e não o salve de *nenhuma* dor. Você pode continuar a se *importar* com ele, mas não a *cuidar* dele – permitir-lhe encontrar o próprio caminho, assim como você está tentando encontrar o seu.

O que isso exige

Exige aprender a não dizer e fazer *nada*. Essa é uma das tarefas mais difíceis que você enfrentará em sua recuperação. Quando a vida do outro é inadministrável, quando tudo em você quer assumir o controle, aconselhá-lo e incentivá-lo, manipular a situação do modo como puder, deve aprender a ficar quieta, respeitar essa outra pessoa o suficiente para deixar que o conflito seja dela, não seu.

✧ ✦ ✧

Exige enfrentar seus próprios medos em relação ao que pode acontecer ao outro e ao relacionamento se você deixar de dirigir tudo – e depois se esforçar para eliminar seus medos em vez de manipular a pessoa amada.

✧ ✦ ✧

Exige que você use sua prática espiritual como apoio quando ficar assustada. Seu desenvolvimento espiritual é especialmente importante quando você aprende a parar de achar que deve dirigir tudo. De fato, ao desistir de controlar as pessoas em sua vida, fisicamente você pode se sentir como se estivesse caindo de um penhasco. A sensação de estar sem o controle de si mesma quando você livra os outros de suas tentativas de controlar pode ser alarmante. Aqui sua prática espiritual pode ajudar, porque em vez de abrir mão dessas coisas e ficar com um vazio você pode entregar o controle daqueles que ama para um poder superior.

Exige um exame atento de qual é a situação real em vez da perseguição de um determinado tipo de situação que você almeja. Quando parar de dirigir e controlar, também deve abandonar a ideia de que "quando o outro mudar serei feliz". Ele pode nunca mudar. Você deve parar de tentar fazer com que mude. E, seja como for, deve aprender a ser feliz.

Por que isso é necessário

Enquanto você se concentra inutilmente em mudar outra pessoa (e nenhum de nós tem o poder de mudar ninguém além de si próprio), não dedica suas energias a se ajudar. Infelizmente, mudar os outros nos agrada muito mais do que mudar a nós mesmas. Por isso, enquanto não desistirmos da primeira ideia, nunca conseguiremos pôr em prática a última.

✧ ✦ ✧

A maior parte da insanidade e do desespero que você experimenta provém diretamente de suas tentativas de dirigir e controlar o que não pode. Pense em todas as que fez: sermões intermináveis, súplicas, ameaças, suborno, talvez até mesmo violência, tudo que fez e que não funcionou. E lembre-se de como se sentiu depois de cada tentativa fracassada. Sua autoestima diminuiu outro ponto e você se tornou mais ansiosa, mais impotente e mais irritada. O único modo de evitar isso tudo é você desistir de tentar controlar o que não pode – o outro e a vida dele.

✧ ✦ ✧

Finalmente, é necessário parar porque raramente o outro mudará devido à sua pressão. O que deveria ser problema dele começa a parecer problema seu e, de algum modo, você acaba fixada nele a menos que deixe para lá. Mesmo se ele tentar acalmá-la com uma promessa de mudar, é provável que volte ao seu antigo comportamento, frequentemente com muito mais ressentimento de você. Lembre-se: se você for o motivo de ele mudar um comportamento, também será o motivo de voltar a tê-lo.

Exemplo: um casal está em meu consultório. Enviado pelo agente da condicional do homem devido a delitos envolvendo álcool ou drogas, ele está ali porque tem problemas com a lei. A mulher está ali porque tenta acompanhá-lo a todos os lugares. Considera seu dever mantê-lo na linha. Como é tão comum nesses casos, ambos vêm de famílias em que pelo menos um dos pais é alcoólatra. Quando se sentam diante de mim, de mãos dadas, dizem-me que vão se casar.

– Acho que o casamento o ajudará – diz a jovem, às vezes com tímida compaixão, às vezes com firme determinação.

— Sim — diz o jovem encabuladamente. — Ela me impede de me tornar violento e me ajuda muito. — Há um tom de alívio em sua voz e sua namorada fica radiante com a fé que ele tem nela e a responsabilidade que ela tem pela vida dele.

E eu tento — gentilmente, diante da esperança e do amor deles — explicar que se ele tem um problema com álcool ou outras drogas e ela é o motivo de ele reduzir ou parar o uso de álcool ou drogas agora, também será o motivo de aumentá-lo ou retomá-lo. Previno a ambos que um dia ele lhe dirá, no meio de uma briga: "Eu parei por você e que diferença isso fez? Você nunca está feliz, então por que eu deveria continuar a tentar?" Logo eles serão separados pelas mesmas forças que agora parecem uni-los.

O que isso implica

Seu parceiro ou parceira pode ficar muito irritado e acusá-la de não se importar mais com ele. Essa raiva provém do pânico de ter de se tornar responsável pela própria vida. Enquanto ele puder brigar com você, fazer-lhe promessas ou tentar reconquistá-la, seu conflito será externo, com você, não interno, consigo mesmo. (Isso parece familiar? Também se aplica a você, enquanto seu conflito for com ele.)

✧ ✦ ✧

Você pode descobrir que há pouco sobre o que falar quando todas as bajulações, discussões, ameaças, brigas e reconciliações param. Tudo bem. Faça tranquilamente suas próprias afirmações para si mesma em silêncio.

✧ ✦ ✧

Quando você realmente desistir de dirigi-lo e controlá-lo, é bem provável que fique com grande parte de sua energia livre para se analisar, desenvolver e aperfeiçoar. Porém, é importante saber que a tentação de voltar a procurar uma razão de existir fora de você estará presente. Resista a ela e se concentre em si mesma.

✧

Vale mencionar que, quando você abdicar do papel de resolver a vida do outro, as coisas poderão se tornar caóticas e é possível que você receba algumas críticas de pessoas que não entendem o que está fazendo (ou deixando de fazer.) Tente não ficar na defensiva e não se dar ao trabalho de lhes dar explicações detalhadas. Se quiser, recomende que leiam este livro e depois esqueça o assunto. Se elas insistirem, evite-as por algum tempo.

Geralmente tais críticas são muito menos frequentes e intensas do que esperamos e tememos. Somos nossos piores críticos e projetamos nossa expectativa de críticas nas pessoas que nos cercam, vendo e ouvindo críticas em todos os lugares. Fique do seu próprio lado nisso tudo e o mundo se tornará magicamente um lugar mais aprovador.

✧

Uma das implicações de parar de dirigir e controlar os outros é ter de abdicar da identidade de "ser útil". Porém, ironicamente, isso frequentemente é a coisa mais útil que você pode fazer pela pessoa que ama. A identidade de "ser útil" reforça e satisfaz o ego. Se você realmente quiser ser útil, pare de se preocupar com os problemas do outro e se ajude.

6. Aprender a não entrar em jogos.

O que isso significa

O conceito de jogos, quando aplicado ao diálogo entre duas pessoas, vem do tipo de psicoterapia conhecido como análise transacional. Jogos são modos de interação estruturados usados para se evitar intimidade. Todas as pessoas de vez em quando recorrem a jogos em suas interações, mas os relacionamentos doentios são repletos deles. Esses jogos são modos estereotipados de reagir que servem para evitar uma genuína troca de informações e sentimentos, e permitem aos participantes colocar a responsabilidade por seu bem-estar ou sofrimento nas mãos um do outro. Os papéis representados pelas mulheres que amam demais e seus parceiros ou parceiras costumam ser variedades das posições de salvador, perseguidor e vítima. Cada um deles representa esses papéis muitas vezes em uma troca típica. Designaremos o papel de salvador como (S), definido como "tentar ajudar"; o de perseguidor como (P), definido como "tentar culpar"; e o de vítima como (V), definido como "o inocente e desamparado". O roteiro a seguir ilustrará como esse jogo funciona:

Tom, que frequentemente volta para casa tarde, acabou de chegar em seu quarto. São 23:30 e sua esposa, Mary, começa.

Mary (*chorosa*): (V) Onde você esteve? Fiquei muito preocupada. Não consegui dormir, tive medo de que tivesse sofrido um acidente. Você sabe como eu me preocupo. Como pôde me deixar deitada aqui sem ao menos me telefonar para dizer que estava vivo?

Tom (*apaziguando*): (S) Ah, querida, sinto muito. Achei que você estaria dormindo e não quis acordá-la telefonando. Não fique chateada. Estou em casa agora e prometo que da próxima vez telefonarei. Assim que eu estiver pronto para ir para a cama massagearei suas costas e você se sentirá melhor.

Mary (*se zangando*): (P) Não quero que toque em mim! Está dizendo que vai me telefonar da próxima vez! Isso é uma piada. Você disse a mesma coisa da última vez em que isso aconteceu, e telefonou? Não! Não se importa se eu fico aqui pensando em você morto na estrada. Você *nunca* pensa em ninguém, por isso não sabe como é se preocupar com alguém que se ama.

Tom (*desamparado*): (V) Querida, isso não é verdade. Eu *estava* pensando em você. Não sabia que ficaria chateada. Só estava tentando ser atencioso. Parece que não importa o que eu faça, sempre estou errado. E se eu telefonasse e você estivesse dormindo? Então seria um idiota por acordá-la. Não acerto uma.

Mary (*se abrandando*): (S) Isso não é verdade. É só que você é muito importante para mim; quero saber que está bem, não atropelado em algum lugar. Não estou tentando fazer com que se sinta mal; só quero que entenda que me preocupo com você porque o amo muito. Desculpe-me por ter ficado tão irritada.

Tom (*percebendo que poderia tirar vantagem da situação*): (P) Bem, se você se preocupa tanto, por que não fica feliz em me ver quando chego em casa? Por que fica se queixando e perguntando onde estive? Não confia em mim? Estou cansado de ter de explicar tudo para você o tempo todo. Se você confiasse em mim iria dormir e quando eu chegasse em casa ficaria feliz em me ver em vez de me atacar! Às vezes acho que você simplesmente gosta de brigar.

Mary (*levantando a voz*): (P) Feliz em ver você! Depois de ficar deitada aqui durante duas horas me perguntando onde estava? Se eu não confio em você é porque você nunca faz nada para aumentar essa confiança. Não telefona, me culpa por ficar chateada e depois me acusa de não ser gentil quando finalmente entra pela porta! Por que você simplesmente não se vira e volta para o lugar de onde veio, para onde esteve a noite toda?

Tom (*acalmando*): (S) Olha, sei que você está chateada e vou ter um longo dia amanhã. Que tal se eu lhe fizer uma xícara de chá? É disso que está precisando. Depois vou tomar banho e vir para a cama. Está bem?

Mary (*chorando*): (V) Você simplesmente não entende como é esperar e esperar, sabendo que você *poderia* telefonar, mas não telefona, porque não sou tão importante assim para você...

Podemos parar por aqui? Como provavelmente você já percebeu, esses dois poderiam trocar de posições no triângulo de salvador, perseguidor e vítima por muito mais tempo, horas, dias e até mesmo anos. Se você se vir reagindo a uma afirmação ou ação de outra pessoa em qualquer uma dessas posições, cuidado! Está participando de um ciclo de acusações, réplicas, culpa e alegação de inocência que não tem vencedores e é sem sentido, inútil e degradante. Pare. Pare de tentar conseguir o que quer sendo gentil, colérica ou desamparada. Mude o que pode, o que significa mudar a si mesma! Pare de precisar vencer. Pare até mesmo de precisar brigar, ou de fazer com que o outro lhe dê uma boa razão ou desculpa para seu comportamento ou descaso. Pare de precisar que ele se arrependa o suficiente.

O que isso exige

Exige que você não reaja de nenhum dos modos conhecidos e que perpetuam o jogo, embora fique tentada a fazer isso. Reaja de um modo que acabe com esse jogo. No início isso é um pouco difícil, mas com a prática você conseguirá (se também controlar sua necessidade de jogar, o que é parte do passo anterior: parar de dirigir e controlar os outros).

Vamos reexaminar a situação anterior e ver como Mary podia ficar fora daquele triângulo fatal com Tom. A essa altura, ela começou a desenvolver sua espiritualidade e está consciente de que não lhe cabe ficar tentando dirigir e controlar Tom. Como está se esforçando para cuidar de si mesma, quando começou a ficar tarde e Tom não chegava, em vez de se permitir ficar nervosa e preocupada, Mary telefonou para uma amiga de seu grupo de apoio. Elas conversaram sobre seu medo crescente, o que ajudou a acalmá-la. Mary precisava que alguém ouvisse como ela se sentia, e sua amiga a ouviu com compreensão, mas sem lhe dar conselhos. Depois que desligou, fez uma de suas afirmações favoritas: "Minha vida está divinamente direcionada e eu tenho mais paz, segurança e serenidade a cada dia e a cada hora que passa." Como ninguém pode ter dois pensamentos diferentes ao mesmo tempo, Mary descobriu que ao trocar seus pensamentos pelas palavras tranquilizadoras da afirmação, ficava calma e até mesmo relaxada. Quando Tom chegou em casa, às 23:30, ela estava dormindo. Ele a acordou ao entrar no quarto, e ela sentiu imediatamente a contrariedade e a raiva voltando, por isso repetiu algumas vezes sua afirmação para si mesma e disse: "Oi, Tom. Estou feliz por ter chegado." Tom, acostumado com uma briga nessas circunstâncias, ficou um pouco confuso com essa saudação casual. "Eu ia telefonar para você, mas...", disse ele, iniciando sua desculpa defensivamente. Mary esperou até ele terminar e disse: "Podemos falar sobre isso de manhã, se quiser. Agora estou com muito sono. Boa noite." Se Tom estivesse se sentindo culpado por chegar tarde, uma briga com Mary na verdade diminuiria sua culpa. Permitiria a ele dizer a si mesmo que Mary era uma resmungona e que o problema se tornaria dela, por ser assim, e não dele, por chegar tarde. Do modo como as coisas aconteceram, ele foi deixado com sua culpa e ela não sofreu devido às ações de Tom. É assim que deveria ser.

É como um jogo de pingue-pongue quando ambos fazem o papel de salvador, perseguidor e vítima. Você fica devolvendo a bola quando ela vem em sua direção. Para não entrar no jogo, tem de aprender a deixar a bola passar por você, para fora da mesa. Um dos melhores modos de deixar para lá é cultivar o uso da palavra "ah". Por exemplo, reagindo à desculpa de Tom, Mary poderia apenas responder, "ah", e voltar a dormir. Não se envolver no conflito implícito no jogo de salvador, perseguidor e vítima é uma experiência fortalecedora. Não entrar nele, permanecer centrada e manter sua dignidade é maravilhoso. E significa que você deu outro passo para sua própria recuperação.

Por que isso é necessário

Para começar, entenda que os papéis que representamos nos jogos não se limitam a meras trocas verbais. Estendem-se ao nosso modo de viver, e cada um de nós tem um papel preferido.

Talvez o seu seja o de salvadora. É familiar e confortador para muitas mulheres que amam demais sentir que estão cuidando de outra pessoa (dirigindo e controlando). Devido à sua história de caos e/ou privação, elas escolheram esse caminho como um modo de permanecer seguras e de aumentar sua autoaceitação. Fazem isso com amigos, parentes e, frequentemente, também em suas carreiras.

Ou talvez você banque a perseguidora, a mulher determinada a encontrar a falha, apontá-la e corrigi-la. Precisa recriar várias vezes o conflito com as forças obscuras que a derrotaram quando era criança, esperando mais igualdade na batalha, agora que é adulta. Zangada desde a infância e tentando se vingar do passado no presente, é uma combatente, guerreadora, debatedora e megera. Precisa punir. Exige desculpas e retribuição.

E, finalmente, você pode ser a vítima, a mais poderosa das três, sem ver outras opções além de se submeter aos caprichos alheios. Quando era criança, talvez tenha achado que sua única opção era ser vítima, mas agora esse papel é tão familiar que, na verdade, a fortalece. Existe tirania na fraqueza; seu valor é a culpa, que é a moeda de troca nos relacionamentos da vítima.

Ficar em qualquer uma dessas posições, seja em uma conversa ou na vida, a impede de se concentrar em si mesma e a mantém em seu padrão infantil de medo, raiva e desamparo. Você não consegue desenvolver seu potencial como um ser humano totalmente evoluído, uma pessoa adulta responsável pela própria vida, se não desiste desses papéis restritivos e da obsessão pelos outros. Enquanto permanece nesses papéis e jogos, parece que a outra pessoa a impede de atingir seu objetivo de felicidade. Quando você desiste dos jogos, fica totalmente responsável pelo seu próprio comportamento, suas escolhas e sua vida. Na verdade, quando o jogo para, suas escolhas (tanto as que já fez quanto as novas) tornam-se mais óbvias e menos evitáveis.

O que isso implica

Agora você deve desenvolver novos modos de se comunicar consigo mesma e com os outros que demonstrem sua disposição de assumir a responsabilidade por sua vida. Precisa de menos "se não fosse por..." e mais "neste momento, estou optando por...".

✧ ✦ ✧

Ao começar a dar este passo, você terá de usar toda a energia que lhe sobrou quando desistiu de dirigir e controlar os outros para evitar entrar nos jogos (até mesmo anunciar "não estou jogando" é jogar). Isso se torna muito mais fácil com a prática e, após algum tempo, muito fortalecedor.

✧ ✦ ✧

Você precisará aprender a viver sem a excitação de brigas acaloradas, todos aqueles dramas que consumiam tempo e esgotavam sua energia. Isso não é fácil. Muitas mulheres que amam demais enterraram seus sentimentos tão fundo que precisam da excitação de brigas, separações e reconciliações para se sentir vivas. Cuidado! No início, pode ser entediante se concentrar apenas em sua vida interior. Mas se você conseguir suportar o tédio, ele se transformará em autodescoberta. E você estará pronta para o próximo passo.

7. Enfrentar corajosamente seus próprios problemas e defeitos.

O que isso significa

Enfrentar seus próprios problemas significa que, tendo desistido de dirigir e controlar os outros e entrar em jogos, você agora não tem nada que lhe tire a atenção da própria vida e dor, e de seus próprios problemas. Esse é o momento em que precisa começar a olhar bem para dentro de si mesma, com a ajuda de seu programa espiritual, seu grupo de apoio e sua terapeuta, se tiver uma. Para iniciar esse processo, nem sempre é necessário ter uma terapeuta. Por exemplo, nos programas Anônimos as pessoas que obtiveram um bom grau de recuperação podem apadrinhar recém-chegadas, frequentemente ajudando suas afilhadas a passar por esse processo de autoanálise.

✧ ✤ ✧

Também significa você examinar atentamente sua própria vida no presente – o que a faz se sentir bem e o que a torna desconfortável ou infeliz. Anote isso em listas. Também examine o passado: todas as boas e más lembranças, realizações, fracassos, as vezes em que foi magoada e magoou alguém. Examine *tudo* e anote. Concentre-se em áreas particularmente difíceis. Se o sexo for uma delas, escreva sua história sexual completa. Se relacionar-se com alguém sempre foi um problema para você, comece pelos seus primeiros relacionamentos e, novamente, escreva uma história completa. Com os pais? Use a mesma técnica. Escreva desde o começo. Sim, você terá de escrever muito, mas isso é uma ferramenta de valor inestimável para ajudá-la a entender seu passado e começar a reconhecer os padrões e temas que se repetem em seus conflitos consigo mesma e os outros.

Ao iniciar esse processo, faça o trabalho mais completo que puder antes de parar. Essa é uma técnica que você desejará usar novamente depois, quando surgirem áreas problemáticas. Talvez no início se concentre em relacionamentos. Mais tarde, em outro momento, pode desejar escrever sua história de empregos, como se sentia em relação a cada um deles antes de iniciá-los, durante o período em que esteve empregada e depois. Simplesmente deixe lembranças, pensamentos e sentimentos fluírem. Não examine o texto procurando por padrões; faça isso mais tarde.

O que isso exige

Você terá de escrever bastante e se comprometer a dedicar a isso a energia e o tempo necessários. Talvez não considere a escrita um meio de expressão fácil ou confortável. Porém, é a melhor técnica para esse exercício. Não se preocupe em escrever corretamente, ou mesmo bem. Simplesmente escreva de um modo que faça sentido para você.

Você precisará ser o mais honesta e aberta possível em relação a tudo que escrever.

✧ ✦ ✧

Quando completar esse projeto o melhor que puder, partilhe-o com uma pessoa que se importe com você e em quem confie. Ela deve entender o que você está tentando fazer para se recuperar e ser capaz de apenas ouvir o que escreveu sobre sua história sexual, sua história de relacionamentos, sua história com seus pais e seus sentimentos em relação a si mesma e aos fatos bons e ruins em sua vida. Obviamente, a pessoa escolhida como ouvinte deve ter compaixão e compreensão. Não precisa fazer nenhum comentário e isso deve ficar claro desde o início. Ela não deve dar conselhos ou incentivo. Deve apenas ouvir.

Nesse ponto de sua recuperação *não* torne o outro seu ouvinte. Bem mais tarde, você pode decidir partilhar ou não com ele o que escreveu. Mas não é apropriado fazer isso agora. Você está deixando alguém ouvir sua história para saber como é contá-la e ser aceita. Isso não é um meio de passar a limpo o relacionamento. Seu objetivo é a autodescoberta e ponto-final.

Por que isso é necessário

A maioria de nós, que amamos demais, culpa os outros pela infelicidade em nossa vida, ao mesmo tempo negando as próprias falhas e opções. Essa abordagem da vida é como um câncer que deve ser extirpado e eliminado, e o modo de fazer isso é olhar atenta e honestamente para nós mesmas. Somente vendo seus problemas e defeitos (e seus pontos positivos e sucessos) como *seus*, em vez de relacionados de alguma maneira ao outro, você pode dar os passos para mudar o que precisa ser mudado.

O que isso implica

Em primeiro lugar, provavelmente você conseguirá se livrar da culpa secreta relacionada com muitos dos acontecimentos e sentimentos do passado. Isso deixará o caminho livre para mais alegria e atitudes saudáveis se manifestarem em sua vida.

✧ ✦ ✧

Depois, como alguém ouviu seus piores segredos e você não morreu por causa disso, começará a se sentir mais segura no mundo.

✧ ✦ ✧

Quando você para de culpar os outros e assume a responsabilidade por suas próprias escolhas, fica livre para fazer todas que não estavam disponíveis quando se via como vítima. Isso a prepara para começar a mudar as coisas em sua vida que não são boas, satisfatórias ou gratificantes para você.

8. Cultivar o que precisa ser desenvolvido em si mesma.

O que isso significa

Cultivar o que precisa ser desenvolvido em si mesma significa não esperar que o outro mude para seguir com sua vida. Também significa não esperar o apoio dele – financeiro, emocional ou em questões práticas – para começar ou mudar sua carreira, voltar a estudar, ou seja, qualquer coisa que você queira fazer. Em vez de fazer seus planos dependerem da cooperação dele, faça-os como se não tivesse ninguém além de si mesma em quem se apoiar. Cubra todas as contingências – cuidar do filho, dinheiro, tempo, transporte – sem usar o outro como um recurso (ou uma desculpa!). Se ao ler isso, você protestar contra o que digo, achando que sem a cooperação dele seus planos são impossíveis, julgue por si mesma ou discuta com uma amiga o que faria se não o conhecesse. Você descobrirá que pode muito bem fazer a vida funcionar quando para de depender dele e, em vez disso, usa todas as suas outras opções.

✧ ✦ ✧

Desenvolver-se significa perseguir ativamente seus interesses. Se durante muito tempo você se ocupou demais com seu parceiro ou parceira e não tem vida própria, comece procurando muitos modos diferentes de descobrir o que lhe agrada. Isso não é fácil para a maioria das mulheres que amam demais. Tendo tornado o outro seu projeto durante tanto tempo, é desconfortável desviar o foco para si mesma e explorar o que é bom para seu próprio crescimento. Esteja disposta a experimentar pelo menos uma atividade nova a cada semana. Veja a vida como um banquete e se sirva de muitas experiências diferentes para poder descobrir o que lhe agrada.

✧ ✦ ✧

Desenvolver-se significa correr riscos: conhecer pessoas novas, voltar a estudar pela primeira vez em anos, viajar sozinha, procurar um emprego... qualquer coisa que você sabe que precisa ser feita, mas nunca teve coragem de fazer. Esse é o momento de agir. *Não* há erros na vida, apenas lições, portanto se permita aprender um pouco do que ela quer lhe ensinar. Use seu grupo de apoio como fonte de encorajamento e informações. (Não seu relacionamento ou sua família disfuncional de origem. Eles precisam que você permaneça igual para poderem permanecer iguais. Não sabote a si mesma e ao seu crescimento se apoiando neles.)

O que isso exige

Para começar, faça duas coisas por dia que não quer fazer, para se desafiar e ampliar sua ideia de quem é e do que é capaz. Defenda-se quando preferir fingir que algo não é importante ou devolva um item insatisfatório ainda que prefira jogá-lo fora. Dê aquele telefonema que gostaria de evitar. Aprenda a cuidar mais de si mesma e menos das pessoas com quem interage. Diga não para se agradar, em vez de sim para agradar os outros. Peça claramente o que quer e se arrisque a tê-lo negado.

✧ ✦ ✧

Depois, aprenda a dar a si mesma – tempo, atenção, bens materiais. Frequentemente, assumir o compromisso de comprar algo para você todos os dias pode ser uma verdadeira lição de autoestima. Os presentes podem ser baratos, mas, francamente, quanto menos práticos e mais frívolos melhor. Isso é um exercício de satisfação dos *seus* desejos. Precisamos aprender que podemos ser a fonte de coisas boas em nossa vida, e esse é um bom modo de começar. Mas se você não tem nenhum problema com gastar dinheiro consigo mesma e, na verdade, compra e gasta compulsivamente para aplacar sua raiva ou depressão, essa lição de dar precisa tomar um rumo diferente. Proporcione-se novas experiências em vez de acumular mais bens materiais (e dívidas). Dê um passeio no parque, uma caminhada nas colinas ou uma volta no jardim zoológico. Pare e observe o pôr do sol. O importante é pensar em si mesma e no que gostaria que fosse seu presente do dia, e depois se permitir experimentar dar e receber. Geralmente somos ótimas em dar aos outros, mas temos pouca prática em dar a nós mesmas. Portanto, pratique!

Ao dar esses passos, de tempos em tempos você terá de fazer algo muito difícil: enfrentar o terrível vazio interior que vem à tona quando não está concentrada em outra pessoa. Às vezes o vazio é tão grande que você quase pode sentir o vento soprando no lugar onde deveria estar seu coração. Permita-se senti-lo, em toda a sua intensidade (caso contrário procurará outro modo doentio de se distrair). Aceite o vazio e saiba que não se sentirá assim para sempre, e que apenas ficando quieta e sentindo-o começará a preenchê-lo com o calor da autoaceitação. Deixe seu grupo de apoio ajudá-la nisso. A aceitação do grupo, assim como seus próprios projetos e suas atividades, também pode ajudá-la a preencher o vazio. Nós obtemos autoconsciência com o que fazemos por nós mesmas e como desenvolvemos nossas capacidades. Se todos os seus esforços têm sido para desenvolver os outros, com certeza você se sente vazia. Agora é a sua vez.

Por que isso é necessário

Se você não maximizar seus talentos, sempre ficará frustrada e poderá pôr a culpa dessa frustração no outro, quando na verdade ela provém de não seguir com sua própria vida. Desenvolver seu potencial tira a culpa dele e coloca a responsabilidade por sua vida nas mãos de quem deve estar: as suas.

Os projetos e as atividades que você decidir realizar a manterão ocupada demais para se concentrar no que ele está ou não fazendo. Se atualmente você não está em um relacionamento, isso lhe dará uma alternativa saudável a ansiar pelo anterior ou esperar pelo próximo.

O que isso implica

Em primeiro lugar, você não precisa encontrar um(a) parceiro(a) que seja seu oposto para equilibrar sua vida. Vou explicar: como a maioria das mulheres que amam demais, é provável que você seja excessivamente séria e responsável. Se não cultivar seu lado brincalhão, se sentirá atraída por pessoas que personificam o que lhe falta. Alguém despreocupado e irresponsável é encantador, mas não um bom indício de um relacionamento satisfatório. Contudo, enquanto você não se permitir ser mais despreocupada, precisará do outro para criar diversão e excitação em sua vida.

✧

Em segundo, desenvolver-se lhe permite crescer. Quando você se torna tudo que é capaz de ser, também assume total responsabilidade por suas decisões, suas escolhas e sua vida, e assim aceita o amadurecimento. Enquanto não assumirmos a responsabilidade por nossa própria vida e felicidade, não seremos seres humanos totalmente maduros e continuaremos a ser crianças dependentes e assustadas em corpos adultos.

✧

Finalmente, desenvolver-se torna você uma parceira melhor, porque é uma mulher criativa e com total capacidade de expressão, não uma pessoa incompleta (e, por isso, assustada) sem alguém. Ironicamente, quanto menos você precisar de um(a) parceiro(a) melhor parceira será, e mais atrairá uma pessoa saudável (e se sentirá atraída por ela).

9. Tornar-se "egoísta".

O que isso significa

Como a palavra *espiritualidade* no quarto passo, neste *egoísta* exige uma explicação cuidadosa. É provável que evoque uma imagem daquilo que exatamente você não quer ser: indiferente, cruel, negligente e centrada em si mesma. Para algumas pessoas, egoísmo pode significar isso tudo, mas lembre-se de que você é uma mulher com uma história de amar demais. No seu caso, tornar-se egoísta é um exercício necessário para deixar de ser mártir. Vamos examinar o que significa o egoísmo saudável para as mulheres que amam demais.

✦ ✧ ✦

Você coloca seu bem-estar, seus desejos, seu trabalho, sua diversão, seus planos e suas atividades em primeiro lugar, em vez de em último – antes, não depois, de as necessidades dos outros serem satisfeitas. Mesmo se tem filhos pequenos inclui em seu dia algumas atividades que visam apenas alimentar seu ego.

✦ ✧ ✦

Espera e até mesmo exige que as situações e os relacionamentos sejam confortáveis para você. Não tenta se adaptar aos desconfortáveis.

✦ ✧ ✦

Acredita que suas vontades e necessidades são muito importantes, e que é seu dever satisfazê-las. Ao mesmo tempo, admite os direitos dos outros de ser responsáveis pela satisfação de suas próprias vontades e necessidades.

O que isso exige

Quando você começa a se pôr em primeiro lugar, deve aprender a tolerar a raiva e a desaprovação dos outros. Essas são reações inevitáveis daqueles cujo bem-estar até agora colocou antes do seu. Não discuta, se desculpe ou tente se justificar. Permaneça o mais calma e alegre possível e prossiga com suas atividades. As mudanças que está fazendo em sua vida exigem que as pessoas ao seu redor também mudem, e naturalmente elas resistirão a isso. Mas se você não der crédito à sua indignação, ela logo passará. É apenas uma tentativa de forçar você a voltar ao seu antigo comportamento altruísta, fazer por elas o que podem e deveriam fazer por si mesmas.

✧ ✦ ✧

Ouça atentamente o que sua voz interior lhe diz que é bom e certo para você e faça isso. Você desenvolve um interesse saudável por si mesma seguindo suas próprias sugestões. Até agora provavelmente se limitou a seguir quase obsessivamente sugestões de outras pessoas sobre como queriam que se comportasse. Ignore essas sugestões ou elas continuarão a impedi-la de ouvir as suas.

✧ ✦ ✧

Finalmente, ser egoísta exige que você reconheça seu grande valor, que seus talentos são dignos de expressão, sua satisfação é tão importante quanto a de qualquer outra pessoa e seu melhor eu é o maior presente que tem para oferecer ao mundo como um todo, e especialmente àqueles que lhe são próximos.

Por que isso é necessário

Sem esse forte compromisso consigo mesma, você tende a se tornar passiva, desenvolver-se não para sua grandiosa expressão, mas em benefício de outra pessoa. Embora tornar-se egoísta (que também significa tornar-se honesta) faça de você uma parceira melhor, esse não pode ser seu objetivo final. Seu objetivo deve ser alcançar seu próprio eu superior.

✧ ✦ ✧

Não basta você superar todas as dificuldades que encontrou. Ainda há sua própria vida para ser vivida, seu próprio potencial para ser explorado. Esse é o próximo passo natural quando você passa a se respeitar e honrar suas vontades e seus desejos.

Assumir a responsabilidade por si mesma e sua felicidade dá uma grande liberdade a filhos que se sentiram culpados e responsáveis por sua infelicidade (como sempre se sentem). Um filho nunca poderá equilibrar a balança ou pagar a dívida quando a mãe sacrificou a vida, a felicidade e a satisfação dela em prol da família. Vê-la abraçar totalmente a vida permite ao filho fazer o mesmo, assim como ver a mãe sofrer lhe indica que a vida é só sofrimento.

O que isso implica

Seus relacionamentos se tornam automaticamente mais saudáveis. Ninguém "deve" a você ser diferente do que é, porque você não é mais diferente do que é para ninguém.

✧ ✦ ✧

Você deixa as pessoas em sua vida livres para cuidar de si mesmas sem se preocupar com você. (Por exemplo, é provável que seus filhos tenham se sentido responsáveis por diminuir sua frustração e dor. Quando você cuida melhor de si mesma, deixa-os livres para cuidar melhor deles.)

✧ ✦ ✧

Agora você pode dizer sim ou não quando quiser.

✧

Quando você fizer a grande mudança de papel, deixando de cuidar dos outros para cuidar de si mesma, é bem provável que seu comportamento seja equilibrado por mudanças de papéis em todos os seus relacionamentos. Se essas mudanças forem difíceis demais para a pessoa em sua vida, ela poderá ir embora e procurar alguém que seja como você era, por isso talvez você não fique com a pessoa com quem estava.

Por outro lado, é irônico que, ao se tornar mais capaz de cuidar de si mesma, possa descobrir que se sente atraída por alguém capaz de cuidar de você. Quando nos tornamos mais saudáveis e equilibradas, atraímos relacionamentos mais saudáveis e equilibrados. Quando nos tornamos menos carentes, mais nossas necessidades são satisfeitas. E quando desistimos do papel de superprotetoras, abrimos espaço para que alguém cuide de nós.

10. Partilhar com os outros o que você experimentou e aprendeu.

O que isso significa

Partilhar suas experiências com os outros significa se lembrar de que esse é o último passo para a recuperação, não o primeiro. Espere para dá-lo depois de ter trabalhado bastante em sua recuperação, porque ser útil demais e se concentrar nos outros é parte de sua doença.

✧

Em seu grupo de apoio, significa contar para as pessoas recém-chegadas como era antes e como é agora. Não significa dar conselhos, apenas explicar o que funcionou para você. Tampouco significa dar nomes ou pôr a culpa nos outros. Quando você está nesta etapa da recuperação sabe que culpar os outros não a ajuda.

✦

Partilhar suas experiências também significa, quando você encontrar alguém com um passado parecido com o seu ou em uma situação semelhante àquela em que estava, estar disposta a falar sobre sua própria recuperação sem precisar coagir a pessoa a fazer o que você fez para se recuperar. Não há mais lugar aqui para dirigir e controlar do que havia em seu relacionamento.

✦

Partilhar pode significar dedicar algumas horas a ajudar outras mulheres como voluntária, talvez em um serviço de apoio emocional ou se encontrando com alguém que pediu ajuda.

✦

Finalmente, pode significar ajudar a instruir pessoas que trabalham nas áreas médica e de aconselhamento sobre a abordagem terapêutica adequada para mulheres como você.

O que isso exige

Você deve manifestar seu sentimento de profunda gratidão por chegar aonde chegou e pela ajuda que recebeu ao longo do caminho das pessoas que lhe revelaram suas experiências.

✦

Precisa ser honesta e estar disposta a abandonar seus segredos e sua necessidade de "parecer boa".

✦

Finalmente, deve revelar uma capacidade de dar sem esperar gratificação pessoal. A maior parte do que "oferecemos" quando amávamos demais na verdade era manipulação. Agora estamos livres o bastante para oferecer livremente. Nossas próprias necessidades foram satisfeitas e estamos cheias de amor. A coisa natural a fazer é partilhá-lo, sem esperar nada em troca.

Por que isso é necessário

Se você acredita que tem uma doença, também precisa perceber que, como um alcoólatra que está sóbrio, pode ter uma recaída. Sem vigilância constante, pode voltar aos seus velhos modos de pensar, sentir e se relacionar. Trabalhar com recém-chegadas a ajuda a não se esquecer do quanto estava doente e do quão longe chegou. Impede-a de negar o quanto isso realmente era ruim, porque a história de uma recém-chegada será muito parecida com a sua e você se lembrará com compaixão, por ela e por si mesma, de como era.

Ao falar sobre isso, você dá esperança a outras pessoas e torna válido tudo pelo que passou em sua luta para se recuperar. Ganha perspectiva de sua coragem e vida.

O que isso implica

Você ajudará outras pessoas a se recuperarem. E manterá sua própria recuperação.

Assim, essa partilha é, em última análise, um ato de egoísmo saudável, por meio do qual você promove ainda mais seu bem-estar permanecendo em contato com os princípios da recuperação que lhe serão úteis por toda a vida.

11

Recuperação e intimidade: Acabando com a distância

> *Para nós, o casamento é uma jornada para um destino desconhecido...*
> *a descoberta de que as pessoas devem partilhar não só o que não sabem*
> *umas sobre as outras, mas também o que não sabem sobre si mesmas.*
> – Michael Ventura, *Shadow Dancing in the Marriage Zone*

— O que quero saber é: para onde foram todas as minhas sensações sexuais? – Trudi ainda está em movimento, dirigindo-se a passos largos ao divã em meu consultório. Ela faz a pergunta por cima do ombro de um modo brincalhão, mas noto um lampejo de acusação em seus olhos ao passar rapidamente por mim. Em sua mão esquerda um anel de noivado emite um brilho correspondente, e pressinto fortemente o motivo de ela ter marcado a consulta. Passaram-se oito meses desde que a vi pela última vez e hoje Trudi parece melhor do que nunca, com seus olhos castanhos brilhando e a linda nuvem de cabelos castanho-avermelhados suavemente ondulados mais longa e espessa do que eu me lembrava. Seu rosto tem a mesma beleza suave e quase travessa, mas as duas aparências que antes alternava cronicamente – a de pequena órfã triste ou de mulher sofisticada frágil – haviam sido substituídas por um brilho de autoconfiança feminina. Ela percorreu um longo caminho nos três anos que se seguiram à sua tentativa de suicídio, quando seu caso com Jim, o policial casado, terminou.

Estou feliz em ver que ela continua progredindo em seu processo de recuperação. Trudi ainda não sabe disso, mas até mesmo os problemas sexuais que agora enfrenta são parte desse processo inevitável.

– Fale-me sobre isso, Trudi – encorajo-a, e ela se recosta no divã.

– Bem, tenho esse homem maravilhoso em minha vida. Você se lembra do Hal? Eu estava saindo com ele na última vez em que estive aqui.

Lembro-me muito bem desse nome. Hal tinha sido um dos vários homens jovens com quem Trudi saía quando parou de fazer terapia. "Ele é bom, mas um pouco chato", comentara Trudi naquela época. "Temos ótimas conversas e é impressionante como ele é sensato e confiável. Também é bonito, mas não me excita, por isso acho que não é o homem certo." Ela havia concordado comigo que precisava praticar estar com um homem atencioso e digno de confiança, por isso decidiu continuar a vê-lo por algum tempo, "apenas para treinar".

Agora Trudi continua orgulhosamente:

– Graças a Deus ele é muito diferente do tipo de homem com quem eu me envolvia. Estamos noivos e vamos nos casar em setembro... mas, bem, temos alguns problemas. Na verdade, sou eu quem tem. Realmente estou tendo dificuldade em me excitar e como isso nunca foi um problema para mim quero saber o que está acontecendo. Você sabe como eu costumava ser. Praticamente implorava por sexo para todos aqueles homens que nunca me amaram, mas como não me atiro mais para ninguém, parece que me tornei uma solteirona pudica e inibida. Lá está Hal, bonito, responsável, confiável e realmente apaixonado por mim, e fico deitada na cama com ele me sentindo como um pedaço de madeira.

Faço um movimento afirmativo com a cabeça, sabendo que Trudi está enfrentando uma dificuldade que quase todas as mulheres que amam demais precisam superar quando se recuperam. Tendo usado sua sexualidade como um instrumento de manipulação, para conquistar o amor de um homem difícil ou impossível, quando o desafio deixa de existir não sabem como exercer sua sexualidade com um parceiro amoroso e dedicado.

O desconforto de Trudi é visível. Ela está batendo de leve a mão fechada no joelho, enfatizando quase todas as suas palavras.

– *Por que* não consigo me excitar com ele? – Para de bater a mão e me olha assustada. – É porque não o amo o suficiente? É isso que está errado entre nós?

– Você acha que o ama? – pergunto.

– Acho que sim, mas estou confusa porque tudo parece diferente do que era. Gosto muito de estar com Hal. Conseguimos falar sobre qualquer coisa. Ele conhece toda a minha história, por isso não há segredos entre nós. Com Hal, não finjo nada. Sou totalmente eu mesma, o que significa que me sinto mais relaxada com ele do que jamais me senti com homem algum. Não estou sempre representando, o que é bom, mas às vezes essas representações eram mais fáceis do que apenas relaxar e acreditar que ser eu mesma bastará para manter alguém interessado.

"Temos muitos gostos em comum: gostamos de navegar, pedalar e caminhar. Nossos valores são quase idênticos e, quando realmente discutimos, ele joga limpo. Na verdade, discutir com Hal é quase um prazer. Mas no início até mesmo as conversas abertas e francas que tínhamos sobre nossas diferenças eram assustadoras para mim. Eu não estava acostumada com alguém ser tão honesto e direto sobre como se sentia e esperar que eu fizesse o mesmo. Hal me ajudou a não ter medo de dizer o que pensava ou pedir o que precisava dele, porque nunca me puniu por ser honesta. Sempre acabamos resolvendo tudo e nos sentindo mais unidos. Hal é o melhor amigo que já tive e me orgulho de ser vista com ele. Então, sim, acho que o amo, mas então por que não consigo me divertir com ele na cama? Também não há nada de errado no modo como ele faz amor. Hal é muito atencioso, realmente quer me agradar. Isso é uma grande novidade para mim. Ele não é tão atirado quanto Jim era, mas não acredito que esse seja o problema. Sei que Hal me acha maravilhosa e realmente se excita comigo, mas não sinto muita coisa. Fico fria e um pouco constrangida durante grande parte do tempo. Depois de como eu costumava ser, isso não faz nenhum sentido, não é?"

Fico feliz em poder tranquilizá-la.

– Na verdade, faz muito sentido, Trudi. Isso pelo que você está passando agora é algo que muitas mulheres que têm histórias parecidas com a sua, e que conseguiram se recuperar, enfrentam quando começam a se relacionar com alguém adequado. A excitação, o desafio, e o velho nó no estômago simplesmente não estão presentes, e como é assim que sempre sentiram o "amor" temem que algo muito importante esteja faltando. O que está faltando é a loucura, o sofrimento, o medo, a espera e a expectativa.

"Agora, pela primeira vez, você tem um homem bom, estável e digno de confiança e não precisa se esforçar para mudá-lo. Ele já possui as qualidades que queria em um homem e assumiu um compromisso com você. O problema é que você nunca teve o que queria. Só sabia como era não tê-lo e se esforçar loucamente para consegui-lo. Está acostumada com a ânsia e o suspense, que agitam muito o coração. Ele fará ou não? Ele está fazendo ou não está? Você sabe do que estou falando."

Trudi sorri.

– Sempre soube. Mas o que isso tudo tem a ver com minhas sensações sexuais?

– Não ter o que você quer é muito mais estimulante do que ter. Um homem gentil, amoroso e dedicado nunca lhe provocará uma descarga de adrenalina como Jim provocava, por exemplo.

– Ah, isso é verdade! Fico questionando todo o relacionamento porque nem sempre estou obcecada por Hal. Pergunto-me se simplesmente o tenho como algo garantido. – Trudi não está mais zangada. Agora está animada, como uma detetive que desvenda um mistério importante.

Eu confirmo:

– Bem, provavelmente de algum modo você o tem como algo garantido. Sabe que ele estará lá para você. Não vai abandoná-la.

Pode contar com ele. Por isso não precisa ficar obcecada. Obsessão não é amor, Trudi. É apenas obsessão.

Ela faz um sinal afirmativo com a cabeça, se lembrando.

— Eu sei! Eu sei!

— E, às vezes — continuo —, o sexo funciona muito bem quando estamos obcecadas. Todas aquelas sensações fortes de excitação, expectativa ansiosa e até mesmo medo formam um pacote poderoso que é chamado de amor. Na verdade, é tudo menos amor. Ainda assim, é o que todas as canções nos dizem que o amor é. Aquela coisa infantil de "não consigo viver sem ele". Quase ninguém compõe canções sobre como um relacionamento sadio é fácil e confortável. Todas as canções falam em medo, dor, perda e mágoa. Então chamamos isso de amor, e não sabemos o que fazer quando surge algo que não é louco. Começamos a relaxar e depois tememos que não seja amor, porque não estamos obcecadas.

Trudi concorda.

— Exatamente. Foi exatamente o que aconteceu. Não comecei a chamar isso de amor porque era confortável demais e, como você sabe, eu não estava acostumada a nada confortável. — Ela sorri, e continua. — Ele simplesmente foi me conquistando nos meses em que nos vimos. Senti que podia relaxar e ser totalmente eu mesma sem que Hal fosse embora. Só isso já era incrível. Nunca tive alguém que não fosse embora. Esperamos muito tempo antes de nos envolvermos sexualmente, e primeiro nos conhecemos como indivíduos. Fui gostando cada vez mais dele, e os momentos em sua companhia eram bons e felizes. Quando finalmente fomos para a cama, houve bastante ternura e me senti *muito* vulnerável. Chorei muito. Às vezes ainda choro, mas Hal não parece se incomodar. — Trudi abaixa os olhos. — Acho que ainda tenho muitas lembranças dolorosas do sexo, de ser rejeitada e profundamente magoada. — Após uma pausa, ela acrescenta. — Agora, em relação ao sexo, estou mais preocupada do que Hal. Ele gostaria que fosse mais excitante para nosso próprio bem, mas realmente não reclama. Eu sim, porque sei como poderia ser.

– Está bem – respondo. – Conte-me como *é* entre você e Hal agora.

– Ele está apaixonado por mim. Posso ver isso pelo modo como me trata. Sempre que conheço um amigo dele sei que Hal disse coisas maravilhosas sobre mim só pelo modo como sou cumprimentada. E quando estamos a sós, ele é muito afetuoso e ansioso por me agradar. Mas fico esquisita, fria, quase rígida. Parece que ele realmente não consegue me excitar. Não sei o que me impede...

– O que você sente quando começa a fazer amor com Hal, Trudi?

Ela fica quieta por um momento, pensando. Então ergue os olhos para mim.

– Medo, talvez? – Depois, respondendo para si mesma. – Sim, é isso. Fico apavorada, realmente apavorada!

– Com medo de... – insisto.

Mais silêncio pensativo. Finalmente, Trudi continua:

– Não sei ao certo. De ser *conhecida*, de certa forma. Ah, isso soa tão bíblico! Sabe como é, como sempre dizem na Bíblia: "Então ele a conheceu." Esse tipo de coisa. Mas de certo modo sinto que, se eu deixasse, Hal de fato me conheceria, não apenas sexualmente, mas de outras maneiras também. Parece que não consigo me entregar a ele. É simplesmente assustador demais para mim.

Faço a pergunta óbvia:

– O que acontecerá se você se entregar?

– Ah, meu Deus, não sei. – Trudi começa a se remexer no divã. – Sinto-me muito vulnerável e indefesa quando penso nisso. Sinto-me tola falando sobre sexo assim, depois de todas as minhas experiências. Mas de algum modo isso é diferente. Não é tão fácil exercer minha sexualidade com alguém que realmente quer ter intimidade comigo de todas as maneiras. Eu me fecho como uma ostra ou acompanho os movimentos enquanto parte de mim se retrai. Estou agindo como uma virgem tímida ou algo do gênero.

Eu a tranquilizo:

– Trudi, quando se trata do tipo de intimidade que você e Hal já têm, e da que podem ter juntos no futuro, você é muito parecida com uma virgem. Tudo é novo, e você tem pouquíssima experiência em ficar desse modo com um homem e, na verdade, qualquer pessoa. *Está* apavorada.

– Bem, é exatamente assim que me sinto, autoprotetora, como se fosse perder algo muito importante – concorda ela.

– Sim, e o que teme perder é sua armadura, sua proteção contra ser magoada. Embora antes se atirasse para os homens, nunca realmente se arriscou a ter intimidade porque nenhum *deles* conseguia tê-la. Agora está com Hal, que gostaria muito de ter todas as formas de intimidade com você, e você está em pânico. Fica tudo bem se estão conversando e apreciando a companhia um do outro, mas com o sexo, quando todas as barreiras possíveis entre vocês são removidas, é diferente. Com seus outros parceiros, nem mesmo o sexo removia as barreiras. Na verdade, ajudava a mantê-las porque você usava o sexo para evitar transmitir quem realmente era e como se sentia. Não importa quanto sexo tivesse, você e seus parceiros nunca chegaram nem perto de se conhecerem. Como você usava o sexo para controlar os relacionamentos, meu palpite é que acha muito difícil abandonar esse controle, exercer sua sexualidade em vez de usar o sexo como um instrumento.

"Gosto de sua frase, Trudi, 'ser conhecida', porque é isso que sua partilha sexual significa agora. Você e Hal partilharam tanto sobre si mesmos que o sexo se tornou um modo de se conhecerem melhor, não uma fuga."

Lágrimas brilham nos olhos de Trudi.

– Por que tem de ser assim? Por que simplesmente não consigo relaxar? Sei que esse homem não vai me magoar de propósito. Pelo menos acho que ele não... – Ao perceber sua própria insegurança, ela muda de rumo. – Então você está me dizendo que só sei ser sexy com alguém que realmente não me quer, pelo menos não por inteiro, diferente de alguém como Hal, que é bom, gentil e me acha maravilhosa, porque tenho medo de intimidade. Então o que eu faço?

— A única saída é *passar* por isso. Antes de tudo, abandone a ideia de "ser sexy" e se permita ser apenas sexual. Ser sexy é um ato. Ser sexual é se relacionar intimamente em um nível físico. Terá de dizer a Hal exatamente o que está acontecendo com você, quando acontecer: todos os seus sentimentos, não importa o quanto sejam irracionais. Diga-lhe quando estiver com medo, quando precisar recuar e quando estiver pronta para deixar a intimidade ocorrer de novo. Se preciso, assuma mais controle do ato sexual e siga o ritmo que for confortável para você. Hal entenderá se lhe pedir ajuda para superar seus medos. E não tente julgar nada do que lhe acontecer. Até agora você não teve muita experiência nas áreas da confiança e do amor. Prepare-se para ir bem devagar e aumentar sua disposição de se entregar. Sabe, Trudi, em todo aquele sexo que teve antes, houve pouca entrega, mas muita direção e controle, manipulação e teimosia. Você estava representando, esperando críticas favoráveis. Veja o que fez antes e o que está tentando fazer agora como a diferença entre representar o papel de uma ótima amante e se permitir ser amada. Representar o papel pode ser muito estimulante, especialmente quando você tem a atenção de sua plateia. Permitir-se ser amada é muito mais difícil porque isso tem de vir de um lugar muito particular, o lugar onde você já se ama. Se há muito amor ali, é mais fácil aceitar que você merece o amor de outra pessoa. Se há pouco, é muito mais difícil deixar entrar o amor que vem de fora. Você progrediu muito em termos de se amar. Agora está no próximo passo: confiar o suficiente para se permitir ser amada por esse homem.

Trudi reflete:

— Toda aquela minha impulsividade selvagem na verdade era muito calculada. Posso perceber isso. Realmente não havia muita entrega, embora a encenação fosse estimulante. Então agora tenho de parar de tentar e começar simplesmente a ser. É estranho como isso é ainda mais difícil. Ser amada... – reflete Trudi. – Sei que ainda tenho um longo caminho a percorrer nesse sentido. Às vezes olho para Hal e me pergunto como ele pode estar tão encantado comigo. Não tenho certeza de que sou assim tão maravilhosa quando não estou encenando um grande espetáculo. – Trudi arregala os olhos. – É isso que se tornou tão difícil para mim, não é? Não encená-lo. Não ter de fazer nada especial. Não ter de *tentar*. Tive medo de ser amorosa com Hal porque estava certa de que não sabia como fazê-lo. Achava que se não cumprisse minha rotina de sedução nada que fizesse com Hal seria suficiente, e ele ficaria entediado. Não pude usar a sedução porque éramos tão amigos antes de sermos amantes que era totalmente inadequado começar a ficar ofegante e me atirar para ele. Além de desnecessário. Hal já estava muito interessado sem que eu fizesse nada disso. É como o resto do que temos juntos. A coisa toda é muito mais fácil do que sempre pensei que o amor poderia ser. Basta ser eu mesma! – Trudi para e olha para mim timidamente. – Você vê esse tipo de coisa acontecendo o tempo todo? – pergunta.

– Não tanto quanto eu gostaria – respondo. – Isso pelo que você está passando agora só acontece com uma mulher que realmente se recuperou de amar demais... e a maioria das mulheres não se recupera. Elas dedicam tempo, energia e a própria vida a usar sua sexualidade como um instrumento, tentando transformar uma pessoa que não é capaz de amá-las em uma que seja. Isso nunca dá certo, mas é seguro, porque enquanto estiverem tentando nunca terão de lidar com a verdadeira intimidade, deixar outro ser humano conhecê-las no sentido mais profundo. A maioria das pessoas tem muito medo disso. Então, embora sua solidão as leve para relacionamentos, seu medo as faz escolher alguém com quem nunca darão certo.

Trudi pergunta:
– Hal fez isso comigo? Escolheu alguém com quem não pode ter intimidade?

— Talvez – respondo.

— Então agora estou do outro lado dessa coisa, sendo quem resiste à intimidade. Isso é uma mudança.

— Acontece muito. Sabe, todos nós temos a capacidade de representar os dois papéis. O de perseguidor, que costumava ser o seu, e o de afastador, que era o de seus parceiros. Agora, até certo ponto você é a afastadora, a pessoa que está fugindo da intimidade, e Hal é o perseguidor. Se você parasse de fugir, seria interessante ver o que aconteceria. O que permanecerá igual nisso tudo é a distância entre você e a outra pessoa. Vocês podem trocar de papéis, mas a distância permanece a mesma.

— Então independentemente de quem está perseguindo e quem está fugindo, nenhuma das pessoas tem de lidar com a intimidade – diz Trudi. Ela continua, em voz baixa e cautelosamente. – Não é o sexo, é? É a intimidade que é tão assustadora. Mas realmente acho que quero ficar quieta e deixar Hal me alcançar. Isso me apavora e é terrivelmente ameaçador, mas quero acabar com a distância.

Trudi está falando sobre estar disposta a entrar em um nível de relacionamento que pouquíssimas pessoas atingem. A necessidade de evitá-lo está por trás de todos os conflitos das mulheres que amam demais e das pessoas que amam pouco. As posições de perseguidor e afastador são reversíveis, mas para duas pessoas as eliminarem completamente é preciso uma rara coragem. Dou a única orientação que posso dar em sua jornada.

— Bem, sugiro que você fale sobre tudo isso com Hal. E não deixe de falar quando vocês dois estiverem na cama juntos. Faça-o saber pelo que você está passando. Sabe, essa é uma forma muito importante de intimidade. Seja muito, muito honesta, e o resto virá sozinho.

Trudi parece imensamente aliviada.

— Ajuda tanto entender o que está acontecendo! Sei que você está certa, que isso é novidade para mim e ainda não sei como fazê-lo. Pensar que eu deveria ser tão ousada quanto antes também não ajudou. Na verdade, causou-me mais problemas. Mas já confio a Hal meu coração e meus sentimentos. Agora só preciso lhe confiar meu corpo. – Ela sorri, balançando a cabeça. – Nada disso é fácil, não é? Mas é exatamente o que tem de acontecer. Vou lhe dar notícias... e obrigada.

– Foi um prazer, Trudi – respondo de todo o coração, e nos abraçamos.

✦ ✧ ✦

Para ver o quanto Trudi foi longe em sua recuperação, vamos comparar suas crenças em relação a si mesma e seu modo de agir em um relacionamento íntimo com as características de uma mulher que se recuperou de amar demais. Tenha em mente que a recuperação é um processo que dura a vida toda e um objetivo que nos esforçamos por atingir, não um que atingimos definitivamente.

Estas são as características de uma mulher que se recuperou de amar demais.

1. Ela se aceita totalmente, mesmo quando deseja mudar partes de si mesma. Há uma autoestima e um autorrespeito básicos que ela nutre cuidadosamente e expande propositadamente.

2. Aceita as pessoas como são sem tentar mudá-las para satisfazer as próprias necessidades.

3. Está consciente de seus sentimentos e de suas atitudes em relação a todos os aspectos de sua vida, inclusive sua sexualidade.

4. Cuida de todos os aspectos de si mesma: sua personalidade, sua aparência, suas crenças e seus valores, seu corpo, seus interesses e suas realizações. Valoriza-se, em vez de procurar um relacionamento para se sentir valorizada.

5. Tem autoestima suficiente para apreciar a companhia de pessoas, especialmente do sexo masculino, que são boas exatamente como são. Não precisa ser necessária para sentir que tem valor.

6. Permite-se ser aberta e confiante com pessoas *adequadas*. Não teme ser conhecida em um nível muito pessoal, mas também não se sujeita a ser explorada por aqueles que não estão interessados em seu bem-estar.

7. Pergunta: "Este relacionamento é bom para mim? Permite que eu me transforme em tudo que sou capaz de ser?"

8. Quando um relacionamento é destrutivo, ela é capaz de rompê-lo sem experimentar uma depressão incapacitante. Tem um círculo de amizades que a apoiam e interesses saudáveis que a ajudam a superar crises.

9. Valoriza acima de tudo sua própria serenidade. Todos os conflitos, o drama e o caos do passado perderam seu encanto. Ela protege a si mesma, sua saúde e seu bem-estar.

10. Sabe que, para um relacionamento dar certo, as pessoas com as quais se relaciona devem ter valores, interesses e objetivos semelhantes, e ser capazes de ter intimidade. Também sabe que merece o melhor que a vida tem a oferecer.

Há várias fases na recuperação da doença de amar demais. A primeira começa quando percebemos o que estamos fazendo e desejamos parar. Depois vem nossa disposição a obter ajuda, seguida por nossa primeira tentativa real de consegui-la. Em seguida entramos na fase de recuperação, que exige um compromisso com a cura e uma disposição de continuar no programa. Durante esse período, começamos a mudar nosso modo de agir, pensar e sentir. O que antes parecia normal e familiar começa a parecer desconfortável e doentio. Entramos na fase seguinte quando começamos a fazer escolhas que não seguem mais nossos velhos padrões, mas melhoram nossa vida e promovem nosso bem-estar. Durante todas as fases da recuperação, a autoestima se desenvolve gradualmente. Primeiro paramos de nos odiar, depois nos tornamos mais tolerantes com nós mesmas. A seguir há um crescente reconhecimento de nossas boas qualidades e surge a autoaceitação. Finalmente, a autoestima aumenta.

Sem autoaceitação e autoestima, não conseguimos tolerar ser "conhecidas", como disse tão apropriadamente Trudi, porque sem esses sentimentos não acreditamos que merecemos amor sendo exatamente como somos. Em vez disso, tentamos conquistá-lo dando-o a alguém, sendo protetoras e pacientes, sofrendo e nos sacrificando, fazendo sexo excitante, refeições maravilhosas ou qualquer outra coisa.

Quando a autoaceitação e a autoestima começam a aumentar e se consolidar, estamos prontas para sermos, conscientemente, apenas nós mesmas sem tentar agradar e agir de certos modos estudados para conquistar a aprovação e o amor de alguém. Mas embora parar de fingir possa ser um alívio, também é assustador. Sentimos estranheza e uma grande vulnerabilidade quando estamos apenas *sendo*, em vez de fazendo. Enquanto tentamos acreditar que merecemos o amor de alguém importante para nós *sendo nós mesmas*, a tentação de fingir pelo menos um pouco sempre está presente. Mas se progredimos no processo de recuperação, não estamos dispostas a voltar aos nossos velhos comportamentos e às nossas velhas manipulações. Este é o dilema que Trudi agora enfrenta: ela não consegue mais manter seu velho modo de se relacionar sexualmente, embora tema uma experiência sexual mais genuína e menos controlada (porque toda aquela impulsividade selvagem era uma encenação controlada). Parar de representar é paralisante. Quando não estamos mais dispostas a fazer os movimentos calculados para produzir um efeito, há um período em que sofremos por não saber o que fazer, até nossos impulsos amorosos *verdadeiros* terem uma chance de ser ouvidos, sentidos e expressados.

Abandonar os velhos estratagemas não significa deixar de se aproximar, amar, proteger, ajudar, tranquilizar, estimular ou seduzir a pessoa que amamos. Mas, com a recuperação, nos relacionamos com outra pessoa com a expressão de nossa essência, em vez de tentar provocar uma reação, criar um efeito ou produzir uma mudança no outro. O que temos a oferecer é quem realmente somos quando não estamos escondendo ou calculando, quando estamos sem disfarces e retoques.

Primeiro devemos superar nosso medo de rejeição se permitirmos a alguém realmente nos ver e conhecer. Depois devemos aprender a não entrar em pânico quando todos os limites emocionais não estiverem mais presentes, nos cercando e protegendo. Na esfera sexual, esse novo modo de se relacionar exige que nos desnudemos e fiquemos vulneráveis não só fisicamente como também emocional e espiritualmente.

Não admira que esse grau de conexão entre dois indivíduos seja tão raro. Sem esses limites, tememos ser destruídas.

Por que vale a pena correr esse risco? Apenas quando realmente nos revelamos podemos ser de verdade amadas. Quando mostramos nossa verdadeira essência, se somos amadas é ela que é amada. Nada é mais legitimador em um nível pessoal e mais libertador em um relacionamento. Contudo, deve-se observar que esse tipo de comportamento só é possível em uma atmosfera livre de medo, por isso devemos não só vencer nosso próprio medo de ser verdadeiras como também evitar pessoas cujos atos e comportamentos nos assustam. Não importa o quanto você esteja disposta a ser verdadeira com a recuperação, ainda haverá pessoas cuja raiva, hostilidade e agressividade a impedirão de ser honesta. Ser vulnerável com elas é ser masoquista. Por isso, só devemos baixar a guarda com pessoas – amigos, parentes ou amantes – com quem tenhamos uma relação baseada em confiança, amor, respeito e consideração por nossa natureza humana sensível.

O que frequentemente acontece com a recuperação é que nossos padrões de relacionamento mudam, assim como nossos círculos de amizades e relacionamentos íntimos. Mudamos o modo como nos relacionamos com nossos pais e filhos. Com nossos pais, nos tornamos menos carentes e irritadas, e muitas vezes também menos aduladoras. Tornamo-nos muito mais honestas, com frequência mais tolerantes e às vezes mais genuinamente amorosas. Com nossos filhos nos tornamos menos controladoras e menos culpadas. Relaxamos e gostamos mais deles porque conseguimos relaxar e gostar mais de nós mesmas. Sentimos mais liberdade para satisfazer nossas necessidades e nossos interesses, e isso os deixa livres para fazer o mesmo.

Amigas de quem nos compadecíamos muito podem agora nos parecer obcecadas e doentes e, embora possamos nos oferecer para partilhar com elas o que nos foi útil, não nos permitiremos carregar o fardo de seus problemas. A infelicidade mútua como um critério para a amizade é substituída por interesses mútuos mais gratificantes.

Em resumo, a recuperação mudará sua vida de mais modos do que posso prever nestas páginas, e em alguns momentos será desconfortável. Não deixe que isso a faça parar. O medo de mudar, renunciar ao que sempre conhecemos, fizemos e fomos é o que nos impede de nos transformarmos em um ser mais saudável e realmente amoroso.

Não é a dor que nos impede. Já suportamos níveis alarmantes de dor sem nenhuma perspectiva de alívio se não mudássemos. O que nos impede é o medo, o medo do desconhecido. O melhor modo que conheço de enfrentar e combater o medo é unir forças com companheiras na mesma jornada. Encontre um grupo de apoio de mulheres que estiveram onde você está e se dirigem para o destino aonde você quer chegar, ou que já chegaram a ele. Junte-se a elas no caminho para um novo estilo de vida.

Apêndice 1

Como começar
seu próprio grupo de apoio

Primeiro, descubra os recursos já disponíveis na área em que você vive. Frequentemente as comunidades dispõem de uma lista e/ou de um website com todas as agências de serviços e fontes de ajuda. Se você não souber se essa lista existe ou como encontrá-la, telefone para a biblioteca ou para o serviço de apoio emocional de sua comunidade. (Além disso, veja na parte de Fontes de ajuda, no Apêndice 2, uma lista de organizações nacionais. Você pode telefonar, visitá-las on-line ou lhes escrever para obter informações sobre as agências de serviços locais.) Mesmo se essa lista não existir, o serviço de apoio de sua comunidade poderá lhe dar nomes de vários centros de aconselhamento e grupos de autoajuda que podem ser apropriados para você. Além disso, a maioria das listas telefônicas agora inclui uma relação de "serviços sociais" que você também pode checar.

Contudo, não presuma que apenas uma visita a um website ou um telefonema para uma clínica ou profissional resultará em todas as informações de que precisa. É difícil para qualquer profissional em uma grande comunidade permanecer a par de todos os recursos que a área tem a oferecer e, infelizmente, muitos profissionais estão desinformados sobre o que atualmente está disponível.

Faça sua parte. Dê todos os telefonemas necessários, anonimamente, se preferir. Veja se o grupo de que precisa já existe. Não faz sentido reinventar a roda ou competir com um grupo que já está em funcionamento e poderia se beneficiar com seu envolvimento. Se você for uma candidata aos Comedores Compulsivos Anônimos, ao Al-Anon ou a centros de ajuda para vítimas de violência doméstica ou estupro, esteja disposta a investir tempo e talvez a viajar para frequentar as reuniões que oferecem. Valerá a pena.

Se, após uma cuidadosa busca* você estiver bastante certa de que o grupo de que precisa não existe, comece o seu próprio.

Provavelmente o melhor modo de começar é colocar um anúncio no jornal. Poderia ser algo assim:

> MULHERES: Apaixonar-se já significou sofrer, mais cedo ou mais tarde, de dor emocional? Um grupo independente de autoajuda está sendo formado para mulheres cujos relacionamentos costumaram ser, até agora, destrutivos. Se você quiser superar esse problema, ligue para [insira seu prenome e número de telefone] e se informe sobre o grupo e o local de reunião.

É possível que você consiga formar um grupo colocando esse anúncio apenas algumas vezes. O ideal seria que tivesse de sete a doze pessoas, mas, se preciso, comece com menos.

Na primeira reunião, lembre-se de que as mulheres estão ali porque têm um problema sério e estão procurando ajuda. Não passe tempo demais falando sobre como organizar reuniões futuras, embora isso também seja importante. O melhor modo de começar é partilhando suas histórias, porque isso cria imediatamente um vínculo e uma sensação de entrosamento. As mulheres que amam demais são muito mais parecidas do que diferentes, e isso será percebido por todas vocês. Portanto, partilhar suas histórias deve ser sua principal prioridade.

---

* Uma nota sobre *todos* os grupos na web para mulheres ou pessoas que amam demais: não posso endossar nenhum grupo que não conheça pessoalmente, por isso, *por favor*, use seu discernimento.

Experimente a agenda a seguir para sua primeira reunião, que não deve durar mais de uma hora.

1. Comece na hora certa. Isso faz todas as mulheres envolvidas saberem que devem ser pontuais nas reuniões futuras.

2. Apresente-se como a pessoa que colocou o anúncio e explique que gostaria que o grupo se tornasse uma fonte de apoio constante para você e todas as mulheres presentes.

3. Enfatize que tudo que for dito na reunião deve ser sigiloso, que ninguém que for visto ali e nada do que for dito deve ser mencionado em outro lugar, *jamais*. Sugira que as participantes usem apenas seus prenomes para se apresentarem.

4. Explique que provavelmente ajudaria a todas as pessoas ouvirem os motivos umas das outras para entrar para o grupo, e que cada uma delas pode falar por até cinco minutos sobre o que a fez vir. Enfatize que ninguém tem de falar por tanto tempo, mas esse tempo está disponível para quem quiser. Ofereça-se para começar dizendo seu prenome e contando brevemente sua história.

5. Quando todas as mulheres que quiseram falar terminarem suas histórias, pergunte gentilmente a quem não quis se gostaria de falar agora. Não pressione ninguém a falar. Deixe bem claro que todas as mulheres são bem-vindas independentemente de se estão ou não prontas para comentar sua situação.

6. Agora fale sobre algumas das diretrizes que gostaria de ver o grupo seguir. Recomendo estas, que devem ser anotadas e entregues a cada participante:

    - Não dar conselhos. Todas podem falar sobre suas experiências e o que as ajudou a se sentir melhor, mas ninguém deve aconselhar ninguém sobre o que fazer. A pessoa que o fizer deve ser gentilmente avisada disso.

- A liderança deve ser alternada semanalmente no grupo, com cada reunião sendo conduzida por uma mulher diferente. É responsabilidade da líder começar a reunião pontualmente, escolher um tema para ser discutido, reservar alguns minutos no final para quaisquer questões administrativas e escolher outra líder para a semana seguinte antes de encerrar a reunião.

- As reuniões devem ter uma duração específica. Recomendo uma hora. Ninguém vai resolver todos os problemas em uma reunião e é importante não tentar. As reuniões devem começar e terminar na hora certa. (É melhor que sejam curtas demais do que longas demais. Posteriormente, as participantes podem decidir estendê-las, se quiserem.)

- Se possível, o local da reunião deve ser neutro, em vez de a casa de alguém. Os lares são repletos de distrações: crianças, telefonemas e falta de privacidade para as participantes, especialmente a anfitriã. Além disso, o papel de anfitriã deve ser evitado. Vocês não estão se divertindo socialmente; estão trabalhando juntas como semelhantes para se recuperar de seus problemas em comum. Muitas empresas e igrejas fornecem salas gratuitamente para reuniões à noite.

- Não comer, fumar ou beber durante a reunião. Tudo isso distrai as pessoas do tema em questão e pode ser feito antes e depois da reunião, se seu grupo decidir que é importante. *Nunca* sirva bebidas alcoólicas. O álcool altera os sentimentos e as reações das pessoas e impossibilita a realização do trabalho.

- Evite falar sobre "o outro". Isso é *muito* importante. As participantes do grupo devem aprender a se concentrar em si mesmas e em seus próprios pensamentos, sentimentos e comportamentos, em vez de na pessoa por quem são obcecadas. No início é inevitável falar um pouco sobre o outro, mas todas as mulheres devem se esforçar para restringir isso ao máximo.

- Nenhuma mulher deve ser criticada pelo que faz ou deixa de fazer, estando ela presente ou não. Embora as participantes tenham liberdade para pedir opiniões umas às outras, as opiniões nunca devem ser dadas se não forem pedidas. Como os conselhos, as críticas não têm lugar em um grupo de apoio.

    Atenha-se ao tema em questão. Praticamente todos os temas propostos pela líder podem ser discutidos, exceto os relacionados com religião, política ou assuntos externos, como acontecimentos atuais, celebridades, qualquer tipo de causa, programas de tratamento ou modalidades terapêuticas. Em um grupo de apoio não há espaço para controvérsias ou discórdia. E lembre-se de que vocês não estão se reunindo para se queixar dos relacionamentos. Estão interessadas em seu próprio crescimento e cura, e desenvolvendo novas ferramentas para lidar com velhos problemas. Eis algumas sugestões de temas:

Por que preciso deste grupo
Culpa e ressentimento
Meus maiores medos
Do que gosto mais e menos em mim
Como cuido de mim mesma e satisfaço minhas próprias necessidades
Solidão
Como lido com a depressão

> Minhas atitudes sexuais: o que são e de onde vêm
> Raiva: como lido com a minha e a dos outros
> Como me relaciono com o outro
> O que acho que as pessoas pensam de mim
> Examinando meus motivos
> Minhas responsabilidades para comigo mesma; minhas responsabilidades para com os outros
> Minha espiritualidade (essa *não* é uma discussão de crenças religiosas, mas de como cada membro do grupo experimenta ou não a própria dimensão espiritual)
> Livrando-se da culpa, inclusive a que é atribuída a si mesma
> Padrões em minha vida

É recomendável que as participantes do grupo leiam *Mulheres que amam demais*, mas isso *não* é uma exigência, apenas uma sugestão.

O grupo pode decidir acrescentar 15 minutos à reunião, uma vez por mês, para lidar com questões administrativas ou mudanças de formato e examinar o quanto as diretrizes estão funcionando ou outros problemas.

✧ ✦ ✧

Agora voltemos ao formato sugerido para a primeira reunião:

7. Discutir uma lista de diretrizes juntas como um grupo.

8. Perguntar se alguém estaria disposta a liderar a reunião da semana seguinte.

9. Determinar onde será a reunião da semana seguinte e discutir a questão do lanche a ser servido antes ou depois da reunião.

10. Discutir se mais mulheres devem ser convidadas para se juntar ao grupo, se serão colocados mais anúncios no jornal ou se as mulheres presentes poderiam convidar outras mulheres.

11. Encerrar a reunião permanecendo silenciosamente em círculo, de mãos dadas e de olhos fechados por alguns instantes.

Uma última palavra sobre essas diretrizes: os princípios do sigilo, de alternação da liderança, de ausência de críticas, conselhos, discussões de temas controversos, assuntos externos, debates e assim por diante são muito importantes para a harmonia e coesão do grupo. Não os viole para agradar uma participante. O que é melhor para o grupo sempre deve vir em primeiro lugar.

Com isso em mente, você tem as ferramentas básicas para começar um grupo de mulheres que amam demais. Não subestime o poder de curar que essa simples reunião de uma hora terá na vida de todas vocês. Juntas, oferecerão umas às outras a oportunidade de se recuperar. Boa sorte!

Apêndice 2

Fontes de ajuda

Quando você está procurando ajuda, frequentemente é difícil saber os nomes das agências e dos programas de que precisa. Por exemplo, se você sofreu agressão física está pronta para falar com alguém que a entenda, mas não sabe qual é a agência que lida com esse tipo de situação, pode se sentir frustrada e impotente. Por isso, esta lista foi preparada para ajudá-la a saber onde procurar quando estiver pronta para obter ajuda. Todos esses recursos têm sites na internet, assim como números de telefone para você ligar e endereços para os quais escrever.

Um bom modo de começar é ligando para o serviço de apoio emocional local, se sua área tiver um. Você pode descobrir esse número ligando para o setor de informações da sua operadora de telefonia ou procurando na lista telefônica, na parte de serviços para a comunidade. Às vezes essa informação está nas páginas entre os números pessoais e comerciais ou no início da lista. Você também pode ligar para a biblioteca local e perguntar se há uma lista com os recursos para a comunidade. Essa é uma ótima fonte de informações sobre os serviços de aconselhamento e grupos de autoajuda existentes em sua área. A maioria das agências de serviços conhecem outras fontes de ajuda, por isso um telefonema para uma agência, até mesmo se não for a certa, a levará na direção da ajuda de que precisa.

Se tudo o mais falhar, você pode telefonar, escrever ou procurar on-line nestes escritórios nacionais informações sobre o que está disponível em sua comunidade:

Alcoólicos Anônimos (AA)
www.alcoolicosanonimos.org.br

O número dos Alcoólicos Anônimos está presente nas listas telefônicas de muitos países, portanto deve ser fácil entrar em contato com essa organização. É o programa mais eficaz e bem-sucedido de ajuda para quem está decidido a parar de beber. Também é uma ótima fonte de informações precisas sobre a doença do alcoolismo. Telefone ou visite o escritório central do AA para se informar sobre os locais de reuniões, obter literatura gratuita ou falar com alguém do programa. *Todas as reuniões dos Doze Passos são gratuitas, embora a maioria dos participantes coloque um pouco de dinheiro na cesta quando é passada.*

Al-Anon
www.al-anon.org.br

Baseado nos princípios do AA, o Al-Anon é para parentes e amigos de alcoólatras. Costuma constar na lista telefônica ou em anúncios em jornais como Grupos Familiares Al-Anon. Se não constar, telefone para o escritório central do AA e peça o número, ou para falar com um membro que possa colocá-la em contato com alguém no Al-Anon.

Cocaine Anonymous
www.ca.org

É um programa de recuperação de Doze Passos presente em diferentes países que segue os princípios do AA adaptados para as pessoas viciadas em cocaína. Este grupo de apoio ainda não existe no Brasil.

Codependentes Anônimos (CODA)
www.codabrasil.org

Aplica os Doze Passos e as Doze Tradições do AA a pessoas com uma história, geralmente iniciada na infância, de relacionamentos problemáticos. Frequentemente, os relacionamentos são com pessoas com dependência química. Gratuito.

Devedores Anônimos
www.devedoresanonimos-rio.org
www.devedoresanonimos-sp.com.br

É um programa de recuperação de Doze Passos baseado nos princípios do AA adaptados para os devedores compulsivos. Muitas mulheres que amam demais também gastam demais e precisam da ajuda que esse programa tem a oferecer. Gratuito.

Núcleo de Violência Doméstica do Disque Denúncia
www.disquedenuncia.org.br

A organização não governamental conhecida em todo o Brasil criou uma área de atendimento exclusivo para denúncias relativas à violência doméstica. Coloca você em contato com os serviços de apoio em sua área. Se não existirem serviços de abrigo em sua comunidade, tente o Al-Anon. Oitenta por cento dos homens que agridem suas esposas e/ou filhos abusam de álcool, e os episódios de violência estão relacionados com o alcoolismo. O Al-Anon tem muito a oferecer às vítimas de violência doméstica cujos parceiros(as) são alcoólatras. Informações também no site do Governo Federal:
www.observatoriodegenero.gov.br

Jogadores Anônimos
www.jogadoresanonimos.org.br

Aplica os Doze Passos e as Doze Tradições do AA a jogadores compulsivos. Gratuito.

Gam-Anon International Service Office
www.gam-anon.org

Basicamente, segue as diretrizes do Al-Anon adaptadas para parentes e amigos de jogadores compulsivos. É um programa de recuperação de Doze Passos. Gratuito. Este grupo de apoio ainda não existe no Brasil.

Narcóticos Anônimos (NA)
www.na.org.br

Também baseado nos princípios do AA, oferece ajuda àqueles que abusam de outras drogas além do álcool. Embora os alcoólatras e viciados costumassem ser populações separadas, esse não tem sido o caso nas últimas duas gerações. A maioria das pessoas jovens que são alcoólatras também são viciadas em várias drogas. Por isso, as reuniões do NA tendem a ter participantes um pouco mais jovens do que as do AA. O NA é uma ótima fonte de ajuda para o viciado e fornece informações valiosas para o codependente sobre a natureza do vício em drogas e os passos necessários para a recuperação. Gratuito.

Comedores Compulsivos Anônimos
www.comedorescompulsivos.com.br

Baseado nos princípios do AA, oferece um grupo de apoio para homens e mulheres cujo consumo de alimentos está fora de controle. *Não* é outra dieta, e ensina como comer sem passar fome ou fazer farras alimentares, um dia de cada vez. Costuma constar na lista telefônica, em anúncios em jornais ou em seu serviço de apoio emocional. Você pode telefonar ou escrever para se informar sobre o horário das reuniões em sua área. Gratuito.

Parents United
615 15th Street
Modesto, CA 95354-2510
(209) 572-3446
http://members.tripod.com/~Parents_United/Chapters/PUI.htm

Fornece ajuda para famílias em que um dos pais foi o agressor em um envolvimento incestuoso, assim como para as vítimas de avanços sexuais por parte de um dos pais ou de outros adultos ou parentes em quem confiavam. Telefone, escreva ou visite o site para obter uma lista das que têm filiais. Este grupo de apoio ainda não existe no Brasil.

RAINN
Rape, Abuse and Incest National Network
(800) 656-4673
www.rainn.org

Este grupo de apoio não existe no Brasil. O que mais se aproxima é a Childhood Brasil (www.childhood.org.br), que trabalha contra abuso e incesto na infância.

Dependentes de Amor e Sexo Anônimos
www.slaa.org.br

Baseado na abordagem de Doze Passos do AA, esse grupo é para pessoas com compulsão por sexo. Gratuito.

Stepfamily Association of America, Inc.
www.stepfarm.org
www.saafamilies.org

Fornece informações sobre filiais e publica um boletim informativo, enquanto as filiais oferecem aulas, workshops e grupos de apoio para famílias combinadas. A participação na associação é um ótimo modo de essas famílias se encontrarem e formarem redes de apoio para lidar com os problemas e sentimentos únicos de sua situação. É cobrada uma taxa de adesão. Algumas aulas e alguns workshops e serviços são gratuitos.

Este grupo de apoio não existe no Brasil.

Stepfamily Foundation
www.stepfamily.org

Esse grupo fornece aconselhamento telefônico para quem precisa de ajuda para superar os desafios inerentes às famílias com filhos de outros casamentos, e um amplo pacote de informações mediante o pagamento de uma taxa. Para ser membro a pessoa deve pagar 70 dólares por ano.

Não existe, no Brasil, grupo de apoio similar.

Grupo MADA (Mulheres Que Amam Demais Anônimas)
www.grupomada.com.br

Apêndice 3

Leitura sugerida

Quando eu era terapeuta, frequentemente recomendava que minhas clientes lessem um ou vários dos livros a seguir. Também os recomendo para você. Esta lista curta não inclui todos os livros que poderiam lhe ser úteis. Contudo, inclui alguns dos meus favoritos. A maioria está disponível em edições recentes.

Codependência nunca mais, de Melody Beattie.
Rio de Janeiro: Nova Era, 2007.
    Essa autora entende muito bem o vício e tem uma visão rara dos relacionamentos. Leia todos os livros dela.

Como sobreviver à perda de um amor, de Melba Colgrove e outros.
Rio de Janeiro: Sextante, 2005.
    Como as mulheres que amam demais frequentemente são deixadas com o coração partido, esse livro pode ajudá-las a juntar seus pedaços e seguir em frente – pelo menos até aprenderem a não se apaixonar por pessoas incapazes de retribuir seu amor.

The Art of Selfishness, de David Seabury.
Nova York: Pocket Books, 1981.
    Escrito em um estilo graciosamente inglês e com fortes tons espirituais, mas sem nenhuma pregação, é um bom manual para se tornar egoísta de um modo saudável – uma lição que todas as mulheres que amam demais precisam aprender.

Mega-Nutrients for Your Nerves, de H. L. Newbold.
P. H. Wyden, 1975.

Uma fonte muito agradável de informações sobre os fatores fisiológicos e bioquímicos que contribuem para a depressão endógena. Dois avisos sobre esse livro: contém algumas informações equivocadas sobre o alcoolismo e aconselha autoexame de deficiências de vitaminas e minerais, o que é um processo muito confuso. Consulte um especialista em medicina ortomolecular para obter ajuda. Newbold fornece informações sobre como entrar em contato com esses especialistas.

Tô fora! Eu venci!, de Vernon Johnson.
Petrópolis: Vozes, 1992.

Um ótimo trabalho sobre a doença do alcoolismo. O processo de intervenção, que ajudou muitos alcoólatras a procurar tratamento para sua doença, foi criado por Vernon Johnson, e esse livro explica a técnica. Muito agradável de ler e informativo.

It Will Never Happen to Me!, de Claudia Black.
M.A.C., 1981.

Muitas mulheres que amam demais são filhas de pais alcoólatras. Nessa obra clássica, a autora descreve os efeitos, tanto na infância quanto na idade adulta, de se viver em uma família de alcoólatras. Uma leitura obrigatória para todas as mulheres que conviveram com o alcoolismo de um dos pais ou da pessoa que cuidava delas.

O incesto e sua devastação, de Susan Forward e Craig Buck.
Rio de Janeiro: Rocco, 1989.

Uma boa introdução ao tema do incesto para quem foi vítima de abuso sexual por parte de um dos pais, de um parente ou outro adulto em quem confiava.

Leis dinâmicas da prosperidade, de Catherine Ponder.
São Paulo: Ibrasa, 2002.

Esse é um dos meus livros favoritos sobre metafísica, com lições espirituais básicas eternas. Contém muitas afirmações positivas e saudáveis. Com elas você pode começar a acreditar que *merece* uma vida maravilhosa!

O jogo da vida e como jogá-lo, de Florence Scovell Shinn.
Rio de Janeiro: Ediouro, 1996.

Essa pequena obra-prima sobre metafísica lhe dá diretrizes para viver bem sua vida. Se você não segue nenhuma prática religiosa e gostaria de seguir, esse livro pode ser um bom lugar para começar. Por outro lado, uma plena apreciação da obra da Sra. Shinn exige um grande desenvolvimento espiritual.

Apêndice 4

Afirmações

Vamos começar com uma afirmação muito importante e também difícil de fazer para algumas mulheres que amam demais. Duas vezes por dia, durante três minutos, olhe-se em um espelho e diga *em voz alta*, "[seu nome], amo e aceito você exatamente como é".

Essa também é uma ótima afirmação para repetir para si mesma em voz alta enquanto está sozinha em seu carro dirigindo, ou silenciosamente, sempre que se sentir autocrítica. Não se pode ter dois pensamentos ao mesmo tempo, por isso substitua suas afirmações negativas sobre si mesma, como "Como pude ser tão idiota?" ou "Nunca vou conseguir fazer isso direito", por afirmações positivas. Repetidas diligentemente, as afirmações positivas têm o poder de acabar com pensamentos e sentimentos autodestrutivos, mesmo quando a negatividade existe há anos.

Eis outras afirmações curtas e fáceis de lembrar, e que podem ser feitas enquanto você está dirigindo, se exercitando, esperando ou simplesmente sem fazer nada:

Estou livre de dor, raiva e medo.
Sinto perfeita paz e bem-estar.

Em todos os aspectos da minha vida, sou guiada
para minha maior felicidade e satisfação.

Todos os meus problemas e conflitos agora
desapareceram: estou serena.

A solução perfeita para todos os problemas surge agora.
Estou livre e cheia de luz.

Se você acredita em Deus ou em um poder superior, torne essa crença uma parte importante de suas afirmações:

Deus me ama.
Deus me abençoa.
Deus está agindo em minha vida.

A Prece da Serenidade é uma das melhores afirmações possíveis:

Deus, me dê Serenidade
Para aceitar as coisas que não posso mudar,
Coragem para mudar as que posso,
e Sabedoria para distinguir umas das outras.

(Lembre-se de que você *não pode* mudar os outros; *pode* mudar a si mesma.)

Se você não acredita em Deus, talvez se sinta mais à vontade com uma afirmação como esta:

Tudo é possível através do amor.
O amor está operando em mim para me curar e fortalecer,
Para me acalmar e me guiar para a paz.

Também é importante criar as próprias afirmações, aquelas que soam totalmente certas para você. Por isso, pratique algumas das apresentadas aqui até estar pronta para criar suas próprias afirmações 100% positivas, incondicionais e legitimadoras, sob medida para você. Não crie afirmações como: "Tudo está ótimo entre Tom e mim, e vamos nos casar." Talvez o "e vamos nos casar" não seja a solução perfeita para o que está acontecendo entre você e Tom. Diga, "Tudo está ótimo", talvez acrescentando "para o meu maior bem". Evite querer resultados específicos. Simplesmente afirme você mesma, sua vida, seu valor e seu futuro maravilhoso. Quando você faz afirmações, programa seu inconsciente para se tornar disposto a substituir os velhos padrões por um novo estilo de vida mais saudável, alegre e próspero. Na verdade, esta é uma boa afirmação:

> *Eu estou livre de toda a dor do passado e saúdo a saúde, a alegria e o sucesso a que tenho direito.*

Viu como se faz? Sim, há espaço para suas próprias criações aqui.

Impressão e Acabamento:
GRÁFICA E EDITORA CRUZADO